京津冀乡村旅游振兴

徐　虹　杨德进　于海波　主编

中国旅游出版社

编 委 会

目　录

CONTENTS

一、理论探索篇

二、实践调研篇

三、案例剖析篇

四、政策汇编篇

一、理论探索篇

乡村振兴与乡村生态化重构的再思考

一、理解乡村及其变化

（一）乡村含义及构成

乡村是在一定地域范围内，由若干相互联系、相互作用的要素构成的具有一定结构和功能的复合系统（龙花楼，2017；刘彦随，2018）。这个系统既包含物理空间、地理特征及人口密度等物质性，也包含民众社会感知、道德和文化价值等非物质性（Bell，1992；Cloke et al.，1992；Halfacree，1993，2004）。无论是物质性的构成要素还是非物质性的构成要素都不是静止不变的，因此必须用动态的视角来审视和观察乡村系统的发展与变化，才能真正理解乡村，理解国家不断出台的乡村发展政策，理解未来乡村发展变化的方向。

从地理学视角来看，构成乡村地域系统的三大核心要素是“人口—土地—产业”（屠爽爽，2015），伴随着全球化、城镇化、工业化、信息化等的不断推进，乡村系统中的三大要素日渐衰弱，严重制约了乡村系统的正常运转和发展。导致这种变化的原因既有自然因素也有人为的制度因素，如果从社会经济系统运行的角度来看，可以把制度作为乡村系统的另一个构成要素，从而形成“人口—土地—产业—制度”的四要素乡村构成要素，由此可以更加深入地理解当今我国乡村发生的重大变化的原因与历程。

（二）乡村构成要素的变化

乡村人口数量及结构的变化。从全世界乡村发展演变规律来看，乡村人口占总人口的比例是逐渐下降的。1960—2015 年，世界乡村人口占世界总人口的比例由 66.44% 下降到 46.16%，降幅达 30.5%（李玉恒等，2018）。从我国乡村就业劳动力占比来看，1978 年农业劳动力就业比重为 70.5%，到 2016 年已下降为 27.7%，就业结构发生了历史性变迁（魏后凯等，2018）。不仅乡村人口数量急剧下降，而且人口结构也发生了深刻变化，农村大量青壮年劳动力进城务工和安家落户，导致农村人口老龄化、村庄“空心化”“三留守”等问题日益严重（魏后凯，2016）。2017 年全国农民工平均年龄为 39.7 岁，农村呈现出“年轻子女进城务工，年老父母留村务农”的代际分工模式（贺雪峰，2015）。这种乡村人口数量与结构的变化形成的问题体现在：①乡村人口劳动能力弱，受教育程度低。2017 年外出农民工中男性占比高达 68.7%，大量老人、妇女、儿童留守农村。全国 91.8% 的农业从业人员仅具有初中及以下文化程度，西部和东北地区接受高中及以上教育的农业从业人员比重不超过 7%。②乡村生产要素闲置，产业发展受到制约。土地作为乡村产业发展的主要生产要素大量闲置，北京农村近八成村庄有闲置农宅共约 7.5 万套，其中六成左右为整院落闲置。③大量家庭常年分居，社会及家庭稳定受到冲击。由于城市还难以大量消化进城务工人员的社会保障和公共服务问题，因此留守农村的妇女和儿童还不能完全实现家庭团圆，长期的分居影响了家庭和谐与稳定，社会问题日益突出。

土地要素的变化。正如上面分析时指出的那样，随着大量劳动力进城务工，土地的利用效率大幅度下降。当村庄人口外出率、宅基地空废率分别大于 40% 和 30% 时，乡村空心化加剧，产生大量空心村，空心村土地综合整治潜力达 1.14 亿亩（刘彦随等，2009）。在乡村发展历程中，家庭联产承包责任制的推行曾经极大地刺激了农民的生产积极性，然而伴随着乡村人口的流失，大量家庭承包的土地撂荒无人耕种。由于农民的土地在法律层面很难得到有效的流转，土地流转的市场机制还没有形成，因此农民的经营权很难转移到其他主体手中，进而阻碍了农村土地规模化利用和开发。这种状况形成的结果是：①农民的财产收益权无法保证制约了其获得感的实现。无论是农民的住房还是承包的土地都不能作为抵押物进行担保融资，致使其财产功能难以发挥，难以获得改革开放和市场化带来的收益增加的好处。②乡村产业规模化发展和融合化发展受阻，不利于农业和农村现代化的实现。一家一户的土地无法通过市场化运作实现流转的话，就不能促成农业规模化经营和专业化开发，三次产业的融合化发展也受到影响，降低了农业农村现代化进程的步伐。③乡村发展的转型与重构得不到土地资源的保障也会降低实现的速度。村镇化与城市化的发展都离不开土地资源的有效保障，乡村转型与重构中必须围绕空间重构改革土地管理制度，激活土地使用效率。

乡村产业结构的变化。乡村的主导产业应该是农业，长期以来国家高度关注三农问题，从空间上关注乡村全面建设与发展问题，从主体上关注农民脱贫致富问题，从产业上关注现代化和壮行升级问题。其中产业结构的优化和升级是促进农民富裕、乡村发展的关键所在，乡村振兴战略的 20 字方针中第一位的也是产业兴旺问题。然而传统农业发展模式在大资本不断挤压下越来越难以生存，规模农业生产在不断提高劳动效率的同时也产生了更大的环境压力，除草剂和农药的大量使用加剧了乡村面源污染程度。与宏观上的农业现代化相对应的是大量的小农户的存在，由于劳动力涌向城市使乡村劳动力匮乏，粗放式农业生产带来了资源浪费和土地污染的加剧。这种情况的结果是：①农业功能单一，缺乏多功能的生态化建设，集中体现在农业生产只是为了满足城市人对粮食和果蔬的消费需要，单一作物种植对环境产生了严重的影响，造成农业的面源污染加剧。②小农户生存空间受到挤压，不利于乡村生活空间的改善。乡村越来越像城市了，其独特的乡村生活场景越来越少，多样化的、有特色的生活体验性减少不足以吸引和留住人们。③农民的增收来源不稳定，形不成乡村的向心力。无论是小农户生产还是大资本运作，无法通过产业创新实现有效对接的话就会造成农业生产增产不增收，这样就无法吸引更多的人愿意为农业产业结构调整和升级换代投入力量。

乡村制度的变化。传统的乡村制度体系既包括正式的明文制度，也包括难以言表的乡规民约和习俗。尤其是在我国长期的农耕文明演进过程中，乡规民约甚至比正式制度起的作用还大，特别是在少数民族地区和古老村镇更为明显。然而伴随着市场经济的日渐深入到乡村，商品交换的市场经济理念日益深入，壮劳力逃离乡村进入城市后，乡村的空心化日益严重，原有的邻里亲情日渐疏离，一些行之有效的乡村治理制度和体系也受到了很大挑战。同时伴随着国家对乡村发展从政策到资金各方面的倾斜，各项扶持乡村发展的政策制度频出，正式制度得到了较大的强化。这些变化导致的结果是：①国家对乡村振兴涉及的各个方面出台了一系列扶持激励和引导政策，形成了激发乡村干事创业的制度体系，正式制度的作用日益显现，尤其是脱贫致富方面的系列制度确实发挥了很大作用。②亟须恢复完善乡村原有的非正式制度体系，挽救富有亲情和温度的乡村邻里关系体系。在乡村振兴战略指引下，一些返乡创业农民的回归日渐增多的情况下，乡村农民的生计得到改善，乡规民俗惯例等乡村运行规则又得到了一定的恢复。

（三）乡村变化中的问题

伴随着城镇化发展和乡村构成要素的变化，乡村在发展变化的同时也产生了许多必须面对的问题，这些问题的存在制约着乡村振兴战略的实施效果，因此必须有清醒的认识。学者刘彦随等将这些问题归纳为：农业生产要素高速非农化、农村社会主体过快老弱化、村庄建设用地日益空废化、农村水土环境严重污损化、乡村贫困片区深度贫困化等。这些问题的存在严重偏离了乡村自身的功能定位，只重生产功能忽视生活功能和生态功能的乡村定位就会导致以上的结果，而要强化生活功能的挖掘就必须从改善生态环境入手，让人们在宜居的环境中从事生态化的生产活动，才能让乡村真正繁荣起来，成为富有吸引力的魅力乡村。

二、乡村振兴战略的提出与乡村生态化重构的必然

（一）乡村振兴战略的提出与要求

党的十九大报告首次提出乡村振兴战略，并把它与科教兴国战略、人才强国战略、创新驱动发展战略、区域协调发展战略、可持续发展战略、军民融合发展战略等并列提出，可见其重要的战略地位，也预示着乡村振兴战略将是今后工作的重中之重。

深刻理解乡村振兴战略的重要意义必须抓住当今社会主要矛盾变化这一主线，从哲学角度来讲，工作要见成效必须紧扣主要矛盾来配置和运营资源。如今社会主要矛盾已发生变化，人民对美好生活的需要同不平衡不充分的发展之间的矛盾成为社会主要矛盾。其中不平衡体现为城乡发展不平衡，因此城乡融合发展成为要努力的方向，不充分体现为乡村发展的不充分，因此乡村面临着重构与产业创新的问题（徐虹，2018）。不平衡和不充分的问题不解决，整个社会实现小康目标就是一句空话，用木桶原理来理解的话，就是要延长短板才能扩大容水量。而目前乡村发展不充分的短板是长期滞后发展形成的，解决起来并非容易的事情，也不是短期就可一蹴而就的，因此要从战略的高度和远度来面对这一问题。

乡村振兴战略是一个系统工程，并非一个经济发展落后的问题，党的十九大报告明确提出了二十字方针和要求，即“产业兴旺、生态宜居、乡风文明、治理有效、生活富裕”。相比于中共十六届五中全会提出的社会主义新农村建设的“生产发展、生活宽裕、乡风文明、村容整洁、管理民主”的方针来说，新时代已赋予中国特色社会主义新农村更高水平、更高需求的新含义，除了保留了乡风文明以外，其他提法都发生了变化，过去的“生产发展”已变为了“产业兴旺”，过去的“生活宽裕”已变为了“生活富裕”，过去的“村容整洁”已变为了“生态宜居”，过去的“管理民主”已变为了“治理有效”，这些变化都在不同方面体现了乡村振兴的更加全面深刻的时代要求，反映出乡村包括经济、政治、社会、文化和环境在内的全方位的生态化发展的目标要求，体现了“五位一体”的发展理念在乡村落地发展的方向，体现了社会主要矛盾变化后人民对日益增长的美好生活的需要已更加迫切地成为努力奋斗的方向，体现了新时代乡村发展的主导方向。

（二）乡村生态化重构的必然

所谓的重构是指一个系统在运行过程中，因外力的冲击或内部各个构成要素的离散作用，导致系统构成要素难以正常运行或系统整体难以实现良性发展，通过对系统结构的重新构架，促使各要素优化组合，从而实现系统根本性转型的方法论（雷振东，2009）。正如前面所分析的那样，乡村内部已发展了很大的变化，要素的离散状态还在继续，而外部技术、市场或政策也在变迁中影响着乡村发展的方向，重构在所难免。

乡村重构从实现路径上看主要包括空间重构、经济重构和社会重构三个维度，与乡村振兴战略中 20 字方针的产业兴旺相对应和联系的经济重构是乡村重构中最为活跃的部分（徐虹，2018），确定产业重构的方向至关重要。2018 年 5 月，在全国生态环境保护会议上，习近平总书记指出，要加快建立健全“以产业生态化和生态产业化为主体的生态经济体系”，深刻理解习近平总书记的讲话精神对于把握产业重构的战略方向至关重要。一般来说，人类消费需求是呈现量的满足—质的满足—情感的满足—生态的满足这样一个演进趋势的，因此生态需求与物质需求、精神需求就共同构成了人类全面需要的三元结构体系。正如习近平总书记指出的“绿水青山就是金山银山”所表达的内涵那样，生态化发展就是乡村产业重构的战略方向。

虽然乡村相对于城市来说经济发展落后，但是乡村的自然风光和生态资源还是比较丰富的，在产业重构中如何将生态资源转化为产业发展效益就要处理好产业与生态间的关系，换句话说要处理好乡村产业生态化和生态产业化的关系。一般来说，产业生态化是从产业组织管理的角度出发，进行生产流程的生态化改造，引入环境友好型新技术，通过各类资源循环利用，在实现产出增加的同时保持良好的生态环境效益；而生态产业化重点在于盘活生态资源，连接一、二、三产业，通过市场化的手段实现生态资源保值增值（陈洪波，2018）。两者不能分割，必须作为一个整体来看待才能有效解决资源利用与生态维护、经济发展与环境保护间的平衡关系，促进城乡二元经济融合，重构生产、生活、生态和生命“四生”和谐的乡村空间和社会结构，促进乡村生态化经济体系建设。

产业生态化的理论基础是产业共生理论。产业共生是指把不同经济部门的企业积聚在一起，使各企业之间通过物质、能量、水、副产品的交换以及土地、物流、知识信息等的共享来提高各产业资源效率，增强产业竞争优势，实现区域企业积聚体整体综合效益的最大化（袁增伟、毕军，2010）。乡村的主导产业是农业，虽然乡村不像工业那样有那么多独立的企业，但是乡村中的农户、合作社、各类农庄及产业化投资的农业企业也有各自的利益追求，在挖掘农业多功能性的过程中，也会形成“三产”共生的生态系统，在不断将科技注入乡村发展的过程中，不仅通过优化种子、测土施肥、水利改造、有机堆肥、循环利用等手段实现农业生产自身的生态化，而且通过接二连三的产业融合发展第六产业，实现了跨产业的生态系统建设，为农民增加就业、提供收入奠定了多样性的基础。

生态产业化的理论基础可以从资源开发理论与社会化大生产理论进行思考。现代社会下乡村的良好生态环境也是一种稀缺资源，能够满足市场需求因而具有开发价值。乡村生态资源转化为经济产品时必须遵循市场运行规律，按照分工协作要求进行生产才能实现高效率开发，最大化地提升经济效益。产业化开发要实现专业的人干专业的事，现有乡村的人力状况难以完全满足生态资源产业化开发的需要，因此在适当的政策引导下，可以吸纳城市有能力、有意愿的人来乡村创新创业，带动要素资源自由流动，促进乡村生态资源合理高效利用。

总之，乡村产业重构中要协调好产业生态化和生态产业化的关系，平衡的核心是注重科技的力量要贯穿始终，辐射到各个方面，连通到各个环节，将社会各种要素和资源围绕着重构目标进行梳理和结合，实现环境和经济的双重效益，促进乡村各项事业可持续发展。

三、乡村产业生态化重构的旅游路径选择

乡村产业生态化重构的起点是识别乡村特性、把握产业基点以及生态化重构带来的价值增长点。“乡村性”强调：①以耕地为主要生产对象；②以栽培农作物和饲养牲畜的生产事业为主业；③有以栽培农作物为主业的人口聚居；④农村具有一定空间尺度。这样的乡村性特征与城市人的生活空间形成了独特差异，因而也为乡村重构产业中发展旅游业奠定了产业和景观基础。如前所述，乡村基础产业是农业，但单一的农业发展已成过去，多功能的农业发展定位不仅指明了现代农业的发展方向，而且也造就了休闲农业发展的新空间，而休闲农业既是产业发展的新形态，也是乡村旅游体验活动的有效载体。乡村产业生态化重构必然带来丰富的业态、独特的产品和多样的赢利点，重构不仅带来了产业结构调整优化的供给侧改革效应，而且也带来了经营者利润增长的价值点和消费者体验选择多样性的价值增长点。

乡村产业生态化重构意味着以生态化发展为理念，识别乡村生产要素价值并进行新的组合，为此“应该围绕着农业产业的多功能定位、多要素整合、多元化开发、多业

态联动、多渠道营销、多点位盈利来展开，进而为游客创造良好的消费场景、怡人的体验经历、感动的情感共鸣和难忘的美好回忆，从而达到乡村美丽、产业兴旺、农民富裕、社会和谐、文化兴盛的创新目的，乡村旅游就是达到该目的的优选路径”（徐虹，2018）。

乡村旅游是发生在乡村地区，以自然资源、田园风光、乡村文化以及具有乡村性的农事生活和建筑景观为主要吸引物，以观光、休闲、度假、养生及各种乡村生活体验为目的的一种旅游方式（干永福、刘锋，2017）。乡村旅游要吸引客源地游客前来乡村消费，必须创造良好的生态环境、提供安全的食品供应、提升游客的感官消费体验价值，所以在发展理念与方向上一定要把生态开发放在首位，通过产业生态化开发、环境生态化营造、产品生态化体验、治理生态化共建、村民生态化行为等实现乡村振兴20字方针的要求，促进乡村产业生态化转型升级。

乡村旅游产业的生态化发展是一个逐步推进的过程，从20世纪中叶开始人类意识到要减少生产活动带来的负环境效应必须启动负责任生产模式，开启了以“减量化、资源化、再利用”为原则的循环经济模式。传统农耕文明下的立体农业生产、现代农业文明下的高科技绿色农业生产等形成的生产活动、生产场景、生产物品与技能等都成为人们到乡村体验的凭借物。乡村发展中的土地板结污染、水污染和垃圾处理等难题也随着治污科技的运用为乡村旅游发展改善着环境，尤其是“绿水青山就是金山银山”理论的推出，乡村旅游发展凭借的各项资源都在以生态化发展视角受到审视和利用，带动了乡村旅游的绿色可持续发展。

四、乡村旅游生态化发展的问题与策略

（一）乡村旅游生态化发展的问题

乡村旅游的发展基础是日渐增多的消费需求和乡村资源的多样性与开发的适应性，前者不容置疑会促进乡村旅游发展，后者有基础但是目前开发建设还有不足，制约了乡村旅游生态化重构的进程，这些问题归纳起来主要有文化冲突显性化、村落空间空心化、产业结构单一化、土地利用粗放化、环境污染严重化、生态空间不平衡（李伯华等，2018）。这些环境问题的原因是多方面的，不同的学者有不同的观点，如有些学者认为乡村环境问题存在的原因是宏观上的现代化不足和微观上的过度现代化（王晓毅，2018），也有学者认为是城乡二元结构不平衡的结果。无论什么原因都不可避免地遇到了乡村人员结构变迁的挑战，特别是人口老龄化加速带来了一系列问题需要重新思考和应对。

人口老龄化既是空间上老年人口发布非均衡动态演化的过程，也是时间上人口年龄渐变的过程（高晓路等，2015），伴随着这一过程的加速变化，其对乡村生态环境城市的影响也在日益显现。一方面，随着农村人口的流出，退耕、弃耕和撂荒等现象增加，在一定程度上缓解了人口迁出区域的生态环境压力（李雨停等，2014）；另一方面，人

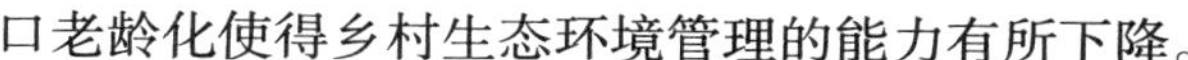

口老龄化使得乡村生态环境管理的能力有所下降。

从乡村旅游的角度看，当今市场的主流消费人群是“80后”和“90后”人群，甚至“00后”也成为市场不容忽视的消费力量，他们对乡村环境友好、水土清洁、食品安全、活动有趣、服务高效、网络发达、场景愉悦等要求很高，仅靠资本投入是不能完全解决需求满足的问题的，更重要的是在旅游服务交互中面对游客的人员服务素质与接待技能，日益老龄化的乡村从业者要达到游客的满意是有难度的。因此，现有的乡村资源现状利用过程中要经过重构和改造提升才能适应新的发展方向的需要。

（二）乡村旅游生态化发展的策略

乡村旅游振兴是走出一条乡村振兴和产业生态化发展的有效路径之一，伴随着城乡统筹发展的实施和乡村基础设施建设改进步伐的加快，乡村会越来越成为人们向往的居住地和休闲度假体验地，这样的地方一定是能很好地处理“生产、生活、生态和生命”“四生”和谐的地方，而处理好“四生”和谐的有效方式之一就是适度发展乡村旅游产业和开发乡村旅游产品。为此提出以下几点思考：

1. 选择基于农业价值挖掘的乡村旅游生态化发展之路

乡村振兴的方针中首要的是产业兴旺，乡村农业产业作为基础性产业任何时候都不能放松，只是要转变发展思路，通过充分认识和挖掘农业的价值，选择更具有成长性的乡村旅游发展方向，具体可在以下几方面探索：①立足生命农业，满足人的自身和谐发展的需要。农业是利用生物的生命活动进行生产的。立足生命农业就是倡导要站在敬畏生命的角度，以达到促进人们身心健康和谐的目的。人与自然生物一样都有其成长规律，无论是居住于乡村的农民还是到乡村旅游的游客都需要在与自然生态和谐共生中感悟成长的智慧，实现生命有尊严、生活高品质。为此可以在乡村旅游开发中，结合市场研学旅游需求提供科普研学的亲子游和面向中小学生的自然教育科普游，通过感悟生命成长的历程实现个人发展中的平和与身心和谐。②立足养生农业，满足人的康养休闲的需要。养生农业不仅依托新鲜的物产、洁净的空气、怡人的景色满足了人们有形身体的保养需求，更是依托乡村和谐的人际关系、慢生活的节奏满足了人们缓解紧张、焦虑和亚健康的心理精神需求，这是养生农业的一个创新尝试，也是自然疗法中越来越受欢迎的一种新方向。不同年龄段的人都可以在基于养生农业基础上开发的乡村旅游活动中实现养眼、养胃、洗肺、养心、怡情、乐神的目的。③立足功能农业，满足人的美好生活的需要。功能农业是指农产品的营养化、功能化，它是通过生物营养强化或其他生物技术手段使农产品具备保健功能性。在功能农业的基础上可以衍生出许多功能食品和创意产品，为乡村旅游产品链的延伸奠定了基础，使人们对美好生活的追求转化为现实的产品体验，丰富了乡村旅游产业生态化发展的内容。④立足组合农业，满足人的乡村度假生活需要。农业的存在不是孤立的，它依托与城市不一样的乡村环境，既包括农业自然环境，也包括人工环境和社会环境；农业的生产也不是孤立的，它依托众多行业的供给者形成了一个生态群落，由此形成的组合农业群落为人们提供了回归自然、体验农耕生活的休闲乡村环境，为乡村度假需求者创造了多业态、多品种的体验生活，使人们的休闲度假生活更加丰富多彩，让乡村振兴更有依托。

2. 选择基于创意手段运用的乡村旅游生态化发展之策

乡村旅游生态化发展是否成功要看是否能够满足乡村旅游者的体验需求，这是衡量开发成功与否的主要依据。在乡村重构的背景下乡村各方面的发展思路必须基于创新发展理念去思考和探索，引入科技创新力量和文化创意方法，提升乡村旅游发展层级和内容品质，将创意经济思维和创意开发手段融入乡村产业重构之中，形成新的乡村旅游市场体系、产业体系、业态体系和经营体系。乡村旅游的创意开发手段运用的领域是广泛的，可以从挖掘其生产功能、生态功能、社会功能、文化功能、教育功能、游憩功能、医疗功能等方面创意设计产品类型与体验形态，形成丰富的产品线，也可以从乡村旅游凭借的资源种类上即农业生产资源如农作物、农耕活动、农具和家禽家畜等，农民生活特色如农民本身特质、日常生活特色、乡村文化庆典活动等，乡村生态环境如乡村气象、地理、生物和景观等方面加以创意开发，为游客提供更加丰富多样的乡村生活体验，抑或是从乡村旅游活动的主要内容上即最基本的食、住、行、游、购、娱六要素上创意开发针对当代人消费的新产品，将文化内涵展现出来，赋予乡村旅游产品一种有艺术品质感的形态，形成有回味性的乡村旅游体验产品。

3. 选择基于乡村文化传承开发的乡村旅游生态化发展之魂

乡村文化是乡村旅游的社会环境，是维系乡村旅游并使之走向大众化的精神因素。乡村旅游的过程就是旅游者经历乡村文化、体验乡村文化、欣赏乡村文化的过程，而乡村文化因素则渗透在乡村旅游活动的各个方面。乡村在漫长的历史演变过程中积累了丰富的文化遗存，无论是有形的还是无形的都汇聚成为乡村的文化资本，其中有形的文化资本是指建筑、绘画、手工艺品等有形的物质文化遗产和艺术品，无形的文化资本是指思想、信仰以及音乐、文学等无形的人类文明创造。这些文化资本会以私人物品或公共物品的形式引起服务流通，它们既可以以最终消费品的形式带来直接经济收益，又可以引发或辅助新一轮的包括文化资本在内的文化生产活动，从而带来更多的经济和文化增值（徐虹，2013）。文化是旅游的灵魂，文化具有明显的地域性特征，因此一些学者提出旅游发展可能是文化区域在短期内利用遗产获益的最佳战略（Jansen-Verbeke M，Russo A P，2010），旅游业是将文化注入主流商业的最直接方式（Russo A P，Borg J，2010）。因此，通过发展乡村文化旅游，挖掘乡村文化内涵，弘扬乡村文化个性，营造乡村文化氛围，提高乡村文化的资本化程度，是乡村旅游生态化发展的必然选择。

乡村文化资源十分丰富，在转化为文化资本的过程中还受到了获取文化资本能力的差异和文化资本的保障差异的影响，正如前文所述，乡村生态化重构中由于人口老龄化形成的获取文化资本的能力较低和保障较差，因此丰富的乡村文化在转化为乡村旅游产品中还不够有力，需要注入生态文明的理念和提供转化能力。

生态文明是指“人类遵循人、自然、社会和谐发展、良性循环、持续繁荣这一客观规律而取得的物质与精神成果的总和，它是贯穿于经济建设、政治建设、文化建设、社会建设全过程和各个方面的系统工程，反映了一个社会的文明进步状态”（廖福霖，2003）。党的十九大将生态文明建设作为中华民族永续发展的千年大计来看待，充分彰显了生态环境就是生产力的战略思想，因此在乡村旅游生态化发展进程中，必须将生态文化作为生态文明时代的主流文化来传承和弘扬，将绿水青山就是金山银山的理念融入乡村旅游振兴的具体行动中，将生态的灵魂注入乡村旅游产品和服务供给中，倡导绿色、环保、低碳的生产方式，引导游客践行减量化和环保化的消费，促进乡村旅游生态化发展不断推向深入。

4. 选择基于开发利益共享的乡村旅游生态化发展之基

乡村旅游开发主体仅靠老龄化的乡村居民是无法实现的，因此社会各界力量在乡村振兴战略的指引下纷纷进入乡村展开各类开发活动，各界资源的倾力注入在一定程度上确实推动了乡村重构进程，但是也要看到伴随而来的是在利益分配方面存在的问题将会制约乡村可持续化发展。尤其是在乡村旅游发展中，当地居民的积极参与和友好协作是非常重要的，直接影响到开发的生态环境和游客的满意度。在资本大举进入乡村过程中，乡村农民的话语权不足以与资本形成平等的对话，在少量利益的诱惑下一些农民失去土地，生活的基本保障没有了，资本在逐利动机下缺乏对失地农民的保障机制，利益分配失衡带来合作开发的失败，不仅经济生态是有问题的，而且政治生态、文化生态和社会生态都会在利益失衡中体现出运行的不顺畅，因此处理好各方参与者利益关系，形成共建、共赢、共享的体制机制十分重要。人心齐泰山移，人心不齐地动山摇，乡村旅游生态化发展是一个大系统，各个子系统都涉及多利益主体，不同利益诉求必须协调统一到一个方向上才能汇聚成强大的发展力量，在发展中注重生态平衡、追求经济利益和实现社会公平，最终达到自然、人类和社会的全面发展。

（撰稿人：徐虹）

参考文献

［1］Jansen-Verbeke M，Russo A P. 文化旅游空间动态的创新性研究［M］. 孙业红，闵庆文，译. 北京：中国环境科学出版社，2010.

［2］Russo A P，Borg J. 区域复兴和旅游发展：三个欧洲城市案例研究［M］. 孙业红，闵庆文，译. 北京：中国环境科学出版社，2010.

［3］陈洪波. “产业生态化和生态产业化”的逻辑内涵与实现途径［J］. 生态经济，2018，34（10）：209-213，220.

［4］干永福，刘锋. 乡村旅游概论［M］. 北京：中国旅游出版社，2017.

［5］高晓路，吴丹贤，许泽宁. 中国老龄化地理学综述和研究框架构建［J］. 地理科学进展，2015，34（12）：1480-1494.

［6］李伯华，曾灿，窦银娣，等. 基于“三生”空间的传统村落人居环境演变及驱动机制——以湖南江永县兰溪村为例［J］. 地理科学进展，2018，37（5）：677-687.

［7］李雨停，张友祥. 我国农村人口迁移的区域协调发展机制研究［J］. 资源开发与市场，2014，30（11）：1342-1345，1357.

[8] 李玉恒，阎佳玉，武文豪，等．世界乡村转型历程与可持续发展展望［J］．地理科学进展，2018，37（5）：627–635.

[9] 廖福霖．生态文明建设理论与实践［M］．北京：中国林业出版社，2003.

[10] 刘彦随，刘玉，翟荣新．中国农村空心化的地理学研究与整治实践［J］．地理学报，2009，64（10）：1193–1202.

[11] 龙花楼，屠爽爽．乡村重构的理论认知［J］．地理科学进展，2018，37（5）：581–590.

[12] 王晓毅．再造生存空间：乡村振兴与环境治理［J］．北京师范大学学报（社会科学版），2018（6）：124–130.

[13] 魏后凯，等．中国农村发展报告［M］．北京：中国社会科学出版社，2018.

[14] 徐虹．文旅融合发展提升都市文化旅游软实力，文化与旅游产业融合发展研究［M］．长春：吉林文史出版社，2013.

[15] 徐虹．乡村产业重构与创新［J］．社会科学家，2018（11）：7–10.

[16] 袁增伟，毕军．产业生态学［M］．北京：科学出版社，2010.

乡村旅游振兴：面向生态消费市场需求的乡村生态价值转化策略研究

按照“产业兴旺、生态宜居、乡风文明、治理有效、生活富裕”所构成的乡村振兴总体要求，新时代乡村发展不仅仅是经济社会和文化的繁荣，更重要的是包括生态环境的保护与利用，实现可持续的全面发展。乡村振兴实施不仅仅是乡村房屋、道路和农田等的规划建设，而是更需要深挖乡村的多元价值，尤其是乡村的生态价值，践行“绿水青山就是金山银山”的“两山”理论，才能让乡村的内在魅力和吸引力变得更强。基于此，研究乡村生态价值的旅游化增值和受益问题、研究乡村生态价值的旅游实现方式与策略问题、研究面向生态消费市场的旅游产品供给问题，则是将乡村生态环境资源转化为生态经济优势的现实需求，这也对增强乡村生态功能和价值具有重要意义。

一、乡村生态价值的概念及内涵

面对城市化和工业化给乡村生态带来的巨大威胁和伤害，20 世纪 50 年代以来，在生态主义理论的倡导和影响下，对乡村生态价值进行再认识、再挖掘、再保护已成为一项重大课题。“生态价值”概念是“生态哲学”的一个基础性概念，在对生态环境客体满足其需要和发展过程中的经济判断、人类在处理与生态环境主客体关系上的伦理判断，以及自然生态系统作为独立于人类主体而独立存在的系统功能判断。“生态价值”具有以下四方面特征：第一，整体特质。生态价值不是单个自然物的价值，不是单个生命物的价值，而是整个生命共同体的系统价值。第二，关系特质。在生命共同体中，人与自然之间存在着复杂的内在关联。生态价值是人与自然之间有机联系的体现和表现。第三，系统特质。在人与自然的三种关系中，实践是价值的基础，理论是价值的反映，价值是实践和理论的原点，三种关系共同构成了一个有机系统。尊重自然的求真追求、敬畏自然的致善情怀、欣赏自然的臻美境界是生态价值的三种基本形态，是人类协调人与自然关系的三种基本的价值方式。生态价值不是单纯的价值观问题，而是人与自然之间的价值关系、实践关系、理论关系的统一。第四，革命特征。我们不仅要将生态文明上升为社会主流价值观，纳入社会主义核心价值体系和核心价值观中，而且要将满足人民群众的生态环境需要、维护人民群众的生态环境权益作为生态文明建设的价值取向，将实现人道主义和自然主义相统一的共产主义理想作为生态文明建设的价值追求。生态价值不是单纯的自然价值，而是人化的自然价值。（张云飞，2019）

乡村生态价值是乡村生态复合系统的作用与意义体现，是维系对乡村生活和生产的人居环境条件，是人与自然和谐所形成的价值体系。乡村的生态价值不仅在于乡村坐落于青山绿水之间的怡人村落环境，更主要体现在乡村内部所具有的生态文明系统：天人合一的理念，维系着人与自然的和谐，体现着劳动人民尊重自然、利用自然的智慧；自给性消费方式减少了人们对市场的依赖，因农民需要而维系了生物多样性；与大自然节拍相吻合的慢生活节奏，被认为是有利于身心健康的生活方式；低碳的生活传统，种养结合，生产与生活循环体系等，构成了乡村独特的生态系统和生态文化，凸显着劳动人民充分利用乡村资源的生存智慧（朱启臻，2018）。乡村生态价值的实现方式主要有：第一，促进生态资源保护和修复，建设乡村完整的复合生态系统，对生态进行有效保护和修复，保持乡村生态资源的优质性和独特性；第二，开发乡村生态产品，实现生态资源到产品的转换，在此环节增强科技、人力和智力的投入，使乡村生态产品具有更大的市场魅力和价值；第三，在有效市场的调节下，将生态产品转化为生态资产，不断开展生态资产的保值、增值活动；第四，将有效的生态资产再转化为生态资本，产生可持续的现金流以实现生态资产的增值和主体投资的退出，将生态收益中的一部分以实物、技术、资金和劳动力等形式再投入到生态环境保护和建设中，不断增加生态资本存量（胡咏君等，2019）。乡村生态价值需要保护和修复生态环境来提升，需要生态农业、生态旅游、生态教育等产品来彰显，需要乡村人与自然的和谐氛围来营造，需要乡村水土、空气、气候及生物多样性来支撑，需要乡村生活与宜居环境来展现，需要乡村市场和服务平台来保障。

二、乡村旅游发展的生态消费市场分析

生态消费是人们在经济发展所伴随的资源危机、环境危机和生态危机意识下主张的一种消费方式。游客是乡村生态消费行为的主体，由生态认知、生态情感、生态意志、生态评价构成的生态价值观，对生态消费行为有正向的直接作用，而消费意愿在中间起中介作用（李倩娜等，2018）。研究表明，如何强化游客的生态价值观、激发其生态消费意愿并促成游客的生态消费行为，是形成乡村旅游生态消费市场的根本动力所在（陈然，2008）。乡村旅游发展的生态消费市场也是游客群体在旅行过程中选择乡村生态体验项目、入驻生态酒店、吃上生态食品、购买绿色产品、参与低碳旅游线路、维护环境卫生、降低垃圾废物排放、节约粮食和能源的价值需求总和，这些具有乡村生态消费主张和观念的游客群体所形成的市场需求，对乡村旅游可持续发展有着最为积极的作用。从乡村旅游发展的生态消费市场趋势看，主要呈现出以下几个方面的特点：

（1）游客对乡村生态消费产品的需求越来越大。随着我国经济的快速发展，人民群众的生活水平得到极大的提高，物质产品和文化产品基本满足了人类生存和发展的需求，而作为满足人们健康和生命需要的乡村生态产品急需发展。经济高速发展所带来的环境污染、资源短缺、生态恶化等问题日趋严重，生态产品的开发、供给问题成为保障中国乡村可持续发展的基本方略。

（2）乡村生态消费的游客群体中呈现出年轻化的趋势。一项乡村生态消费游客的调

查显示，青少年群体更加趋向于选择生态化的旅游产品和项目，大学生和中青年群体是乡村生态消费的主力军，他们对乡村原生态环境及产品最为热衷，具有强烈的乡村生态保护意识和生态消费意愿。另外，家庭亲子游群体也是乡村生态消费的重要群体，为了培养和增强孩子的生态环保意识，从而带动了家庭成员们开始转向生态消费。

（3）乡村生态消费趋向于中高端旅游市场，主要来自发达地区的大都市客源地的游客。京津冀地区、长三角地区、珠三角地区和发达地区省会城市游客是乡村生态消费的主要群体，他们生态消费意志坚定、生态消费行为有力、生态消费综合实力强劲，往往趋向于选择中高端生态消费产品，这是促进乡村生态消费升级的主要动因，也是乡村旅游发展迈向生态化目标的驱动者。

（4）乡村生态农业相关产品最受青睐，依托乡村生态环境及气候条件所形成的生态康养产品日渐热销。乡村有机食品、绿色农产品、地理标志农产品、土特产品、传统手工艺品、农家饭农家菜等是游客生态消费的主要内容，不但丰富了乡村生态农业的商品价值和体验价值，也夯实了农业发展的基础与动力。与此同时，乡村原生态自然环境、水土涵养环境、空气气候环境、慢生活状态等独特条件，也使得乡村生态康养产品逐渐发展，康体、养生、养心等相关业态和项目日渐增多。

（5）面向乡村生态消费的投资市场前景广阔，企业负责任的乡村旅游开发已成为必然趋势。随着我国乡村振兴战略的实施推进和乡村生态消费市场规模的壮大，更多的企业将进入乡村进行生态消费项目的开发，这不但符合市场需要和国家战略的需求，也符合乡村旅游可持续发展的趋势。在乡村旅游项目的生态化开发过程中，企业主体越来越注重生态价值的创造和生态环境的保护，采用对乡村生态低冲击的开发模式来提供更加丰富的生态消费产品，践行负责任旅游开发的义务和使命。

三、乡村旅游振兴的生态基础与条件

（1）生态农业基础。乡村是农业生产的天然基地和物质资源供给基地，粮食生产一直是乡村的基本功能，在乡村地区的农业也经历了原始农业、传统农业到生态农业的变迁。生态农业，是按照生态学原理和经济学原理，运用现代科学技术成果和现代管理手段，以及传统农业的有效经验建立起来的，能获得较高的经济效益、生态效益和社会效益的现代化高效农业。它要求把发展粮食与多种经济作物生产，发展大田种植与林、牧、副、渔业，发展大农业与第二、第三产业结合起来，利用传统农业精华和现代科技成果，通过人工设计生态工程，协调发展与环境之间、资源利用与保护之间的矛盾，形成生态上与经济上两个良性循环，经济、生态、社会三大效益的统一。随着农业现代化的发展，乡村生态农业的发展空间得到了进一步深化发展，演变为了多功能的农业生态系统。以系统性的农业结构改善事业建设（包括农田建设、果园开垦、选果所兴建、温室建设、农地整治、加工厂兴办等）为农业生产奠基开路，通过市场机制引导农村产业结构调整，发展诸如观光农业、休闲农业、都市农业、生态农业等新型业态农业，充分利用新兴互联网、云计算和物联网技术大力发展“智慧农业”，以产品和服务品质的提升守护乡村农业发展的制高点，等等，形成了乡村旅游振兴的生态农业基础这一核心优势。

（2）生态环境基础。乡村生态环境作为一个以人类活动为主体，由其中的自然和人工组分共同构成，如山、水、田、林、路等有机结合的一个不可分割的生态整体，在这个生态整体内，合理的乡村生态环境结构是形成乡村生态系统较高的生产力和实现乡村生态系统良性循环的基础和前提，也是控制和改善系统存在的生态问题的有效途径。我国乡村，尤其是工业化和城镇化程度较为落后的地区，有着良好的自然生态环境基础和优势。一是自然山水和田园格局的乡村生态环境，形成了山、水、林、草、田、塘等为主的天然肌理，不但是乡村旅游发展的基地，也是最基础的吸引物。二是乡村的气候和水土涵养生态环境，乡村独特的微气候、水源涵养、森林湿地净化条件、清新的空气和清洁的水源，有着最为健康的生态环境资源，也是理想的度假休闲场所。三是乡村人居生态环境的良好条件，乡村人居环境包括乡村聚落及其周边环境组成的适宜乡居的系统，依山傍水在田园大地上形成的乡村道路、建筑、庭院、绿化等人居聚落环境，是人与自然和谐相处的主要表现。

（3）生态文化基础。乡村所特有的自然美丽景观与生态文化传统是乡村旅游的主要吸引物，也是促进乡村绿色发展的重要环节。生态文化是指人与自然相互之间关系所映射出来的思想、观念、意识、行为、语言的总和，包括为了追求人与自然和谐发展所需要的社会制度和乡规民约等，其核心价值观是人与自然的和谐发展观（周小华等，2014）。乡村生态文化是一种尊重乡村人与自然生态规律的生态文化，它渗透于物质文化、精神文化和制度文化各领域之中，体现了人与自然和谐相处的生态价值观，它要求通过乡村生态系统的多重价值的实现来满足人们的多重需求。乡村生态文化包涵了原生态的乡村聚落文化、乡村民俗文化、乡村农耕文化、乡村饮食文化、乡村生活文化等内容（翁伯琦等，2016），具有一定的乡村地域性、内容多样性、模式特有性和业态持续性的特征。乡村生态文化基础是乡村旅游发展的基础支撑，是乡村旅游核心竞争力和可持续发展能力的重要体现，不断促进乡村生态文化和旅游的融合发展，也成为乡村旅游振兴的关键性环节。

（4）生态景观基础。乡村地带有着与城市不一样的生态景观基础，也为乡村旅游振兴提供了坚实的基础。乡村生态景观是乡村自然和人文所汇集的区域所呈现的独特景象、景色或视觉效果，具有生态美学和视觉欣赏的价值。乡村生态景观除了地势地貌、大气现象、水资源景观以及乡土植物、动物等景观外，还包括乡村聚落景观、乡村生产景观以及乡村生活景观（贺文梅，2019）。乡村聚落生态景观包括民居建筑物、聚落环境以及公共空间等，不但包括村民的居住空间，也包括与居民日常生产、生活相关的各种配套设施，他们是相互联系、一脉相承的，反映着当地的乡土地域特色与地域人居环境。乡村生活景观主要是村落人们流传下来的生活方式、饮食风俗、交流场景等，是中华耕读文化智慧的结晶，这种文化至今也影响着乡村居民，也便形成了乡村独特的生活景观。乡村生产景观包含田园风景，池塘、农场、林地以及生产方式和工具等，主要有农业种植景观、林地景观、畜牧业景观和渔业景观。

四、乡村旅游发展的生态价值转化障碍

把乡村生态保护视为发展制约的传统观念影响较大。我国辽阔的乡村地带涉及主体功能区、风景名胜区、自然保护区、水源保护区、基本农田保护区、文化遗产保护区等诸多类型，加之国家生态保护红线的划定与严守态势，使得新时代乡村振兴有了更为坚实的可持续发展、有序健康发展和高质量发展保障。然而，在当前的乡村旅游振兴过程中，实施主体把乡村生态保护视为发展制约而不是发展契机的传统观念根深蒂固，谈保护色变、谈红线抵触、谈发展畏难的状况普遍存在，“绿水青山就是金山银山”的思想认识和实践行动仍不够深刻，影响了乡村旅游振兴的生态功能和效益发挥。此外，新时期下我国乡村生态环境治理和修复任务依然艰巨，优先处理好乡村河流水系、地质灾害、过度采伐、环境卫生等生态矛盾成为公共投入的主要方面，这也就导致了在生态旅游开发方面投入明显不足，致使该领域的改革创新步伐较为缓慢（杨德进，2019）。

乡村生态价值转化为旅游生产力的方法和路径缺失。随着乡村振兴战略的推进，乡村生态功能及其价值逐步得到认识和开发，突破单一的农产品生产功能，发挥更大的自然生态优势，将生态价值转化为乡村新生产力，发展乡村旅游，为乡村振兴提供发展新动能的现实意义和现实需求更加重大。从调研中发现，当前对乡村生态资源价值的再认识和再发掘还不够深入，乡村生态价值转化为新生产力的方法和路径缺失，乡村生态环境的保护性利用手段和方式不科学，使得乡村生态的多重效益难以得到充分和全面发挥，从而影响了乡村旅游生态产品、生态产业和生态经济所代表的乡村新生产力成长和成熟。一是我国乡村传统生产力和增长方式惯性阻力大，新生事物和新生力量发展艰难；二是我国乡村地区技术、人才和金融等基础条件还比较薄弱，缺乏乡村旅游发展的生态产业化和产业生态化的高水平支撑体系；三是城乡之间生态要素流动机制不健全，城市人口生态消费需求和先进生态成果在乡村地区还未有效释放和扩散；四是乡村生态资源在区域内同质化严重且“贫矿”地带较多，对生态价值转化为旅游生产力的方法和路径提出了更大挑战。

乡村旅游发展的生态价值挖掘在体制机制和平台建设方面还不完善。乡村生态价值转化为旅游效应的关键在转变思想、更新理念，核心在方法和路径探索，根本在体制机制和平台保障。推进乡村生态红利转化为旅游发展动力的体制机制和平台建设，是解决乡村旅游振兴的最佳途径。当前，严格的乡村生态保护体制机制日益完善，而科学、合理、有序的保护性利用体制机制尚不健全；多部门在乡村生态管控的协同机制建设上逐渐成熟，而在乡村生态价值转化的研发投入、政策贡献和生产力促进上协同效能却不高；政府主导的乡村生态价值主张和产业化进程不断提速，而激发市场活力和社会多主体参与乡村生态振兴的动力机制还明显不足；面向乡村的生态补偿机制和财政转移支付制度基本健全，而更为精细化的生态红利分配机制和生态效能激励机制还需进一步优化。除体制机制改革以外，乡村生态转化为旅游效应的过程，还需要智慧与平台创新驱动，乡村生态技术研发服务平台、乡村生态创业孵化平台、乡村生态效能监测平台等建设还处于初级阶段，也成为乡村振兴的短板因素。

乡村生态环境遭到污染和破坏且日益恶化的形势依然严峻，乡村生态价值转化为旅游效益的根基有待夯实。根本上，乡村振兴就是不断改善农村生态环境的过程（任志芬，2018）。总体而言，我国乡村有着较好的生态环境基础，但也面临着生态环境质量总体呈现出的恶化趋势。城市化和工业化进程引起了乡村生态环境的剧烈变化：一是农业生产过程自身带来的污染不断加大，农业生产强度和化肥农药的大量使用；二是乡镇企业与乡村畜禽养殖业的大量兴起及污染处理不当的危害；三是生活污水和生活垃圾的大量排放与随意丢弃；四是乡村区域河流水库水质不断下降，土壤污染与土地退化，大量农地绝产减收，居民身体健康受到严重损害；五是乡村工业污染以及城市污染向乡村的转移，农村水土和空气环境日益恶化；六是村庄建设用地日益空置，农用地闲置和荒废也较为普遍。乡村生态环境的污染和破坏现象，对乡村生态价值的挖掘和转化造成了严重的困境和障碍；七是乡村社区的生态问题也是新时期实施乡村振兴战略、加快农业农村现代化、深入推进生态文明亟待解决的问题（李志强等，2018）。乡村只有具备清洁的生产环境、良好自然的生态环境、健康的生活环境和适宜的气候环境等条件，才能形成可以挖掘的生态价值。

五、乡村旅游发展的生态价值转化路径

建立面向生态消费市场的乡村生态资源价值评估体系、生态产品产业体系和生态文化繁荣体系。发展乡村旅游、挖掘乡村生态价值的前提在于精准分析和判断生态消费市场的需求，包括生态农产品、生态旅游休闲、生态康养度假、生态文化体验、生态教育服务等市场的需求规模和需求特征。在此基础上，重新审视和评估乡村生态资源的核心价值，通过建立科学而客观的乡村生态资源价值评价体系，识别出乡村生态资源的价值独特点和市场卖点，从而避免盲目开发、过度开发和低水平开发所造成的生态资源浪费现象。立足乡村生态资源的特色优势，培育乡村生态产品和产业体系，力争形成一村一个特色生态产品、一镇一条完整生态产业链、一县一套高效生态产业体系的发展格局，把区域内的乡村生态价值最大限度地转化为生产力，开创出乡村全面振兴的全新局面。进一步赋予乡村生态产品和产业的文化内涵，为乡村民俗民风、农耕农事、工艺技艺、遗产遗址、故事传说等原生态文化注入时尚创意的力量，实现乡村生态文化繁荣体系和生态产业体系的耦合叠加，释放出乡村生态红利的巨大效应。

建立符合自然与科学规律的乡村生态空间布局体系、生态设施支撑体系和生态技术应用体系。遵循乡村发展基本规律，尊重乡村自然生态法则，以此为依据科学构建出的乡村生态空间布局体系、生态设施支撑体系和生态技术应用体系，是生态产品、产业和文化繁荣的重要依托和载体。乡村生态空间布局体系的形成应首先符合山水林田系统、传统村落形态、乡土人文景观和自然组织肌理的客观规律，在此自然基底上按照微改造、低冲击、嵌入式的原则顺势而为布局新的生产和生活空间，满足乡村生态产品、产业和文化发展的需要。在生态设施支撑体系构建方面应坚持生产和生活设施的环保生态化理念，坚持因地制宜、就地取材、科技植入、集约建设、低成本维护的生态化原则，

全力构建生态环卫设施、绿色交通设施、智慧互联设施、水环境处理设施、生态服务设施等系统，对乡村绿色发展起到有力支撑。把生态技术应用体系建设作为乡村生态振兴的助推器，加速生态红利的全面释放；重点强化生态资源测评技术、生态农业种养技术、生态产品研发技术、生态设施建造技术、生态工艺制作技术、生态环境修复技术等成果在乡村地区的推广和应用，逐渐形成一套先进的生态技术应用体系。

建立规范化、便利化和开放化的乡村生态经济管理体系和乡村社群服务平台系统。确保乡村生态安全、激活乡村生态市场、创新生态管理机制、完善乡村社群服务平台，不仅是乡村生态化改革的重要领域，也是乡村焕发生机的软环境建设重点范畴。针对生态保护性利用的体制机制不健全问题，在夯实生态自然资源管理、生态环境与卫生管理、生态准入与安全管理、生态绩效与目标管理等基础上，率先开展乡村生态经济管理体系的建设，强化乡村生态品牌和资产管理，强化生态市场开发和营销管理，强化生态经营和服务管理，实现生态资产资本增值、生态品牌形象提升和生态市场健康有序的发展目标。乡村社群服务平台系统的生态化、便利化、开放化和完备化是改革创新主体、施展振兴抱负的现实需要，竭力为社会多主体参与乡村振兴提供优质化的乡村生态服务产品、服务设施、服务平台和服务体验，竭力为社会多主体参与乡村振兴营造出和谐共生、合作共赢、共创共享的优良人文生态环境，能够有效促进各级政府、当地村民、乡村企业、科研院校、行业协会、公益组织等乡村振兴主体的改革创新进程，从而孵化出更多的乡村生态文明建设新成果。

建立源于乡土、崇尚自然、追求绿色的民众行为引导体系以促进乡村生活与消费方式的变革。乡村生态红利的释放依赖于民众生态消费观和绿色生活方式的形成。建立源于乡土、崇尚自然、追求绿色的民众行为引导体系，广泛开展绿色生活行动，推动全民在衣、食、住、行、游等方面加快向绿色低碳、节能环保、文明健康的方式转变，促使绿色消费、绿色出行、绿色居住成为人们的自觉行动和时代责任，以此激发出对乡村生态产品供给的强大需求效应，并拉动乡村振兴的生态产业快速发展。首先，应加大对生态消费观念的教育和知识普及力度，使全社会认识到生态消费对于改善人们生活环境的重要性和迫切性，逐步引导民众将生态消费行为自觉贯穿于日常生活中并形成生活习惯；其次，政府应主导制定一整套生态消费政策激励机制，不断培育乡村生态消费市场，并致力于降低生态产品成本和价格，创造有利于生态消费的市场条件；最后，全力改善乡村生活面貌，塑造美丽的乡村生活场所，提高乡村生活的品质和品位，满足民众对乡村原生态生活的向往与体验。

六、乡村旅游发展的生态价值转化策略

以规划改革创新为引领，力争在乡村旅游振兴的生态规划理念、方法、路径和技术上实现新跨越。科学的规划是实现开发目标的前提与有效手段（何晓芳，2005），改变传统乡村规划的编制流程、编制体系、编制内容和编制成果，建立起乡村旅游振兴规划的新型框架，把乡村生态价值挖掘和旅游业发展紧密集合起来，把建立乡村生态资源价

值评估体系、生态产品产业体系、生态文化繁荣体系、乡村生态空间布局体系、生态设施支撑体系、生态技术应用体系、生态经济管理体系、乡村社群服务体系、生态消费行为引导体系等内容作为规划编制的重点，形成一套全新的规划成果，用于指导乡村旅游振兴的实践。这套创新性的规划成果在实践环节中要进一步被细化为战略规划纲要、规划实施意见、规划操作手册、规划技术导则、规划管理指南、规划服务流程、规划宣传图册等，为乡村旅游振兴规划不同的实施主体提供更加清晰的行动指导。

以乡村旅游振兴的示范点、示范区、示范带为抓手，鼓励生态基础条件好、旅游发展潜力大、实施主体积极性高、人才技术支持能力强的乡村，率先探索乡村生态价值转化的新模式和新机制。在旅游目的地城市，以政府为主导，充分发挥市场主体和当地农民的积极性，实施“城郊带村、景区带村、休闲农业带村、交通走廊带村”计划。在旅游目的地城市的郊区，利用良好的区位和田园生态条件，建设环城郊乡村旅游经济圈，在生态资源富集又邻近大城市的乡村地区发展特色旅游小城镇，作为城乡联系的纽带（王琴梅等，2017），为城市居民提供生态休闲和旅游产品，促进城乡一体化发展。在生态型的旅游景区景点内外，建设景区带村旅游区，依托景区景点的功能和客流外溢，形成乡村旅游发展的拓展区，实现景村一体化发展。在生态农业基地和特色农业产区，建设田园综合体和旅游特色村，实现农业产业链延伸和农产品附加值提升。在旅游交通线路或客流大通道上，依托便捷的交通条件和自驾游需求，发展美丽乡村的通道经济，建设乡村旅游生态走廊，形成示范带。培育一批乡村旅游振兴示范点、示范区和示范带，通过以线串点、以点带面、循序渐进的方式来推动全域乡村的振兴。

依靠休闲农业来彰显乡村生态的核心价值，依靠生态修复和保护来提升乡村生态功能。发展乡村旅游，实现乡村生态价值的高效转化，最为重要的依靠是生态农业的休闲化和旅游化发展，把生态农业的价值充分发挥出来并转化为休闲和旅游产品，形成多元化的生态消费品类，满足人们对健康生活和美食的基本需求，实现乡村粮食生产功能到生态性消费功能的转变，引领乡村农业从“量”的追求到“质”的需求转变。废除生化肥料和剧毒农药的使用，发挥精耕细作、施用有机肥、间作套种等优良传统，利用现代化农业科技，发展生态有机农业，生产绿色食品。在此基础上，挖掘生态农业的休闲、观光、科普、教育和体验价值，建设休闲农业观光基地、农耕农作体验基地、现代农业科普基地、乡村旅游研学基地、农产品展销基地、健康美食休闲基地等，将生态农业价值进一步高效地转化为旅游经济价值。另外，依靠生态修复和保护来提升乡村生态功能，也是乡村生态价值转化为旅游经济的基本前提，采用先进的生态技术和理念，通过对河流、森林、湖泊、草原、土地、田园等的污染治理和景观修复，使乡村生态环境更加优越，为乡村生态价值的转化夯实基础。

以驻村乡村旅游规划师和生态保护工程师的机制培育为着力点，不断夯实乡村振兴的人力资源基础。乡村生态价值转化和旅游的发展，对人才智力和技术要求较高，而目前我国乡村地区人才队伍的短板，严重影响了该项任务的进程。在开展以激发生态红利为导向的乡村旅游振兴过程中，对乡村人才队伍提出了更高的要求，首先，需要采取多种人才引进和鼓励方式，优先配置驻村乡村旅游规划师和生态保护工程师的人才队伍，保障在乡村旅游振兴一线有更为专业的规划实施指导力量，为高质量规划的落地见效起到直接推动作用。其次，需要启动招聘新村民的乡村人力资源开发计划，吸引一批大学生、艺术家、设计师、创业者等先进群体入驻乡村地带，与本地村民共创共建美好生态家园。最后，还应围绕乡村旅游振兴示范点的基层干群素质和能力提升任务，建立一批乡村振兴大学堂，以吸引“新农”、提升“老农”、储备“知农”为培育手段，采取“请进来、走出去”“传、帮、带”等方式，切实提升基层干部群众的知识水平和眼界，为乡村生态价值转化提供有效人力资源和技术支撑。

以优化生态营商环境和严守生态红线为常态机制，不断强化乡村旅游振兴的可持续发展后劲。乡村旅游振兴应始终坚持一手抓生态营商环境优化，一手抓生态红线管控，既要深化“放管服”改革，又要鼓励工商资本投入农业农村领域，又大力实施乡村生态保护与修复工程，筑牢乡村生态屏障和生态保育功能，以此全力为乡村生态振兴保驾护航。应尽量减少行政干预，通过经济宏观调控，强化规划引领、市场监管、公共服务提供和营商环境建设（杨光辉，2016）。当前，我国很多地区正在深入开展乡村营商环境优化的专项治理行动，主要聚焦在办事服务“最多跑一次”、涉农政策整合落实效果好、商标品牌培育进展快、市场经营秩序优、乡村消费放心程度高、基层干部作风实等方面，让乡村投资者、创业者、消费者和建设者们拥有更良好的环境和氛围。与此同时，各地还出台了推进乡村生态旅游发展的多项措施，明确提出了要大力实施乡村生态保护与修复工程，不断完善生态系统保护制度，以促进乡村生产生活环境稳步改善，自然生态系统功能和稳定性全面提升，生态产品供给能力进一步增强。

（撰稿人：杨德进　史银辉）

参考文献

［1］陈然．生态消费对市场经济切入的促进因素分析［J］．经济问题探索，2008（7）：151-154，162.

［2］何晓芳．乡村生态旅游规划方法研究［D］．杭州：浙江大学，2005.

［3］贺文梅．生态美学视域下乡村旅游景观设计研究［D］．济南：齐鲁工业大学，2019.

［4］胡咏君，吴剑，胡瑞山．生态文明建设“两山”理论的内在逻辑与发展路径［J］．中国工程科学，2019，21（5）：151-158.

［5］李倩娜，姚娟，唐洪松．游客生态价值观对生态消费行为影响机理研究——基于消费意愿的中介作用［J］．消费经济，2018，34（6）：75-81，90.

［6］李志强，张灵灵，刘亚兰．乡村振兴中的生态困境问题解析及破解路径［J］．山西农业大学学报（社会科学版），2018，17（9）：12-17.

［7］任志芬．生态文明视域下乡村生态振兴的路径探析［J］．绍兴文理学院学报（人文社会科学），2018，38（6）：45-49.

［8］王琴梅，方妮．乡村生态旅游促进新型城镇化的实证分析——以西安市长安区为例［J］．旅游学刊，2017，32（1）：77–88.

［9］翁伯琦，仇秀丽，张艳芳．乡村旅游发展与生态文化传承的若干思考及其对策研究［J］．中共福建省委党校学报，2016（5）：88–95.

［10］杨德进．释放乡村“生态红利”的改革创新路径探索［J］．国家治理，2019（2）：83–88.

［11］杨光辉．我国乡村生态旅游发展中的政府行为研究［J］．中国农业资源与区划，2016，37（6）：213–217.

［12］张云飞．社会主义生态文明的价值论基础——从“内在价值”到“生态价值”［J］．社会科学辑刊，2019（5）：5–14，2.

［13］周小华，张伟．福建乡村生态文化建设研究［J］．国家林业局管理干部学院学报，2014，13（1）：23–28.

［14］朱启臻．乡村振兴与乡村价值的发现和提升［EB/OL］．（2018–07–03）．http：//baijiahao.baidu.com/s?id=1604951339433447277&wfr=spider&for=pc.

乡村旅游生态产品开发研究

一、引言

（一）乡村生态游的“三农问题”时代背景

实施乡村振兴战略，是党的十九大做出的重大决策部署，是新时代做好“三农”工作的总抓手。习近平总书记强调：“要坚持乡村全面振兴，抓重点、补短板、强弱项，实现乡村产业振兴、人才振兴、文化振兴、生态振兴、组织振兴，推动农业全面升级、农村全面进步、农民全面发展。”党的十九大报告也对实施乡村振兴战略提出了“产业兴旺、生态宜居、乡风文明、治理有效、生活富裕”的总要求。2019 年中央一号文件《中共中央　国务院关于坚持农业农村优先发展做好“三农”工作的若干意见》2 月 19 日发布，这是 21 世纪以来中央一号文件连续第 16 年聚焦“三农”工作。这一方面体现了中央对“三农”工作的高度重视和对亿万农民的关怀；另一方面，近阶段是中国全面建成小康社会的决胜期，而小康社会的短板和难点就是“三农”工作，就在农村。2018 年中央一号文件《中共中央　国务院关于实施乡村振兴战略的意见》（以下简称《意见》）按照党的十九大提出的决胜全面建成小康社会、分两个阶段实现第二个百年奋斗目标的战略安排，提出了“到 2050 年，乡村全面振兴，农业强、农村美、农民富全面实现”的总体目标。在乡村振兴战略实施路径和措施上，《意见》赋予旅游业以光荣的使命——打造乡村生态旅游产业链。此举将有利于构建新型乡村经济体系，使旅游业成为促进乡村经济发展、文化复兴的重要新动能之一，而乡村旅游问题的实现途径，也正如《意见》指出，要积极开发观光农业、游憩休闲、健康养生、生态教育等服务。可见，关于乡村游的中央发展战略都指向乡村游中的重要吸引物，即乡村生态与健康环境与资源。

（二）乡村旅游生态产品开发面临“生态”挑战

虽然乡村生态旅游在我国已不是新鲜事物，包括在京津冀地区已经发展了二三十年，但要看到，乡村旅游发展本身是面临着农村自身生态问题的挑战的。长期以来，农民的传统农业是“化学农业”，化学投入品的超量施用，致使土壤板结，生态多样性破坏，生态系统日益脆弱，农业已经成为乡村环境的主要污染源。有些地区的乡村挖矿采矿，乡村环境与景观受到极大破坏。平时农民生活与城镇居民一样，依赖大量日用化学品的使用，生活污水与垃圾在农村的长期滞留，红白喜事、节庆活动的大操大办，已经成为影响乡村环境进而影响农民生产与生活重要的污染来源。乡村社区公共治理的短缺，农业结构与生活方式的单一化，乡村生态循环系统不能成为乡村生态优化的载体，致使生存环境受到严重挑战。农村环境已经成为全社会食品安全乃至整个宏观生态系统优化的重要影响因素。乡村走可持续发展的生态文明建设之路，加快生态的恢复与优化刻不容缓。在生态系统恢复、优化与利用中，中华文明积淀的丰富生态智慧为我们储备了精神指引，我们的先人们早就认识到了生态环境的重要性，认识到了生态资源管理是国家与社会运行的重要保障。“竭泽而渔，岂不获得？而明年无鱼；焚薮而田，岂不获得？而明年无兽。”“子钓而不纲，弋不射宿。”都在告诫我们对自然要取之以时、取之有度。提出绿色发展理念，坚持节约资源和保护环境的基本国策，加快建设资源节约型、环境友好型社会，形成人与自然和谐发展现代化建设新格局，无疑是对中国传统生态观的创造性转化和创新性发展。正确处理好生态环境保护和发展的关系，是实现可持续发展的内在要求。习近平总书记强调，要“更加自觉地推动绿色发展、循环发展、低碳发展，决不以牺牲环境为代价去换取一时的经济增长”。要像保护眼睛一样保护生态环境，像对待生命一样对待生态环境，推动形成绿色发展方式和生活方式。既要金山银山，也要绿水青山，是绿色发展的内在要求。绿水青山和金山银山绝不是对立的，关键在人，关键在思路。要让绿水青山充分发挥经济社会效益。要树立正确发展思路，切实做到经济效益、社会效益、生态效益同步提升，实现百姓富、生态美有机统一。

除了自然生态挑战外，在乡村生态旅游发展过程中，乡村一些历史遗迹、古建筑等由于年代久远，不符合当代流行审美，在规划中被拆除。在市场的导向下，旅游经营者开始违背乡村文化特征，逐渐抛弃乡村文化特色，大量创造符合城市游客审美享受的文化产品；同样，大部分城市游客在进行乡村旅游时会产生一种病态优越感，如言语傲慢、行为随便、金钱观泛滥等，这对乡风淳朴、人情味浓厚的乡村民俗影响很大，使乡村文化丧失了原有的风貌。另外，乡村优秀文化的传承举步维艰，金钱主义、物质唯上观的影响，使农民对乡村本土文化产生了严重的认同危机，人们开始追求所谓的城市上流文化，对乡村文化的保护意识和传承意识逐渐减弱，导致乡村文化的没落（胡娟等，2019）。此外，乡村邻里结构不断缺失，传统文化氛围消失，人际关系冷漠淡化。以上这些问题都构成了乡村文化生态系统的巨大挑战。

（三）生态旅游开发面临乡村产业基础与结构问题

京津冀地区与我国广大北方农村地区一样，农村一、二、三产业布局尚不协调。一产向后延伸不充分，多以供应原料为主，在生态旅游开发中，从产地到餐桌的链条不健全；二产连接两头不紧密，农产品的旅游产品化加工不足，副产物综合利用程度较低，农产品附加值低；三产发育不足，农村生产生活服务能力不强，产业融合层次低，乡村价值功能开发不充分。此外，京津冀地区农村产业在类型、规模等方面不全面不平衡。一些地方的产业较为单一，仍以传统种植业为主，其他产业基础薄弱，很多地方在经营模式上也表现出耕作方法没有特色，在经营方式上依然较为粗放，化肥、农药用量大，造成环境污染与土地质量退化。这些农业基础问题制约着京津冀地区乡村生态游的发展。

即便存在很多挑战，京津冀地区乡村旅游总体市场城镇居民客源人口数量庞大，生态旅游资源挖掘潜力大，依然有很广阔的生态旅游发展前景。当前，京津冀乡村振兴和乡村旅游正在各地轰轰烈烈地开展起来。从各地情况来看，加快推进乡村政治、经济、文化、社会及党的建设，大家不仅认识上非常清楚，而且比较熟悉工作内容，容易创新工作方法。然而，在乡村振兴中，如何加快推进乡村的生态旅游建设，还需要提高认识，不断推进理论与实践创新。如何认识生态旅游的原则？乡村生态文明建设在京津冀的旅游市场中是怎样的形势与地位？乡村的生态文明建设与乡村旅游开发是怎样的关系？如何准确把握乡村生态旅游建设的内涵并结合各地的发展条件不断推进实践创新，等等，需要在理论与实践上进行深入探讨。本文力求结合京津冀旅游资源与市场的思考，研究探讨以上问题，以期为京津冀地区乡村振兴与乡村生态旅游实践工作的同志们提供参考。

二、乡村旅游生态化开发的原则

（一）因地制宜，凸显特色

乡村旅游生态化开发应以当地生态环境为基础，打造区域特色旅游产品。开发生态旅游产品，要遵循自然生态规律，充分研究当地的自然地理环境，从而进行科学、合理的规划。旅游建筑体及旅游基础设施要充分实现生态化，与当地的自然、文化特征相协调，真正做到人与自然和谐相处。除此之外，还要挖掘、凸显乡村特色，采取富有针对性、个性化的措施，使生态化的乡村旅游更具吸引力。

（二）资源整合，系统联动

乡村旅游资源具有分布广泛性、类型多样性、变化季节性等特点，因此对于乡村旅游生态化的开发要基于特点将自然资源、人文资源与独特的乡村民俗结合起来，以乡村民俗文化为纽带，以人文资源促进自然资源的开发，以自然资源充实人文资源的内涵，合理利用可开发的资源，实现资源的优化配置（林淑伟，2015）。对于乡村旅游资源实施联动开发，通过政府主导、市场运作、村民参与，打造生态旅游精品，进行全产业链的开发，从而在增加收益的同时激发联动开发的动力，推进乡村旅游系统的全面发展。

（三）环境保护，低碳节能

生态旅游与其他旅游最大的区别在于生态环境，环境质量决定着生态旅游的价值。一旦生态环境遭到破坏，将从全方位的感官上直接影响人们的旅游体验，从而无法满足人们的精神需求，生态旅游也失去了自身的价值。生态开放的过程中还要结合低碳节能的原则，通过技术创新实现节能减排，减少对环境的污染。除此之外，人们需要增强自身的生态责任感，开发过程中要多多利用绿色、环保的建筑材料，旅游过程中减少随意丢弃垃圾的行为，等等，各方合力加强对生态环境的保护。

（四）着眼长远，永续发展

在很多乡村振兴的过程中，常面临着一个问题，即年轻人力量不足。一些村庄年轻人多外出打工，村里很难看到20~40岁的男性，30岁左右的女性也非常少见，而乡村生态旅游发展的契机可以为乡村创造自循环经济动力，实现乡村的可持续发展。可持续发展指的是既能满足当代人的需要，又不损害后代人满足其需要的发展（林丽波，2015）。可持续发展是生态旅游开发的最基本的原则。美国国家公园的开发利用便是可持续发展的范例，其开发管理理念为“以自然为本，把资源留给下一代，公益性开发，保护性利用”（马牧青，2018）。生态环境的可持续发展既要满足当代人及后代的精神需要，还要满足当地居民谋求生活的物质需要。生态旅游的开发者不能只顾眼前利益进行恶性开发，而是要实现旅游开发与生态环境的和谐发展，要实现环境效益、社会效益和经济效益的平衡（李伟，2005）。

三、京津冀乡村旅游特色生态产品市场分析

表1　京津冀地区2014—2018年国内旅游市场发展概况

年份	京津冀地区国内旅游人数（万人次）	京津冀地区国内旅游收入（亿元）	全国国内旅游人数（万人次）	全国国内旅游收入（亿元）
2014	72361.9	10852.13	361100	30311.86
2015	80978	10306.23	400000	34195.05
2016	93458	12212.19	444000	39390.00
2017	107196.6	14504.13	500100	45660.77
2018	121700	16977.09	553900	51278.29

数据来源：国家统计局，2018；北京市统计局，2018；天津市统计局，2014—2018；河北省统计局，2018。

从表1可以看出，京津冀地区国内旅游人数和国内旅游收入均呈逐年上升的趋势，且京津冀地区的国内旅游收入将近占全国国内旅游收入的30%，可见京津冀旅游消费市场广阔。接下来将着重分析京津冀乡村旅游特色生态产品市场：自驾游市场、亲子市场、银发市场。

（一）自驾游市场

自驾游属于自助旅游的一种类型。相比于发达国家而言，我国的自驾游是有别于传统集体参团旅游的一种新兴的旅游形态。随着我国人均汽车保有量的不断增加以及旅游休闲观念意识的提升，自驾游越来越成为我国家庭旅游度假的首选。与其他旅游度假方式相比，自驾游在选择对象、参与程序和体验自由等方面，给旅游者提供了伸缩自如的空间，并逐渐形成了自主性、短期性、季节性、多样性等特点（郭忠云，2017）。

京津冀城市圈囊括北京市、天津市和河北省，其人口规模占全国人口比重的 8.1%，是我国人口分布最为密集的区域之一，拥有丰富的客源市场（石美玉等，2016）。经济的发展和观念的进步也使得这一地区的居民普遍有较强的支付能力和出游意愿。而来自都市的出游居民对乡村生态旅游又具有较强的偏好，这为乡村旅游生态产品的开发和发展提供了良好的市场基础。

（二）亲子市场

亲子旅游是从传统的家庭旅游和儿童旅游细分出来的一种由家长与未成年子女共同参与的独特旅游形式（许咏媚等，2018）。随着人们闲暇时间和可自由支配收入的持续增加、教育理念和消费理念的不断更新，亲子旅游已被越来越多的旅游者认可和接受，亲子旅游的出现丰富了中国旅游产品市场（孙琼等，2016）。亲子旅游作为父母与孩子创造互动、增进亲情的不二选择，呈现了蓬勃的发展趋势。概括而言，亲子市场主要具有以下几个特点：

（1）价格敏感度低。相比于旅游产品价格，亲子旅游者更注重旅游组织者的品牌与口碑，更注重旅行中的舒适度、安全性、服务水平和教育意义等，即更注重产品的质量。特别对于京津冀亲子市场，家庭收入普遍较充实，对旅游产品的价格敏感度更会降低。

（2）互动性强。亲子旅游中，孩子是评判旅游产品质量的重要因素。不同于其他旅游市场，亲子市场更重视亲子感情的互动和亲子关系的优化。因而乡村亲子生态旅游产品应该遵循儿童和青少年的心理特征，深入提升旅游产品体验层次和情感层次。

（3）教育性明显。不同于大众旅游，亲子旅游更注重旅游活动中的教育性。不仅仅是知识见闻的增长，还包括孩子社交能力的锻炼、人格品德的塑造、胸怀情操的陶冶等。如何利用好大自然的课堂“寓教于游”，是乡村亲子生态旅游的重要命题。

乡村生态旅游作为以人与自然和谐共生的生态系统为对象，通过对其进行保护性开发，使大众得到环境教育的旅游模式，相应也能满足亲子市场的三大需要，即亲子互动的情感需要，寓教于乐的教育需要和返璞归真的天性需要。通过与大自然的亲密接触，父母与孩子身心得到放松，情感得到促进，进而使亲子关系得到升华。京津冀地区作为我国文化教育中心，亲子教育资源丰厚，亲子教育意识前卫，是发展乡村亲子生态旅游的绝佳地带。

（三）银发市场

2010 年我国第六次人口普查，我国 60 岁以上人口首次达到 1.67 亿，占总人口比重的 12.5%，标志着我国正式进入“老龄社会”。与此同时，京津冀地区的老龄化进程也不断加快。截至 2015 年年底，北京市 60 岁及以上户籍人口约 313.3 万人，占户籍总人口的 23.4%，户籍人口老龄化程度居全国第二位；全市常住老年人口更是达到了 340.5 万人，占常住人口总数的 15.7%。截至 2014 年年底，天津市 60 岁及以上户籍老年人口达到了 215.42 万人，占户籍总人口的 21.18%，仅四年时间就上升了 3.27 个百分点。截至2015年，河北省65岁及以上老年人口为756.6万人，占常住人口比重的10.19%（李捷等，2018）。可见京津冀地区老龄化速度还在不断加快，针对“银发市场”的乡村生态旅游项目开发迫在眉睫。一般来说，“银发市场”具有以下几个特点：

（1）闲暇充足，购买力强。据测算，2020年我国老年市场的购买力将达到4.3万亿元，而到2030年将达到13万亿元（安予苏，2010），可见某种意义上，我国老年消费市场正在扭转当前“以年轻人为主流”的市场推广。此外，相较于年轻人，老年人有更充分的时间和闲暇去消费和享受生活，也更需要适销的生态旅游产品来打发时间，这也使老年消费市场在旅游产业中更加受到重视。

（2）品牌忠诚度高。老年人由于生理功能的退化，消费更加追求便利和习惯，因而也更容易产生特定的消费偏好。高质量和伴随康养作用的生态旅游很容易满足老年人的心理预期，让老年人产生消费信任，并进一步使老年人养成消费偏好，形成品牌忠诚度。

（3）习惯结伴消费。在旅游消费的方式上，老年人大多害怕孤独寂寞，由于子女闲暇陪伴少的缘故，老年消费者多会选择老伴和同龄人一起出发消费。老年人之间有共同话题，在游览和消费时也会互相出谋划策，拍照留念。

在分析以上特征后我们也容易发现，乡村生态旅游作为集消费功能、康养功能、社交功能于一身的旅游模式，不失为良好的老年消费选择，并能进一步满足老年人的健康需求、社交需求和消费需求。可以说，伴随着京津冀地区老年化的加剧，乡村生态旅游也一定会在“银发市场”大展拳脚。

总之，伴随着京津冀一体化进程的推进，京津冀优质的资源优势和广阔的市场优势将会进一步放大，适销对路的乡村生态旅游产品开发刻不容缓。

四、京津冀乡村旅游生态化开发建议

优势strengths	劣势weaknesses
1.经济实力雄厚 2.交通便利，地理位置优越 3.旅游资源丰富，互补性强 4.旅游消费市场广阔	1.京津冀经济发展水平差距较大 2.京津冀面临的生态问题严重 3.产业资源整合不足 4.缺乏完善的合作协调机制
机会opportunities	**挑战threats**
1.京津冀协同发展战略 2.雄安新区的设立利于发挥各自优势 3.高铁网络化发展使交通更加便利	1.与其他产业协调的难度较大 2.乡村旅游需求日益多样化、个性化 3.国内其他都市圈生态旅游发展兴起

SWOT

图1　京津冀乡村旅游生态化开发的SWOT分析图

参考资料：万长松等，2015；郭华等，2017；姚君虹，2019。

通过对京津冀乡村旅游生态化开发进行SWOT分析，我们可以看到京津冀地区乡村旅游的发展有很多优势和机会，乡村旅游的发展较快，但依然有很多劣势和挑战，例如存在生态产品单一、基础设施不完善、服务质量较低、旅游体验不足等问题，各种乡村资源未能充分有效地利用。乡村生态旅游主要停留在观光层面上，停留在“采摘农产品，品尝土菜；春天看花，秋天收果”等传统单一的层次上，缺乏创新设计和深度加工，产品雷同、品位不高，缺乏地域性和多样性（段景春，2008）。许多旅游景点过分地依赖时令和特色产品，草莓、葡萄等农产品上市时游客如蜂，农产品下市时清冷无人（段景春，2008）。另外，乡村生态旅游商品粗制滥造，富含民族特色的旅游商品稀缺，甚至尚未开发（段景春，2008）。这些都严重影响了乡村生态旅游的发展后劲。针对京津冀乡村旅游生态化开发的SWOT分析，以下将提出七方面的建议与开发要点，以供参考讨论。

（一）全产业链开发

当前京津冀地区乡村旅游产品单一，各种乡村资源未能得到充分利用，旅游产品的同质化程度较高，不能满足旅游者的多层次、多样化的需求，且由于产业链较短，旅游者停留时间较短，因此要对乡村旅游产业链进行一体化整合，延长产业链。

1. 本地旅游资源深层次整合

针对当地的特色乡村旅游资源，形成一条包含食、住、行、游、购、娱六大要素的完整产业链，且六大要素的每一部分都要进行垂直一体化的整合，实现整个产业链的延伸（周格粉等，2013）。开发过程中要合理利用当地的物质资源和人力资源，大力发展“后备厢经济”，增加乡村旅游产品的同时提高农副产品的附加值，实现当地村民的收益，促进乡村旅游生态化开发的良性发展。

以“后备厢经济”为例，乡村的农副产品要想受到广大旅游者的青睐，除了农副产品自身的特色和吸引力外，还要注重产品包装，尽可能体现当地的文化特色和风土人情，除此之外，还应展示农副产品的来源和烹饪方法，让旅游者回到家中也能享用到来自乡村的独特风味。网络上李子柒的视频深受人们的欢迎，她将自己的乡村生活展现在世人面前，由于剪辑的精美以及生活场所的生态化，人们对乡村生活产生了无限的向往。她在视频中还展示了自己制作各种农副产品的方法并且开设了自己的网络店铺，出售各种农副产品，在品牌效应下，这些产品深受人们的追捧。因此乡村旅游中的农副产品也可以借助网络媒体进行宣传，打造属于自己的品牌，持续挖掘“后备厢经济”的巨大潜能。

2. 城乡资源整合

乡村旅游应当并入城市旅游发展网络，与城市旅游协同发展，提高乡村生态旅游的知名度，吸引本地甚至外来旅游者，实现城乡旅游景区之间的合作与双赢（赵承华，2007）。乡村旅游还可与城市知名旅游景区进行合作，协同开发富有地域特色的精品旅游线路，打造专属旅游名片。除此之外，整合城乡旅游资源要将城市旅游者的需求与乡村旅游产品的供给结合起来，调研城市旅游者的各类需求，从而针对需求进行乡村旅游产品的开发，如“亲子游”“避暑游”“乡愁游”等，激发城市旅游者开展乡村游的热情。

3. 乡村旅游区域资源整合

由于乡村旅游资源的类型多样、分布广泛，开发乡村旅游资源时要发掘旅游资源的差异性，减少同质化的资源开发，与此同时可以依托旅游资源互补的特点，采取多区域联合互补的开发模式，加强与其他地区乡村旅游合作，加速区域之间乡村旅游的协同发展，形成完善的区域乡村旅游产业链，提升乡村旅游的竞争力（周格粉等，2013）。

（二）夯实乡村绿色基础设施

绿色基础设施是指由不同相互联系的要素连接而成的绿色空间网络，由不同的绿色开放空间构成，包含绿色廊道、雨水花园、森林、公园以及乡土植被等要素。这些要素组成了一个相互联系、有机统一的网络，能够有效维护生态环境，提高景观品质和人民的生活品质（刘天颖等，2019）。在乡村旅游开发中，不能仅注重旅游经济性，也要注重夯实乡村绿色基础设施，维护自然和半自然生境科学比例、质量和多样性，以及景观生态功能的连接度，实现生态网络化。开展生物生境修复，提高景观美学价值和生态服务功能。此外，还应通过增加生物景观的异质性、缓冲带建设、蜜源植物种植、冬季留茬、鸟类越冬场所建设等，提高绿色基础设施对农业景观多样性的贡献，同时为乡村旅游开展农业、自然、环境赏析与农业、自然、环境教育提供产品基础和资源。

（三）突出生态景观

突出乡村生态环境的特点要把握全域环境的美感化，旅游建筑和基础设施都要融入当地的生态环境，给人以美的观感。乡村生态旅游景观需要结合农业生产、结合村民生产方式，和农业生产不可分离。在乡村旅游开发中，要特别注重乡村生态景观，要反映生产生活。农业生产生活的结合，是村民居住点生产、生活、生态三生景观的要点。乡村景观长期脱胎于流转几千年的自然生产景观，在旅游吸引力的构成中一直是农业生产和生活，是一种文化景观和自然景观范畴，它反映了农村基础设施的一种自然状态，是一种结合新乡村元素特色和文化精神基础的景观设计，也是整个人类居住自然的重要部分（福建美丽乡村，2019）。如果乡村太具有现代气息，与城市的差异较小，那么乡村旅游也失去了其存在的价值。随着城市化进程的不断加快和人们生活水平的不断提高，人们对乡村旅游的需求不仅仅是拥有干净卫生的住宿环境，还渴望得到更加舒适的享受，甚至在美学艺术上有了更高的要求，这些都是低端传统的农家院所不能满足的，于是民宿就应运而生。民宿最大的特点在于个性化、文化性，在建筑材料的选择上尽量与当地的自然环境相融合，内部的装饰物则要使用当地特色物品，符合当地的人文特色。

生态景观产品的一种重要类型是精品民宿，精品民宿一般都会注重旅游者的五感体验，而这些体验都离不开生态性的凸显。乡村民宿一般选在山中景色优美、安静的村子，首先在视觉上直接感受到民宿、自然、乡村社区相融合，充分保留了乡村“原汁原味”的风情，人们身处其中能够更加亲近自然、放松身心、享受安宁。听觉上，山间轻柔的风声、树叶摇动的沙沙声、小溪流动的哗哗声以及蛙叫蝉鸣之声，这些专属于乡村的声音会给久居在城市喧嚣中的人们留下深刻的印象。嗅觉上，人们呼吸的是新鲜空气，闻到的是花草树木的清香，这些气味是长期笼罩在城市废气阴影下的人们所渴望的。味觉则体现在品味当地特色食物上，乡村的食物大多是绿色无污染的，在这里更能耐心品尝食物的本真味道。触觉上，民宿的一砖一瓦都带有生态特色，且在周围也可与大自然的植物亲密接触。五感体验能够更好地发挥乡村旅游的生态特点，从而让旅游者更加全方位感知生态旅游的美。

（四）开发户外教育产品

乡村生态旅游的教育功能体现在两个方面，即生态农业的科普体验和亲子教育的“户外课堂”，而这些教育功能都可以产品化实现其经济性。

1. 生态农业的科普体验

随着人们的生活水平的提高，消费观念与消费结构也有了显著变化，亲近大自然、放松心情成为城市人休闲度假的首选。乡村生态旅游恰好可以为市民提供这样一个目的地——解决了市民周末去哪里的问题。乡村农业的价值除了提供优质安全的农产品，满足居民的饮食需求外，也越来越多地体现在提供生态服务、休闲体验产品，满足城市居民的休闲体验需求。2018 年，北京休闲农业与乡村旅游共接待游客 7226 万人次，同比增长 12.3%；实现收入 295 亿元，同比增长 24.3%（智汇文旅，2019）。乡村田园让越来越多的城市居民在休闲体验的同时，感受到乡村秀美安逸，体会到生态农业的独特魅力，描绘了城市郊区共融的“升级版”都市农业画卷。

2. 亲子教育的“户外课堂”

对于选择亲子出行的游客，乡村生态旅游不仅仅教会孩子们知识和技能，更潜移默化地影响了孩子们的情感和胸怀。可以说，亲子乡村旅游是教育和旅游的完美契合点，亲子教育的内涵也在乡村生态游中得到最好的诠释。在注重寓教于乐、寓教于游的当下，越来越多的家长在关注舒适和安全的同时，更注重把自然、文化、教育等多元素融入旅游方式中，可见乡村生态旅游的开发也恰恰迎合了旅游消费的新变化，有助于更好地发挥其教育功能。

（五）注重健康餐饮

所谓“全域旅游”，即要从“食、住、行、游、购、娱”各个方面实现区域资源有机整合发展，其中首要便是“食”。京津冀地缘相接、人缘相亲，地域一体、文化一脉，历史渊源深厚，饮食自然也不例外。而说到“梅子金黄杏子肥，麦花雪白菜花稀”的田园风光，饮食自然是第一位的。在现代交通发达、自驾游普及、物质丰富的生活条件下，很多人都不惜奔波千里，花费数时赶往某地，为的就是品尝风味，大快朵颐。对于京津冀地区乡村旅游的餐饮服务，有以下要点：

首先是菜品的打造。对于生态旅游餐饮而言，原生态、纯绿色、无污染的新鲜食材无疑是最吸引游客的。因而餐饮原料应当尽可能就地取材，口味更加注重家常、本土，最大限度地保留原汁原味。

其次是餐饮环境的优化。从京津冀都市圈而来的游客普遍会追求餐饮环境的卫生和方便，乡村整体环境对乡村旅游特色餐饮极为重要。为消费者提供乡土气息浓郁、绿色优雅的餐饮消费环境，可以让旅游消费者把“就餐过程”上升为一次难忘的乡村旅游体验（贾荣，2018）。

此外，恬静舒适的田园风光、细致入微的服务、口耳相传的品牌宣传都会对满怀期待的游客体验产生至关重要的影响。

（六）深入旅游体验

乡村生态旅游不能是走马观花、浅尝辄止，其真正的魅力在于深入体验和感受。深入乡村旅游，需要对乡村景观进行改造，对文化深入挖掘和应用，以及依据京津冀各乡村的实际情况，基于其独特的资源找到自己的独特发展道路。

（1）深入挖掘文化内涵。只有充分挖掘文化元素，乡村旅游才能丰富旅游内涵，提升旅游吸引力。京津冀自古以来就是我国政治、经济、文化中心，历史悠久，自然人文旅游资源种类繁多，分布集中，品质较高。京津冀地区依托悠久古朴的民俗民风与丰富的风物特产，郊区民俗旅游发展势头良好，形成了一批具有区域带动性的民俗旅游村。如北京门头沟区爨底下村凭借历史文化、北方建筑文化以及影视文化而使其乡村旅游大放异彩（北京绿维文旅，2019）。

（2）大力发展创意旅游。创意旅游是当今时代一种新的旅游可持续发展模式，也成为一些地区转型和经济复苏的利器（北京绿维文旅，2019）。随着大众旅游时代的到来，农村地区发展乡村创意旅游也势在必行，乡村创意旅游要充分利用现代科技力量，增强游客的体验感。京津冀城市圈经济实力雄厚，该地区乡村旅游也迈向发展的更高阶段，唯有因地制宜地将充满地方特色的乡村资源通过创意手段进行开发利用，才可以提高乡村旅游的竞争力，吸引乡村旅游创意人才，带动旅游产品创新，促进经济发展。

（七）注重乡村文化生态

要考虑乡村文化生态在乡村旅游发展过程中是否会被城市文化同化而缺乏特色的问题。城市发达的经济孕育产生的强势文化对经济欠发达的乡村旅游地的弱势文化具有很强影响力，在乡村旅游开展过程中，一方面要追求服务质量的提高，但另一方面要提防乡村与城镇完全同化导致的乡村文化日趋缩小或最终消失问题。乡村朴实的农业文明民风和生活秩序要在乡村旅游发展过程中，不断凝练化、产品化和展示化，从而使乡村文化得到支撑，避免在城市游客财富和生活方式不断渗透下对乡村居民和乡村文化观念产生消极影响，避免农民淳朴的乡村意识受到文化比较而遭遗弃，避免从乡村文化层特色消失的方面阻碍乡村生态旅游的发展进程（王雨昕，2007）。只有乡村环境而完全没有乡村文化的识别性，乡村也会因此失去对都市旅游者的吸引力，更会失去乡村游的区域地方性，这样乡村生态旅游的竞争力将会大打折扣。

（撰稿人：吕芳冰　于海波）

参考文献

［1］安予苏．浅论我国银发市场营销组合策略［J］．中国商界（上半月），2010（11）：189–190.

［2］北京绿维文旅．乡村振兴：乡村创意旅游成功经验分享［EB/OL］．(2019–07–24)［2019–12–09］．http：//www. 360doc. com/content/19/0724/15/61099920_850749156. shtml.

［3］北京市统计局．北京市 2018 年国民经济和社会发展统计公报［R］．2018.

［4］北京市统计局．北京统计年鉴［M］．北京：中国统计出版社，2018.

［5］段景春．我国乡村生态旅游发展中的问题与对策研究［J］．安徽农业科学，2008（10）：4216–4217，4230.

［6］福建美丽乡村．新乡村景观设计模式探索［EB/OL］.（2019–05–07）［2019–12–09］. http：//www. sohu. com/a/312511344_463825.

［7］郭华，史佳林，李瑾，等．京津冀休闲农业一体化发展——SWOT 分析与对策［J］. 天津经济，2017（11）：3–9.

［8］郭忠云．我国国内自驾游发展现状及改进方案［J］．农家参谋，2017（15）：237–238，220.

［9］国家统计局．中国统计年鉴［M］．北京：中国统计出版社，2018.

［10］河北省统计局．河北省 2018 年国民经济与社会发展统计公报［R］．2018.

［11］河北省统计局．河北统计年鉴［M］．北京：中国统计出版社，2018.

［12］胡娟，彭武运．基于新型城市化背景下的乡村生态旅游功能研究［J］．中国市场，2019（28）：20–21.

［13］贾荣．川西乡村旅游特色餐饮发展的问题及对策［J］．农村经济与科技，2018，29（19）：97–99.

［14］李捷，王凯珍．京津冀地区城市老年居民体育锻炼参与现状研究［J］．首都体育学院学报，2018，30（3）：226–231.

［15］李伟．论生态旅游的特点与开发原则［J］．齐齐哈尔高等师范专科学校学报，2005（2）：94–95.

［16］林丽波．生态旅游开发的目标与原则［J］．现代经济信息，2015（24）：326.

［17］林淑伟．坪盘村生态旅游开发研究［J］．山地农业生物学报，2015，34（4）：55–61.

［18］刘天颖，梁鑫．城市绿色基础设施网络研究——以邯郸市为例［J］．住宅与房地产，2019（28）：48–49.

［19］马牧青：旅游发展的 8 个新思维［EB/OL］.（2018–08–30）［2019–12–09］. http：//www. 360doc. com/content/18/0830/06/33344355_782298570. shtml.

［20］石美玉，叶晓，尹贻梅．京津冀乡村地区创意旅游发展探析［J］．北京联合大学学报（人文社会科学版），2016，14（3）：112–117.

［21］孙琼，刘敏．孩子年龄与城市居民亲子旅游行为的差异研究——以北京市为例

［J］. 旅游论坛，2016，9（4）：17–26.

［22］天津市统计局 . 天津市 2018 年国民经济和社会发展统计公报［R］. 2018.

［23］天津市统计局 . 天津统计年鉴［M］. 北京：中国统计出版社，2014—2018.

［24］万长松，刘甜 . 京津冀区域协同发展的 SWOT 分析［J］. 赤峰学院学报（自然科学版），2015，31（5）：42–43.

［25］王雨昕 . 乡村旅游的负面效应及对策研究［J］. 商场现代化，2007（17）：256–257.

［26］许咏媚，张河清，王蕾蕾 . 亲子旅游产品开发与培育研究——基于同程旅游和驴妈妈网的调研报告［J］. 中国市场，2018（26）：131–132.

［27］姚君虹 . 京津冀一体化背景下乡村旅游经济发展面临的困境与出路［J］. 乡村科技，2019（1）：58–60.

［28］赵承华 . 我国乡村旅游产业链整合研究［J］. 农业经济，2007（5）：18–19.

［29］智汇文旅 . 旅游规划：北京将乡村民宿纳入地区产业规划［EB/OL］.（2019–05–15）［2019–12–09］. http：//www. you1688. com/newsview_17_3681. html.

［30］周格粉，肖晓 . 全产业链模式：我国区域乡村旅游发展的重要选择［J］. 广东农业科学，2013，40（3）：234–236.

乡村旅游生态管理与创新

一、研究背景与意义

乡村旅游作为推进一、二、三产业融合发展的典型产业业态，现在已经成为发展乡村振兴战略的重要途径。乡村振兴强调的是乡村社会经济文化的全面振兴、城乡融合发展、和谐绿色发展。乡村生态旅游业无论是从对乡村资源的利用、对乡村传统经济体系的优化升级，还是对乡村文化的重构，都与乡村振兴战略的实施原则高度吻合，与乡村振兴的总体目标高度一致，并最终可以通过现代、新型乡村经济体系和文化体系的构建，奠定乡村振兴的经济基础和文化基础。为实施乡村振兴战略，进而实现“两个一百年”的宏伟目标，可因地制宜，率先统筹发展生态旅游。1983 年，世界自然保护联盟（IUCN）特别顾问 Ceballos Lascurain 提出“生态旅游”概念（Ceballos，1987），“生态旅游”指具有保护自然环境和维护当地人民生活双重责任的旅游活动，以可持续发展为理念，以保护生态环境为前提，以统筹人与自然和谐发展为准则的新型旅游方式（农业部，2012）。生态旅游跨越多重语境，作为一种兼具经济效益与生态效益的旅游形态，逐步出现在人们眼中，并成为乡村旅游发展的一种趋势。近年来，京津冀地区面临严峻的生态环境压力，居民对改善生态环境的需求十分强烈。推进京津冀协同发展，以“绿色低碳”理念为引领，通过生态保护红线、环境质量底线，资源消耗、空气污染、深化全面预防和控制的底线严格划定，跨区域生态廊道建设，绿地扩建，促进共享等关键举措，不仅能够全面提升三地生态宜居水平，也是提升区域可持续发展能力的重要举措。

在京津冀协同发展进程中，生态旅游管理模式能为三地的建设筹集资金，有效提高人们的环保意识，增强京津冀地区的影响力，并创造更多的就业机会。除此之外，生态旅游更为三地互联互通，促进缩小区域间、城乡间差距搭建了良好的桥梁。京津冀依托优厚的自然生态条件，拥有三地丰富的客源和雄厚的产业基础，在首都功能的辐射下，地理位置和吸引力都十分优越，在旅游需求越来越多元化的今天，生态旅游管理模式不仅顺应了三地协同发展的政策背景，更是为全国乡村的生态旅游发展提供了良好的借鉴意义，这是时代发展的趋势，更是大众的选择。但是，协同发展下的京津冀地区的乡村生态旅游仍存在着法制不健全、技术理论基础不足、生态观念缺乏、经济性和生态性矛盾重重等问题。

本文在京津冀协同发展的大背景下，在生态旅游的现有问题上，对三地发展乡村生态旅游从指导、流程、产品到多主体参与的复合管理路径进行简要探析，并对京津冀乡村生态旅游的其他问题提出些许建议。总之，如何促进三地生态旅游良好发展，促进京津冀协同发展战略顺利开展，并带动相关产业的蓬勃发展，对其进行管理分析是非常必要的。

二、乡村生态旅游管理与创新对象

乡村旅游生态开发的内容包含了四个方面，即经济生态化、环境生态化、文化生态化以及社会生态化。在乡村生态旅游管理与创新方面，要围绕以上方面去思考旅游管理对象和覆盖问题。乡村经济要思考乡村产业的问题，乡村产业在实践中走过工业化阶段，但随着城镇化的扩张，乡村工业化地区现在已经多被城镇化。在未来的乡村产业中，乡村经济，即乡村产业一定以农业、农业景观、环境生态、文化生态和社会生态为吸引物展开。而乡村环境生态又要兼顾乡村经济、文化和社会生态化，发挥好环境承载以及表达生态性的作用。乡村文化生态在乡村生态旅游开发中，既是旅游吸引物本身，又是乡村经济、乡村环境以及乡村社会的综合表现，乡村旅游要注重提炼、总结，以及创新乡村文化生态。乡村社会生态化是乡村生态旅游管理的重要内容，传统乡村中的乡村教育、居民参与社会包容、社区网络、安全、就业和收入（安全和平等）、社会秩序和凝聚力等方面是中国乡村的独特魅力，在乡村生态旅游管理和创新中，乡村社会生态化的内容挖掘是新时代乡村旅游的一个重要创新点。乡村社会、乡村经济、乡村环境与乡村文化彼此连接，构成乡村生态旅游管理与创新的内容结构，从这四个方面进行管理，才能服务好乡村旅游生态。

三、京津冀乡村生态旅游复合管理路径

乡村振兴的目标是乡村经济、政治、文化、社会和生态文明的全面发展，而乡村生态旅游既能在充分利用乡村本底资源发展乡村、农业旅游，构建以旅游业为主体的现代乡村服务经济体系，促进乡村经济的发展，也能通过对乡村文化的挖掘、利用，推动乡村文化的复兴与重构。乡村是一个兼具生产性、生活性、生态性、社会性、行政性的载体（中国旅游报，2018）。实践证明，乡村生态旅游是新常态下旅游业和乡村经济发展新的增长点，乡村生态旅游的发展，是有效解决“三农”问题（王嘉学，2005）、破解城乡二元结构、实现城乡互补协调和一体化发展的有效途径，是促进农民就业增收、改善农民生活条件、促进乡村转型发展的重要手段。更重要的是，乡村生态旅游开发，将通过对乡村传统文化、乡村生态文明的挖掘利用，引发人们对乡村文化价值的重新思考。通过乡村生态旅游的开发，调动村民文化共同体意识的重塑，推动乡村文化回归，构筑“乡愁”载体，创新和谐、生态、文明、科学、现代的乡村文化和乡村文化形态，消除乡村在工业化、城市化过程中被边缘化而带来的文化认同缺失问题，激发和唤起乡村发展的内生动力和文化自觉意识，最终促进乡村文化的复兴与重构，促进乡村经济、政治、文化、社会和生态文明的全面发展。生态旅游的管理，至今尚没有统一的定论，但根据生态旅游研究者任海、邬建国等的相关理论可以理解，乡村旅游生态系统管理核心是在一定的时空尺度范围内，以一种社会、经济、环境价值平衡的方式来管理乡村旅

游开发活动，保持乡村自然、社会和经济生态环境系统之间的协调发展及整个乡村生态系统的健康和恢复力，满足社会非商品价值和生态公益的要求（任海，2000）。在京津冀乡村生态旅游的应用过程中，应深入挖掘和利用乡村特色，重视人类活动对生态系统的干扰，以及生态系统为人类持续提供服务功能的能力，按照生态学原理和可持续发展的原则，对乡村旅游生态系统管理从生态指导、生产流程、生态产品以及多元主体参与进行分析，从而加深对三地乡村旅游的生态管理路径的思考。

（一）城乡融合发展关系的战略意识

城乡融合发展是乡村与城市之间经济融合、市场融合基础上的互动发展，将形成新的产品交换、市场交换和人流交换机制，必将推动生态旅游业的大发展。城乡关系是最基本的经济关系，虽然各国乡村发展进程各不相同，但都经历过诸如农村基础设施薄弱、农业经济地位下降、青壮年人口持续外流、环境污染和资源短缺等共性问题（刘彦随，2016）。而城乡融合发展推动了各种资本、人力、知识等各种要素流向乡村，带来了乡村环境改善、经济结构转变、业态不断提升、村民生活富裕，带动了社会结构的变化和乡村治理方式的进步。乡村生态旅游已然成为促进乡村发展、实现乡村复兴的重要途径。这种新的“上山下乡运动”，促使我们需要对“三农要素”进行重新组织和对城乡关系重新定位，实现城乡优质资源的良性互动、融合发展、共建共享，最终必将推动城乡公共服务体系、经济发展水平、文明进步程度的均等化。

（二）乡村景观的全域化与美学优化

要加快实施乡村旅游科学化发展、精品化发展和效益化发展，也要重视乡村景观的全域化与美学优化。以乡村全域旅游和品质化提升助推乡村全面振兴。乡村景观是相对自然环境景观的重要概念，对人们来说，它不仅提供一个区域内的生活生产空间，也是人类居住区内融入自然环境的方式。对于乡村建设，要全面建设乡村景观的品质化和全域化，当地政府部门必须建立监管机制，确保地方的微观运作符合中央的宏观指导，重视科学性，不盲目添加城市业态，合理规划功能区，严禁对农田、林地的占用，加强对乡村独特的聚落景观、特色建筑的挖掘与保护，保持乡村景观原貌。此外，要对乡村生态旅游开发行为和经营行为进行整治和规范，保持乡村与城市的景观差异性（胡娟，2019）。

（三）生态规划与指导的管理

近年乡村生态旅游市场蓬勃发展，收益巨大，发展京津冀乡村生态旅游是落实京津冀协同发展战略下的一大创新型产业模式。但其除了和其他市场一样有自发性、盲目性、滞后性的缺陷以外，乡村市场还有着金融市场的无组织性、贸易市场的垄断性以及市场的区域性和交易的关联性等先天性缺陷（陈洪波，2002），制约着京津冀乡村生态旅游的发展。京津冀乡村旅游的发展，核心是京津冀三地作为一个整体协同发展。然而三地城乡经济水平发展差距巨大，区域之间发展悬殊，“河北省环京津冀贫困带”更是限制了三地的协同发展。区域经济合作是社会主义市场经济条件下发展乡村经济的必由之路。京津冀生态旅游想要获得健康发展，必须要利用自己的地理优势、资源优势，主动融入京津冀经济区，加强与其他两省市的经济技术交流与合作。合作规划应当注重资源的整合和有效利用问题，加强京津冀生态旅游一体化发展。此外为了延续生态旅游的可持续发展性，也要注重生态休闲旅游的开发和创新，合理规划已有的生态旅游资源，开发联动更多可能的、潜在的生态旅游市场，关注时下休闲旅游热点，生态与休闲紧密结合。对此，我们要从宏观到微观，系统、全面地对旅游活动进行科学规划，采用基于生态的“多规合一”复合管理路径（席文凯，2019）。“打造三地统一的品牌文化，统一策划制作区域旅游宣传品牌，共同塑造区域旅游统一品牌形象，通过联合开发跨区域资源，树立京津冀旅游合作新标杆。”（贾楠，2019）

（四）生产流程的管理

生态旅游，要在发展生态农业的基础上，保护、改善乡村生态环境的前提下，遵循生态学、经济学规律，运用系统工程方法和现代科学技术，与旅游产业相结合，发展能获得较高的经济效益、生态效益和社会效益的现代化生态旅游产业（闫玲，2017）。而我国在发展生态旅游时，总保持着“先发展后治理”的错误理念，在生产过程中忽视效率，缺乏有效生产体系，造成极大的资源浪费以及环境破坏；此外，乡村生态旅游的生产评价体系也存在很多不完善之处，评价主体的公众参与度不高、评价内容的片面化局限以及评价体系缺乏标准性和科学性（王慧丽，2013），都大大阻碍了生态旅游的健康发展和公众接受度。

对此，京津冀乡村生态旅游应加强对生产流程的管理，利用多种手段，从源头、流程到产出形成清洁生产体系。从原材料而言，更多使用切合生态性的原料，换高污染、高耗能、难降解的材料为传统生态可循环制品，以返璞归真、回归自然的理念促进京津冀生态旅游更加贴合游客的心；在能源上，努力开发新的节能技术，利用清洁能源、可再生能源以及合理循环利用二次能源，减少煤、石油、天然气等高污染能源的使用，减少粗放性能源的使用；对于产出，尽可能降低污染的排放，打造节能低耗的开发建设和环境维持，以不危害人体健康和生态环境为主导因素来考虑产品的制造过程甚至使用之后的回收利用，努力变“三废”为“三料”；最后，应该构建具有可操作性的乡村旅游业生产评价体系，将生产流程管理更加标准化和流程化（王新越，2014），吸纳社会各界的意见，制定出具有前瞻性的乡村生态旅游评价体系，坚定不移地走可持续发展之路。

（五）生态产品的管理

京津冀休闲农业风景带建设中，以奇思妙想创意打造的美景越来越多，房山区霞云岭的“绿海红歌”、怀柔区喇叭沟门满族乡的“满乡白桦谷”、黄栌花开等，为人们休闲旅游提供了更多选择。“绿色生态资源富集，多元文化交相辉映，协同发展，共绘旅游新画卷，也是一件盛事。”北京观光休闲农业行业协会秘书长、北京市农村经济研究中心资源区划处处长陈奕捷说（李佳霖，2019）。京津冀位于华北交通要道，拥有极佳的区位优势和客源优势，乡村生态旅游资源丰富，海洋、草原、山野、温泉、冰雪、红色文化等是京津冀地区的特色资源（河北省人民政务官网，2018），其中农业休闲型、近郊休憩型、山野/原野度假型、景区集聚型（王润等，2017）等各类乡村旅游点散布在京津冀地区（见图1）。

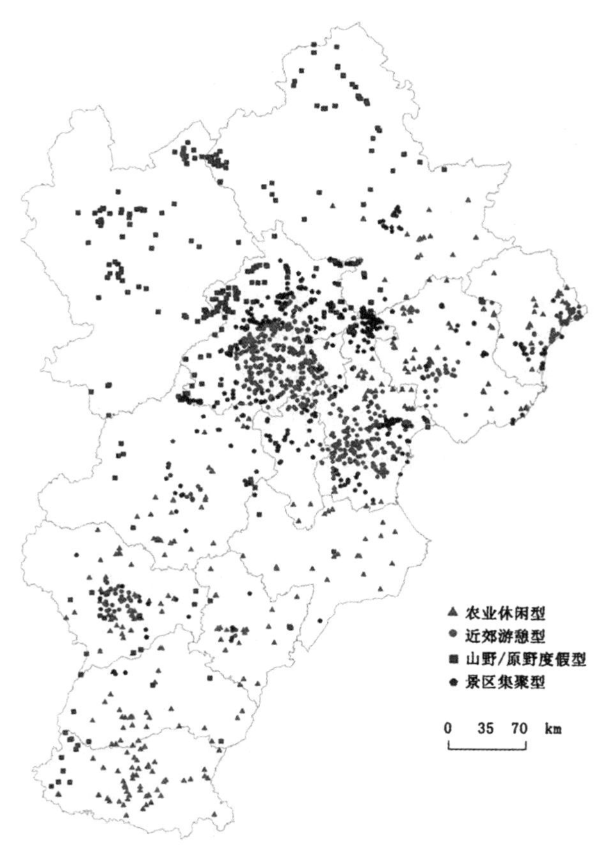

图1 京津冀乡村旅游点空间聚类

来源：王润等，2017。

而在乡村旅游的开发过程中，各种乡村资源未得到充分有效的展示与利用，创意开发不够，缺乏创新设计和深度加工，不能满足游客多层次、多样化和高文化品位的旅游需求；过多低质量、同质化的重复产品，甚至会让游客产生抵触心理，从而怀疑生态旅游建设的真实性，拒绝为假的对象埋单。

对此，京津冀乡村生态旅游想要发展，一定要对和游客直接接触的产品进行有效管理，深挖乡村生态旅游产品内涵，将风土人情、乡俗文化内涵融入旅游产品之中，将体验性活动融入乡村生态旅游中，提高旅游产品质量，增强区域乡村生态旅游的竞争力，变资源优势、文化优势为产业优势、经济优势。

首先，要注重生态产品的创新及形象的管理。生态旅游者旅游动机种类中大多与自然密切相关（Lindberg 等，1997），是想要满足“回归大自然”的需求，而游客在进行旅游体验时，感知在其体验结果上起了极大的作用，旅游品质感知是游客在对其所消费的旅游产品及服务的总体感知评价（解丽达，2017）。作为客观事物在人脑中直接整体的反应，感知成为认识客观世界的心理活动基础，比如，你兴致勃勃地和朋友在一个空闲的周末放下工作的烦恼到一个农家院进行采摘活动，而分发的是竹编的篮子还是一个塑料制品，无疑会大大影响你的生态感知体验。虽然这种生态真实性可能略有偏颇，但努力让“前台”真实，那生态旅游产品绝对要与工业化浓重的形象区别开来，在生态形象上不仅要力求“原汁原味”，更要符合人们追求生态的心理感知需求。广西竹筒酒的成功就是一个很好的例证，我国很多自然景区都有各式各样的酒文化，而广西桂林猫儿山国家自然保护区利用将酒与竹子相结合，利用人们对生态的感知，将其定位为一种“更香、更纯、更环保的原生态健康酒品”（钟合，2009），游客很乐意为此埋单。

其次，生态旅游产品流于表层化的很重要一个原因是单个生态产品的生产比较零散（Zeithaml，1988），无法形成品牌效应，走到游客眼前，由此与其花费成本创建旅游精品，商家更愿意去网络批发商处继续批发那些毫不生态的同质化产品，形成一个恶性循环。对此，我们应该构建休闲生态农业带，打造旅游线路上的精品休闲生态产品，要依托既有资源打造生态休闲资源，利用农家院、休闲体验园和特色民宿等，分层次、分时序、分区片构建京津冀乡村旅游产品体系（叶新才等，2007），将现有资源进行深入剖析和合理结合，形成核心层次旅游产品系列精品和辅助层级系列相关产品相结合的体系，综合协调各乡村旅游地和周边旅游区的产品关系，带动旅游产业链延伸，扩大旅游效应。

（六）多渠道公众参与

对于生态旅游的管理，说到底，最终还是基于各个主体共同参与的共同管理，京津冀生态旅游想要真正实现好，关键在于如何梳理涉及不同利益群体之间的关系。对此，在吴晓和吕红波的一文中得到启发，要发展生态旅游，我们应该努力建设和完善政府主导、社会组织统筹、社区自主参与的多渠道综合管理模式（邵建强等，2018），促进多渠道公众的共同参与。

（1）政府主导的综合管理模式。目前，生态旅游产业还在发展阶段，面临市场不完善、壁垒多、社会参与度不高的局面，且三地之间经济发展水平、管理水平差异巨大，没有政府的统筹协调，京津冀的生态旅游产业很容易摇摆不定，加速区域发展不平衡，遇见更多窘境。对此，政府要加强顶层设计，从全局角度倾听各方意见，协调其他利益主体之间的关系，并且加强京津冀城市圈各城市在政府层面的合作，为全域旅游发展，夯实共同利益最大化提供基础和保障（吴晓等，2019）。除此之外，更要站在生态旅游可持续发展的角度，利用各种优惠政策条件，促进市场中企业资本的汇入与良好运转，在对多元主体的引导、激励和管理中，促进旅游地生态旅游可持续发展。

（2）社会组织统筹的委托管理模式。政府作为市场中“看得见的手”在对市场宏观调控时存在着局限，而行业协会是介于政府、企业之间，商品生产者与经营者之间的协调性的社会中介组织，为政府和企业之间搭建了良好的桥梁。因此，在京津冀乡村生态旅游中，应成立个体利益的小集体利益代表——行业协会，来承接政府履行部分专业的监管职能，制定统一的行业标准进行集中管理，对市场的个体利益进行有效的约束，减少资源的浪费，从而克服市场的盲目性、自发性，实现京津冀整体效益与个体利益的可持续发展。

（3）社区主导的生态旅游自主管理模式。社区聚居在一定地域范围内的人们所组成的社会生活共同体（刘视湘，2013），是构建起基层社会的细胞单元。在我国，社区管理机构包括村委会和居委会，为人们提供了管理、服务和保障功能，是知民心、聚民情、离人民最近的组织，其作用不容小觑。而京津冀要发展生态旅游，加强站在引导人民第一线的社区的管理与引导，有利于提升居民的生态意识，促进生态旅游产品活化，将生态出行观念深入人心，带动当地居民参与生态产品生产的积极性，提高创新独特性。比如，山楂小院就是村委会和企业创新型合作促进旅游发展的成功案例。下虎叫村地处北京延庆区东部山区刘斌堡乡，地理位置偏僻，村里年轻劳动力纷纷外出打工，村庄“空心化”现象严重，是低收入村之一，全村 71 处宅院中有 30 多处闲置，很多宅院逐渐荒芜废弃。而 2015 年以来，该村村委会通过与远方网“隐居乡里”运营公司合作，发展高端民宿“山楂小院”（北京市农村工作委员会研究室，2018），促进了当地乡村生态旅游的发展，成为如今远近闻名的休闲胜地，有效带动了村民增收致富。

四、京津冀乡村生态旅游管理问题

京津冀地区蕴藏着丰富的自然资源和人文资源，具有发展乡村旅游的良好条件。2017 年年底，“京津冀乡村旅游服务联盟”成立（杨朝霞等，2006），相关政策和活动的兴起让我们看到京津冀乡村旅游取得了不错的成绩。但不可否认的是，在京津冀乡村生态旅游的发展过程中，生态管理方面也存在着许多问题，限制着三地乡村生态旅游的进一步发展。

（一）乡村生态游的发展战略与相关管理指引匮乏

我国乡村生态旅游的开发和研究均处于较低层次，大多没有建立一个协调统一的管理机构，导致经济利益上各自为政、多头管理，出了问题互相推诿，无人负责，严重影响了乡村生态旅游业的可持续发展。同时，乡村生态旅游的战略性经营管理人员相对较少，对从业人员缺乏系统有效的培训，在实际的乡村生态旅游操作中，很多村干部或当地农民管理着乡村生态旅游区。由表 1 可看出，京津冀农村劳动力文化状况普遍偏低，当地居民缺乏对产品的包装、营销、更新的认识，相关意识、管理指引和理论没有更新，这样会导致京津冀地区整体乡村生态旅游经营的生态战略与市场推广意识淡薄，缺乏现代经营管理引导。

表 1　农村劳动力的文化状况

单位：%

地区	不识字或识字很少	小学程度	初中程度	高中程度	中专程度	大专及以上
北京	0.7	4.6	53.4	19.1	8.6	13.6
天津	2.2	19.7	58.1	13.1	4.4	2.5
河北	1.5	17.5	59.7	16.8	2.4	2.1

数据来源：中国农村统计年鉴 2011。

（二）乡村生态旅游管理法律法规匮乏

生态农业经济迅速发展，生态文明建设的理念越来越显得跟不上时代发展的需要，京津冀乡村生态旅游作为一个区域性新兴市场，相关法律的发展与完善是其取得成功的必要保障。在这方面，我国已经拥有了相关立法，在旅游方面，《中华人民共和国旅游法》是京津冀乡村生态旅游的首要法律，这部法律中明确表达了有效保护、合理利用旅游资源的生态旅游价值取向；在环境资源保护方面，现有的《风景名胜区条例》《自然保护区条例》等，也对生态旅游的管理存在着一定约束作用。虽然我国已存在一些指导性文件，但旅游法律与生态环境保护的法律法规在落地时彼此缺乏完善的衔接，乡村生态旅游作为一个新兴产业，具有其特殊性，不是之前的环境保护条例可以一概而论的；京津冀三地乡村之间行政区划的竞争性也使法律的实施效果大打折扣。

（三）生态旅游与经济效益之间的矛盾

乡村旅游资源盲目开发，管理混乱，“生态”成了空头口号。乡村生态旅游本是以“可持续发展”为理念，以保护生态环境为前提的创新旅游模式，但是生态旅游资源作为资源有易破坏、难再生的脆弱性，随着当下游客旅游需求日趋多元化和高标准化，过分地迎合市场需求的生态旅游必定会激化发展生态旅游和可持续发展之间的矛盾，盲目地与城市标准比肩也必然会让乡村的原始氛围褪色。在经济利益的牵引下，我们往往忽视了“生态”的核心要义，甚至把“生态”作为幌子，不顾生态资源的脆弱性的特点，为了短期利益置科学规划和专家意见于不顾，大兴建设，大搞虚假，这不仅激化了当地居民与外来游客的矛盾，更是大败生态旅游的好感。中国人与生物圈国家委员会提供的一份调查显示，我国 22% 的自然保护区由于开展生态旅游而造成保护对象的破坏，11% 出现旅游资源退化，44% 存在垃圾公害，12% 存在水污染，11% 有噪声污染，3% 有空气污染（谢花林等，2002）。这明显与发展生态旅游的核心要义背道而驰，这种忽视生态效益、不顾代际公平、只看眼前利益的行为是京津冀乡村生态旅游发展的最大障碍。

（四）理论基础与技术水平的制约

新事物的发展总是需要一定的过程。作为新兴旅游形态，需要考虑到生态和经济的双重目标，生态旅游是一种复杂的系统工程，在京津冀乡村生态旅游实践中，缺乏统一明确的技术标准，技术基础薄弱。它首先跨越农学、生态学、旅游学、资源科学、环境科学、加工技术以及多种社会科学（刘雪平，2012），将一个个单一学科综合、系统地进行认识、研究，必须超越生物学、生态学、旅游社会科学和经济学之间的界限，应当是多学科交叉与综合，需要多种学科专家的共同参与，需要建立生态旅游自身的理论体系；其次，面对新型的交叉学科，理论基础比较薄弱，缺乏专业的生态旅游管理人才，我国现在的生态旅游规划队伍仍沿用大众旅游的人员结构和规划方法（潘洁，2010），在管理上遇见问题和瓶颈是不可避免的；除此之外，乡村生态旅游往往受当地农民的技术水平和教育水平的制约，想要发展得好，就必须吸纳当地居民的参与，而在一般情况下，农民并没有足够的理论知识和经验对这一复合系统进行科学的设计，而简单地照搬另一个地方的经验，也是非常困难的，往往并不能取得成功。

五、对策与建议

（一）完善生态旅游法律，让生态旅游深入人心

要想京津冀生态旅游拥有美好的前景，维护好京津冀生态旅游资源的丰富性，实现旅游资源的可持续利用，是当务之急。我国政府应加大对生态农业的政策支持，要坚持生态文明建设、经济建设“两手抓”，以新发展理念和生态文明建设的顶层设计与战略部署为指导，以促进绿色转型和创新驱动为目标，将绿色发展和创新发展融入乡村生态经济建设各方面和全过程，推动经济转型升级、发展方式转变（杨智明，2018）。

严格执行国家和各有关部门制定的一系列保护生态环境的法律法规的基础上，京津冀地区应根据当地的具体情况，组织发布一套针对性、可操作性强的生态环境保护规章制度和合理的生态系统管理政策，增强乡村生态环境保护力度，使人们对乡村旅游资源保护有法律依据。对于国外先进的立法我们应进行吸收和转化，划拨一系列的农业生产专项经费用于农业的科技生产、水利设施的建设、饮水设施的投资等，对实施生态农业生产的农户实行无息贷款、硬件补贴等财政支持。建议设立一些由农业管理部门牵头的农民自助组织（潘劲，1999），地方专项农业生态管理部门等，通过专项部门能够使其他部门对生态农业生产给予配合，实现权责明晰的管理效果。各村镇抓住京津冀协同发展战略的契机，积极争取省、市政府对京津冀县域经济发展的政策支持。

（二）以管理促进乡村生态规范，加强生态意识教育

随着我国科学技术水平的不断提高，生态旅游管理工作也要与时俱进，不断采用各种先进的管理技术。加快科技创新的体制机制和人才机制建设，努力打造有利于创新发展和创新型人才辈出的宽松环境。引进先进的旅游管理从业人才。高校要鼓励培育专业人才，实地积累经验。推动就业从业人群的再教育，建设高素质人员体系。在具体实现方面，一是政府事先做好科学规划和市场调研，合理划分旅游功能区，建立生态保护机

制和惩罚制度，对当地污染进行治理和防护，因地制宜发展旅游业。对农家乐、餐馆、景区予以规范，做好经营卫生监督工作；二是改善景区交通状况，针对乡村生态旅游的要求，可以在景区修建石板小路，既符合乡村整体意境，又提高了景区可进入性，游客可以把汽车停在景区指定停车场而不会对景区造成空气、噪声污染；三是景区多做环保宣传，设置环保标志，加强对当地农民和经营者的生态环保教育，作为旅游主体以身作则，成立景区生态保护小组，专门负责对破坏生态环境行为进行整治查处。推出以保护环境为主题的景区活动，带动游客参与到生态保护的行动中去，共同传播环保知识，推动人与自然的和谐发展。

在乡村旅游发展中，提高管理者、导游人员、旅游者及当地居民的素质和生态环保意识也至关重要。在发展生态与旅游相结合的过程中，要加强京津冀从管理者到经营者再到旅游者的生态教育，通过媒体、讲座、课堂、互联网技术等，走进市民生活。比如这两年在国内兴起的拍照识别植物的技术，打开百度识图，对着身边的花草拍照，就能迅速在 AI 识别作用下得到植物的名字、属性等资料，这种寓教于乐的手段，在潜移默化中促进了民众的生态教育，利于促进居民生态出行，培育文明生态旅游的良好风气。从而凝聚更多利益主体参与到京津冀生态旅游协同发展中来，提高整个生态链的思想素质和道德素质。

（三）维护村民利益，协调生产和生活

乡村居民是乡村旅游发展的主体，是旅游地社会文化的主要组成部分，乡村生态旅游与其他旅游一样，其资源的开发是为了改善条件、优化环境，更好地满足游客的需求（隋春花，2000），京津冀乡村居民对于发展生态旅游的接受与支持程度很大意义上决定着旅游发展的顺利程度。对于未直接参与到旅游开发中的村民而言，外地居民的入侵、大兴的基础设施建设、生态旅游引发的一系列物价升高、交通拥堵、环境污染，必然会激发当地居民对乡村旅游开发的抵触情绪。对此，要想动员广大的农民自觉自愿，并能够自力更生地通过生态旅游发展经济，必须让当地居民直接参与到管理和服务中去，发挥政府和市场的激励与带动作用，在生态旅游开发中注重收益成果的共享，利用信贷支持、民生福利等优惠条件，将经济福利转化为村民可以共享的教育、医疗、基础服务等各方面利益。

中华民族有着深厚文化传统。在绵延几千年的中华文化中，秉持“天人合一”精神的生态文明观熠熠生辉。在中国传统生态思想中，天地万物被看作一个统一的整体，人是天地万物的一部分。万物生存发展有其本质规律，天地自然是人类赖以生存的条件。《庄子・达生》说：“天地者，万物之父母也。”《管子・水地》说：“地者，万物之本源，诸生之根苑也。”习近平总书记指出：“绿色发展，就其要义来讲，是要解决好人与自然和谐共生问题。人类发展活动必须尊重自然、顺应自然、保护自然，否则就会遭到大自然的报复，这个规律谁也无法抗拒。”（《中国绿色时报》，2016）这里所强调的“人与自然和谐共生”，正是体现了对中国传统生态文明理念的继承和发展。乡村旅游的生态性优先战略将使乡村环境更加优美，乡村景观更加美丽，乡村空间更适合人居，乡村

生态休闲、度假、康养等新兴乡村经济业态必将成为最有市场前景的朝阳产业和幸福产业。2019 年 5 月 16 日出版的第 10 期《求是》杂志发表中共中央总书记、国家主席、中央军委主席习近平的重要文章《深入理解新发展理念》，习近平总书记深刻指出："绿色发展，就其要义来讲，是要解决好人与自然和谐共生问题。"绿色已成为我国乡村发展和乡村振兴的底色，生态宜居是乡村振兴的直接目标。如何贯彻绿色发展理念，还乡村以"青山绿水"，是我们实施乡村振兴战略和推进脱贫攻坚的重要任务。乡村生态旅游开发，正切合这一发展理念。

（撰稿人：景淑彤　于海波）

参考文献

［1］Ceballos L H. The Future of Ecotourism［J］. Mexico Journal，1987（1）：13–14.

［2］Lindberg K，Goulding C，Zhongliang H，et al. Ecotourism in China：selected issues and challenges［J］. 1997.

［3］Zeithaml V A. Consumer perceptions of price，quality，and value：A means–end model and synthesis of evidence［J］. Journal of Marketing，1988，52（3）：2–22.

［4］李佳霖 . 变资源优势、文化优势为产业优势，五条休闲农业带开创京津冀旅游新格局［EB/OL］.（2019–07–08）. http：//www.sohu.com/a/325469823_809097.

［5］陈洪波，夏频 . 论发展中国家乡村市场的缺陷与政府作用［J］. 江汉论坛，2002（5）.

［6］北京市农村工作委员会市农委研究室 . 关于延庆区下虎叫村发展"隐居乡里·山楂小院"民宿的调研［EB/OL］.（2018–05–24）. http：//nyncj.beijing.gov.cn/nyj/362230/3622481363538/44918/448933/452245/index.html.

［7］河北省人民政务官网 . 河北省人民政府关于印发《河北省旅游高质量发展规划（2018–2025 年）》的通知［EB/OL］.（2018–12–11）. http：//info.hebei.gov.cn/hbs2fxxgk/680624/6807473/6806589/6839465/index.html.

［8］胡娟，彭武运 . 基于新型城市化背景下的乡村生态旅游功能研究［J］. 中国市场，2019（28）：20–21.

［9］解丽达 . 京津冀乡村旅游服务联盟成立 .［EB/OL］，2017–12–27. http：//www.xinhuanet.com/local/2017–12/27/c_129776086.htm.

［10］贾楠 . 京津冀旅游市场一体化持续推进［EB/OL］，2019–08–12. http：//www.rmxiongan.com/n2/2019/0812/c383557–33239085.html.

［11］刘视湘. 社区心理学［M］. 北京：开明出版社，2013.

［12］刘雪平 . 生态农业社会实践报告［R］. 合肥都市生态农业 . 2012–06–28.

［13］刘彦随，严镔，王艳飞 . 新时期中国城乡发展的主要问题与转型对策［J］. 经济地理，2016，36（7）：1–8.

［14］绿色发展就是要着力推进人与自然和谐共生——习近平在省部级主要领导干部学习贯彻党的十八届五中全会精神专题研讨班上的讲话［N］. 中国绿色时报 . 2016-05-19.

［15］农业部 . 生态农业建设专项支持优先考虑河源［Z］. 中国城市低碳经济网 . 2012-10-19.

［16］潘洁 . 中国生态旅游可持续发展道路思考［J］. 沿海企业与科技，2010（10）：1-3.

［17］潘劲 . 有关中国农民自助组织的理论观点综述［J］. 经济研究参考，1999（36）：2-15.

［18］全力打造乡村生态旅游产业链［N］. 中国旅游报 . 2018-12-10.

［19］任海，邬建国，彭少麟 . 生态系统管理的概念及其要素［J］. 应用生态学报，2000，11（3）：455-458

［20］邵建强，傅娟，高晓菲，等 . 京津冀全域旅游协同发展研究［J］. 现代经济信息，2018（5）：477.

［21］隋春花 . 乡村旅游：21 世纪旅游新趋势初探［J］. 韶关大学学报（社会科学版），2000（5）：85-88.

［22］王慧丽 . 我国旅游业清洁生产存在的问题及对策［J］. 山西煤炭管理干部学院学报，2013，26（1）：21-22.

［23］王嘉学，明庆忠，杨世瑜 . 云南乡村生态旅游发展地域模式初步研究［J］. 生态经济，2005（1）：95-97，101.

［24］王润，刘家明，张文玲 . 地理大数据视野下京津冀乡村旅游空间类型区划研究［J］. 中国农业资源与区划，2017，38（12）：138-145，169

［25］王新越 . 我国旅游化与城镇化互动协调发展研究［D］. 青岛：中国海洋大学，2014.

［26］吴晓，吕红波 . 生态旅游管理理念下的旅游管理模式创新探究［J］. 中国论，2019（17）：72-73.

［27］席文凯 . 生态文明下城市复合生态管理模式与路径研究［J］. 住宅与房地产，2019（12）：28.

［28］谢花林，刘黎明，李蕾 . 开发乡村生态旅游探析［J］. 生态经济，2002（12）：69-71.

［29］闫玲 . 我国生态农业发展现状及展望［J］. 农民致富之友，2017（23）：239.

［30］杨朝霞，吴晓燕，刘仁保 . 我国森林生态旅游现状分析及对策建议［J］. 现代农业科技，2006（9）：189-190.

［31］杨智明 . 以生态文明建设引领新时代乡村振兴［N］. 中国环境报 . 2018-12-07.

［32］叶新才，李洪波，张国栋 . 乡村旅游的生态系统管理——以泉州市为例［J］. 商业研究，2007（10）：174-178.

［33］钟合 . 竹筒酒走出深巷［J］. 城乡致富，2009（4）：36.

乡村旅游生态化研究进展及展望

一、引言

党的十九大报告中提出以“产业兴旺、生态宜居、乡风文明、治理有效、生活富裕”为总要求的乡村振兴战略，发展乡村旅游是实现乡村振兴的重要路径选择（李志龙，2019）。乡村旅游以乡村地域为基底，以地方文化为核心吸引物，是利用乡土资源为游客提供特色旅游产品的农村新兴产业（吕龙等，2018），在加快农村产业结构升级、促进乡村社会进步、有效解决“三农”问题、实现乡村振兴等方面发挥着重要作用（徐虹等，2018）。随着乡村旅游的快速发展，资源约束趋紧、环境污染严重、生态系统退化等问题凸显，旅游生态化发展迫在眉睫。党的十八大报告提出“建设美丽中国”的概念，强调把生态文明建设放在突出地位，彰显了生态文明建设的时代重要性。因此，推进中国乡村旅游生态化研究，做到提前预判，助力中国乡村振兴、生态文明建设等国家战略的实施，为中国乡村现代化和可持续发展提供智力支持，刻不容缓。

针对中国乡村旅游，国内学者基于经济学、管理学、社会学、心理学、地理学、生态学、农学等多元化研究视角（安传艳等，2018）开展了丰富的研究，如探讨乡村旅游对城市居民幸福感的影响（张圆刚等，2019）、旅游扶贫（卢冲等，2017）、乡村旅游企业管理（杨学儒等，2019）、旅游资源地理空间结构分析（郁琦等，2018）、旅游机会公平和伦理（王德刚，2014）、土地利用（朱琳等，2019）等。在旅游生态研究方面，研究内容主要集中于生态旅游资源与评价（李悦铮等，2019）、生态旅游开发模式（侯国林等，2007）、生态旅游与可持续发展（李仁杰等，2009）三大议题。研究对象涉及山岳（石垚等，2015）、湿地（李悦铮等，2019）、草原（吕君等，2010）、冰川（刘丽敏等，2019）、森林公园（汪朝辉等，2009）等不同旅游地类型。研究范围覆盖全国（赵敏燕等，2016）、省域（丛小丽等，2019；李细归等，2017）、市域（刘昭云，2010）、区域（王琴梅等，2017）等不同地理空间尺度。另有学者针对民族地区（马晓京，2003；江晓云，2004）、脆弱生态区（朱璇，2008）、欠发达地区（邱云美，2010）等特定区域展开旅游生态化研究。伴随着生态文明建设、建设美丽中国、乡村振兴等国家战略的实施，乡村旅游生态化研究受到持续不断的关注。本文立足已有研究，对中国乡村微观小尺度视角旅游生态化研究进行系统梳理和总结，反思中国乡村旅游生态化研究，展望未来乡村旅游生态化研究方向，以提升我们对中国乡村旅游问题的认知，探索乡村振兴背景下旅游生态化研究的科学问题，推动中国乡村旅游生态化研究的深入。

二、文献分析

（一）数据及期刊来源

本文分别以“乡村”+“旅游”+“生态”“农村”+“旅游”+“生态”“村落”+“旅游”+“生态”为主题，选取中国知网（CNKI）中的核心期刊、中文社会科学引文索引数据库（CSSCI）、中国科学引文数据库（CSCD）对文献进行精准匹配检索，检索日期截止到2019年6月1日，得到736条检索结果。通过文献筛选，删除书评、会议通讯和篇幅过短的较低质量文献，得到680篇有效的研究文献。

开展中国乡村旅游生态化研究的学科主要是旅游学、地理学、生态学和经济学，成果发表的期刊涉及30余种，重要期刊有《旅游学刊》《旅游科学》《地理学报》《地理研究》《地理科学进展》《地理科学》《经济地理》《人文地理》《自然资源学报》《干旱区资源与环境》《资源科学》《生态学报》等，反映出中国乡村旅游生态化研究受到不同学科和领域的广泛关注。

（二）研究历程

1999—2019年21年间，中国乡村旅游生态化研究文献数量呈波动式增长，总体呈上升趋势（见图1）。通过对获取文献进行数量上的分析，研究可分为3个阶段：① 1999—2005年，起步探索阶段。20世纪90年代末，随着我国城市化进程的快速推进和农村产业转型的要求，乡村旅游生态化发展随着乡村旅游研究开始起步。此阶段，乡村旅游以农业资源为基础，由生态旅游与农业旅游结合演化而来（周玲强等，2004），农业旅游、农业观光、休闲农业等是该阶段乡村旅游生态化的重要模式。

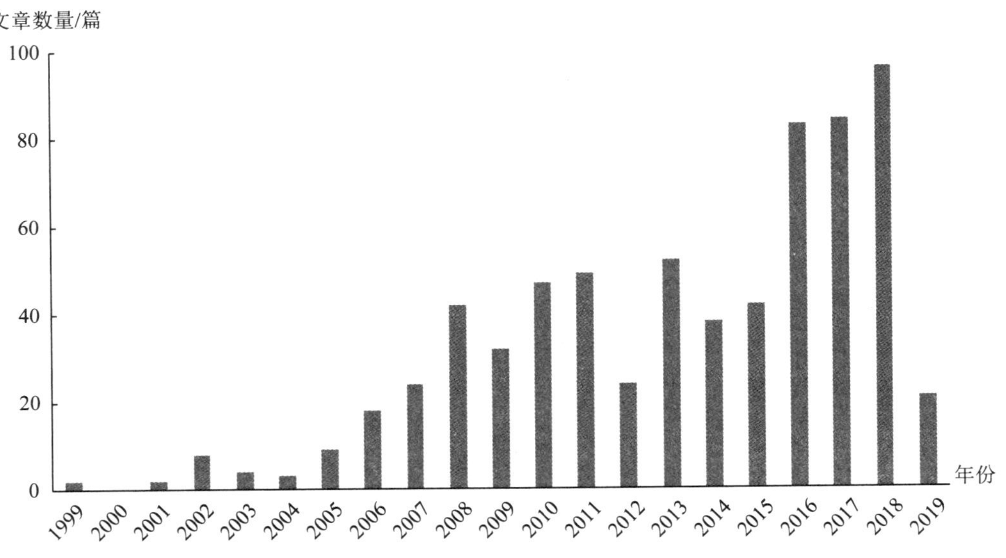

图1　1999—2019年中国乡村旅游生态化研究文献数量发展趋势

② 2006—2015 年，快速发展阶段。伴随着信息技术的快速发展，这一时期乡村旅游生态化研究结合国家“社会主义新农村建设”“生态文明建设”“新型城镇化”“美丽乡村”等战略展开，研究热点主要集中在乡村旅游产业生态化、智慧旅游、景观生态、旅游用地。③ 2016 年至今，稳步提升阶段。该阶段乡村旅游生态化研究的广度和深度都得到显著提高，微观领域深入到乡村农户视角，如开展农户适应性研究。同时，在旅游扶贫、全域旅游、乡村振兴等国家战略的指导下，国内学者开展了丰富的案例研究。

（三）研究热点

从 1999 年以来核心期刊论文研究热点高频关键词来看，基于国家发展战略研究是中国乡村旅游生态化问题的重要研究背景，如“可持续发展”战略、“新农村建设”“美丽乡村建设”“生态文明建设”“乡村振兴”战略、“精准扶贫”战略以及“新型城镇化”战略。研究热点既有反映乡村旅游生产经营形态，如“休闲农业”“生态农业”“产业融合”；也有开发对策导向的关键词，如“发展模式”“开发模式”和“发展对策”。同时，可以注意到民族地区研究引起学者的重视。

表 1　中国乡村旅游生态化研究领域高频关键词

序号	频次	关键词	序号	频次	关键词
1	303	乡村旅游	11	15	乡村景观
2	57	生态旅游	12	13	开发模式
3	57	乡村生态旅游	13	13	生态农业
4	52	可持续发展	14	11	精准扶贫
5	28	新农村建设	15	11	产业融合
6	22	美丽乡村	16	10	循环经济
7	22	生态文明	17	10	新型城镇化
8	21	休闲农业	18	9	生态环境
9	16	乡村振兴	19	9	发展对策
10	15	发展模式	20	9	民族地区

（四）研究机构地区分布

乡村旅游生态化研究发文机构覆盖了全国 30 个省（直辖市、自治区）。全国范围来看，沿海东部地区省份发文数量最多，西部次之，中部最少。其中，东部地区中，以北京市、江苏省、浙江省、广东省、辽宁省为主，五省（市）地区科研机构发文数量占全国发文总量的 30% 以上。西部地区中，四川省和广西壮族自治区在此领域显示出突出的科研能力。中部地区中，湖北省、湖南省、江西省、河南省是该领域的重要科研机构所在地。

图 2　中国乡村旅游生态化研究院校和科研机构地域分布图

三、概念和内涵

自 20 世纪 60 年代后，世界环境问题日益严峻，人们意识到一些不受控制的旅游行为会破坏旅游目的地的自然环境和损害当地居民的利益，便开始寻求对环境产生最小影响的旅游方式（杨开忠等，2001）。基于现实旅游活动发展的推动，学者们相继提出类似的概念，如自然旅游、冒险旅游、绿色旅游、生态旅游、负责任旅游、低碳旅游、可持续旅游、旅游生态化等。虽然以上旅游发展模式在概念上具有交叉与重叠，但其仍各有侧重。辨析和界定乡村旅游生态化的概念和内涵是研讨乡村旅游生态化的首要内容。在这里，我们主要辨析生态旅游、可持续旅游、旅游生态化三者之间的区别。事实上，生态旅游只是为区别于大众旅游以及迎合追求自然的特殊旅游群体推出的一种市场营销产品，以使企业在竞争中获得明显的“绿色优势”，即生态旅游的推广主要是企业为了更好地营销而非节约和保护当地资源（Liu，2003）。可持续旅游的核心指向未来，其更注重代际公平与可持续发展（唐承财，2011）。乡村旅游生态化强调废物的合理利用以及物质减量化。

（一）乡村生态旅游

生态旅游是替代旅游的一种形式，对社会经济和环境效益都具有突出贡献。乡村生态旅游是在传统乡村旅游蓬勃发展及全球生态环境保护热潮的背景下出现的一种协调型旅游活动。纵观学术界和研究机构对乡村生态旅游概念和内涵的研究，由于研究视角、学科背景和实践依据不同，其尚未形成统一的说法。通过梳理国内学者关于生态旅游概念的研究，可以总结出乡村生态旅游内涵主要涉及以下三方面：①以自然型区域为旅游目的地。强调逃离“城市水泥沙漠”环境（吴楚材等，2007），以生态环境和自然环境为取向（卢云亭，1996）。②重视环境教育功能。旅游者有着了解和学习自然和文化的明确目的（寇明婷等，2010），了解和享受乡村自然环境、农业资源、民俗风情及人文历史等地域特色资源（唐承财等，2017）。③促进旅游目的地可持续性发展。旅游活动应以人文无干扰、生态无破坏为宗旨，达到促进乡村地区发展和保护乡村生态环境的目标（胡伟，2018）。

（二）可持续旅游

学术界对可持续旅游存在多种表述，如可持续旅游、可持续旅游发展、旅游情境下的可持续发展等，虽叫法不同但含义一致。受到可持续发展思想的启发，1993 年世界旅游组织（WTO）提出“旅游可持续发展”理念，认为其“既要能满足当代旅游目的地与旅游者的需要，又要能满足未来旅游目的地和旅游者的需要”。由于这一定义相对宽泛，学者们基于不同视角对可持续旅游的概念和内涵进行阐释。Harris 等（1995）认为可持续旅游是指通过资源管理，在维持文化完整性、保存和提升生物多样性、维持生命保障系统的同时，满足旅游业经济发展需求和游客的体验需求。为实现可持续旅游，应达到如下目标：可持续的旅游目的地管理；旅游目的地的经济利益、社区和游客及文化遗产保护效益、环境效益最大化，且负面影响最小化（Bédard et al.，2013）。因此，可持续旅游在兼顾当地自然和社会环境相整合、协调、平衡发展的同时（Deaden et al.，1994），更注重通过保持旅游目的地环境的协调性和文化的完整性，以此增强社会和经济的未来发展能力（牛亚菲，1999）。

（三）乡村旅游生态化

生态化是指人类社会—经济—自然复合生态系统整体协调、稳定有序的演进过程，包括产业生态化、建筑生态化、消费生态化、金融生态化，以实现人与人、人与自然以及自然系统之间的和谐共生目标（方创琳，2011）。乡村旅游生态化与乡村生态旅游的概念和内涵既相互联系又互有区分。乡村生态旅游更多的是指具体的旅游活动或旅游产品，同时注重实现当地经济、社会、生态效益的统一及可持续发展。乡村旅游生态化则是基于对乡村资源的深度利用和循环利用，达到保护乡村生态环境和文化、改善社区及当地居民经济、社会和民主状况（李玉新，2010），实现整个旅游系统的良性循环和有序演化的一种旅游发展模式和发展方向。陆林等学者提出，人地关系和谐、环境优美舒适、生态禀赋优异、文化底蕴深厚是城市群“乡土—生态”空间建设要义（陆林等，2019）。乡村旅游生态化和生态旅游都是以可持续发展理论为指导，兼顾目的地经济、社会、生态发展等多重目标。

基于此，本文认为乡村旅游生态化可定义为：乡村旅游生态化是依据生态学和经济学原理，兼顾经济、社会、文化、环境的和谐统一，由企业、游客、居民等多主体共同参与，对旅游活动过程中的生产、交换、消费、分配进行系统经营和管理，并辅之以法律法规、人才、生态技术、信息化等手段加以保障，以实现乡村旅游目的地经济—社会—自然复合生态系统平衡与和谐地持续发展过程。通过梳理学者们对乡村旅游生态化概念和内涵的探讨，可以归纳出乡村旅游生态化的3个重要内涵：①以独具特色的乡土气息为旅游资源。乡村旅游生态化强调旅游行为发生在乡村地域，即旅游者在进行乡村旅游。旅游资源不仅包含乡村自然环境，也包含乡村农业资源、文化底蕴、社会风俗等乡土资源。②乡村旅游生态化是一个渐进的过程，贯穿整个旅游系统。旅游生态化是旅游业反生态性特征逐渐削弱、生态性特征日趋加强的过程，具体包含“食、住、行、游、购、娱”等在内的多种旅游要素，在经济、社会、文化、环境4个方面进行乡村旅游生态化开发。③促进乡村居民受益和地区的可持续发展。在旅游系统大框架下，促进居民在经济、权利、思想、能力等多维受益及旅游目的地经济、文化、社会和环境多方面综合发展。

四、主要研究内容

系统论认为，系统是由相互联系、相互作用的元素组成的有机整体。（钟韵等，2001）依据系统理论，可以将旅游活动视为一个开放的复杂系统（吴必虎，1998）。乡村旅游系统是旅游系统的一种类别，是旅游系统在乡村旅游领域的组织形式（张树民等，2012）。同样地，乡村旅游生态化是乡村旅游系统的一种类别，既具有乡村旅游系统普遍联系的特征，也有其特殊的一面。本文认为，乡村旅游生态化系统由要素子系统、管理子系统、支持子系统三个子系统组成，各个子系统细分出若干要素（见图3）。

（一）乡村旅游生态化开发

1. 经济生态化

产业振兴是乡村振兴的基础，产业生态化是乡村旅游经济生态化的重要组成部分。乡村旅游产业生态化以科学技术为支撑，以循环经济、绿色经济为理论指导，通过对生产工艺和流程进行再造（陈洪波，2018），以实现旅游产业经济效益最大化、资源能源利用率高、生态环境损害最小和废弃物多层利用的产业生态体系过程（高大帅，2009）。学者们关于乡村旅游产业生态化在不同空间尺度进行研究。微观尺度层面，旅游企业注重实施清洁生产以提高资源利用率；中观层次上提倡建立旅游循环经济园区和环境友好型乡村旅游目的地；宏观层次上倡导发展旅游循环经济，使物质的生产和消费在全社会范围内形成大循环，实现真正意义上的物质减量化（高大帅，2009）。动力机制方面，学者们认为旅游产业生态化演化是内部力量和外部力量共同驱动的结果。其中，内部因素主要源自资源耗竭和环境恶化的压力，而技术生态化作为外部驱动力成为旅游产业生态化的重要支撑与保障（鲁芬等，2017）。近年来，关于循环农业、生态农业等旅游研究成果日益丰富（鱼晓慧等，2017；肖玲等，2006），发展旅游循环经济、低碳旅游是促进乡村旅游产业生态化的重要战略选择和实现途径（明庆忠等，2009）。

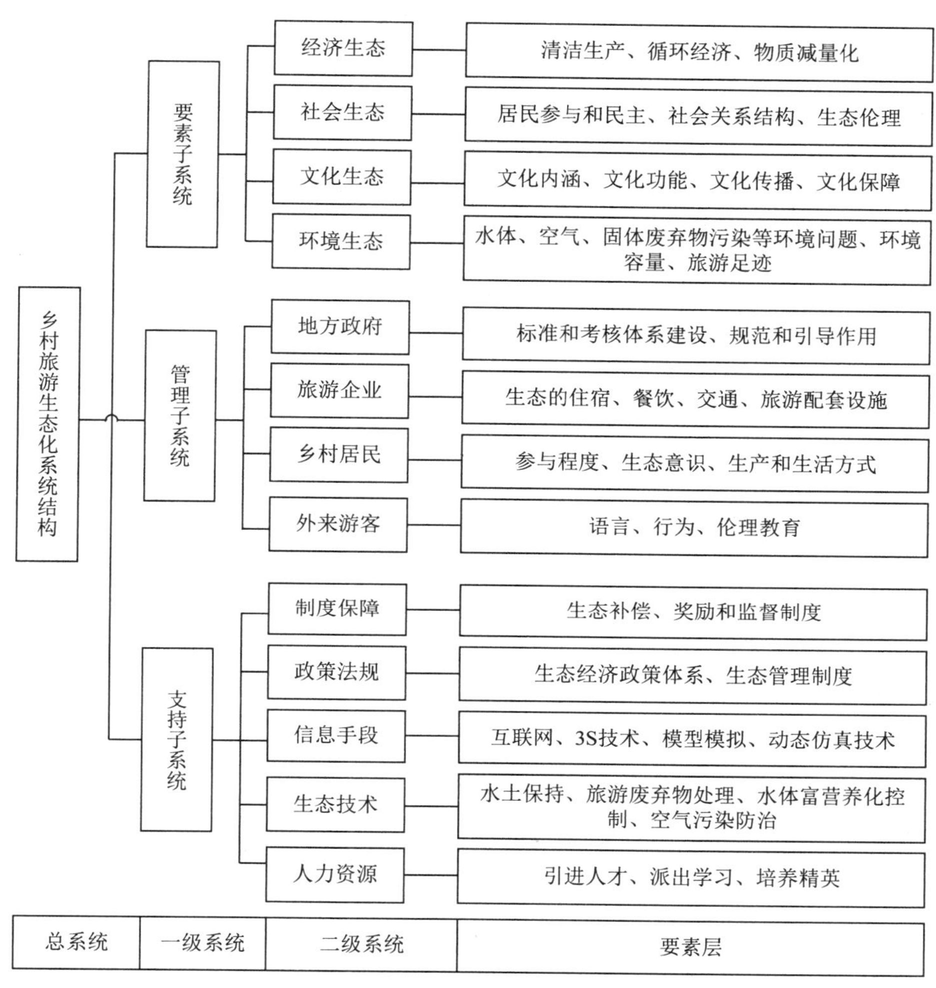

图 3　乡村旅游生态化系统结构图

2. 环境生态化

乡村作为农民生活和生产的空间，与生态空间相互影响、相互作用，生态环境的改善是乡村旅游生态化的重要组成部分。乡村环境生态化是指保存和管理资源，尤其是不可再生和宝贵的维持生命的资源。乡村旅游开发过程中存在水体污染、空气污染、固体废弃物污染、噪声污染、视觉污染、植被破坏和物种减少等环境问题（王继权，2001；赵燕丽等，2009），并且针对乡村污染来源分散多样、排放随机不均和治理局部低效等特点，王永生等提出"资源利用高效化、生产过程清洁化、生活方式集约化"乡村环境重构策略（王永生等，2018）。随着乡村旅游的发展，游客的大量涌入为有限的乡土空间带来诸多问题，旅游环境容量和承载力成为乡村旅游生态化研究的重要议题。旅游环境容量主要包括生态环境容量、资源空间容量、经济环境容量、社会环境容量、旅游心理容量、旅游管理容量等方面（卢松等，2005；林祖锐等，2018）。乡村旅游环境承载力是由自然资源、生态环境、地域空间、社会经济与主客心理等子要素组成动态博弈的承载力系统（刘佳等，2017）。旅游环境容量和旅游承载力研究存在共性，都强调不能超过旅游目的地拥有的“最大承受能力”。影响旅游环境容量和旅游承载力的因素主要有：旅游地用地类型、旅游服务设施、旅游管理水平、旅游者体验感知、人口结构、季节性、社会经济变化等（梁增贤等，2011；熊鹰，2013；马骏，2016）。理论研究方面，国内学者引进国外的 LAC（limits of acceptable change，可接受变化的极限）理论、VERP（visitor experience and resource protection，游客体验和资源保护）理论以及结合国内实际情况提出的 TECC 理论（杨锐，2003；张骁鸣，2004）作为容量管理的理论框架。同时，旅游足迹方法作为容量管理定量评估的有效工具，在考察旅游资源消费和废弃物排放对生态环境的影响方面发挥着重要作用，研究主要涉及旅游生态足迹、旅游碳足迹和旅游水足迹三种类型（王淑新等，2019）。此外，在实践中也涌现了丰富的研究案例（余小林等，2018；周庆等，2017）。

3. 文化生态化

基于旅游地理视角，依托“地方”概念，分析文化与区域环境之间相互作用关系（朱竑等，1999），是近年来文化地理学研究中的重要课题。文化生态系统围绕文化背景系统、文化功能系统、文化传播系统和文化保障系统 4 个方面进行研究（李星明等，2014），探讨乡村旅游视角下文化资源的保护与活化、文化生态多样性保护和文化生态系统平衡等内容。在文化背景系统方面，传统村落的历史与记忆、民风民俗、乡村文化内涵是其研究的重要方向（李莺莉等，2015）。然而，部分乡村受到经济利益的诱导，存在商业化过度、原真性缺失、乡村文化内涵挖掘深度不足等问题（张建忠等，2015），导致乡村旅游景观城市化，进一步影响游客的感知与体验。在文化功能系统方面，民族独特的农耕农谚、民情风俗、宗教信仰、乡规民约等构筑的价值体系维护着农业社会的秩序（缪建群等，2018）。在“保护为主、抢救第一、合理利用、传承发展”方针的指导下，将民族地区的传统节日、民族饮食、民族歌舞、民族工艺、民族建筑、民族服饰、民族绘画等原生态民族文化资源转化为旅游产品，进而实现文化资源的社会经济价值（杨昌勇等，2013）。在文化传播系统方面，主要研究文化景观的开发与保护（俞万源等，2012），如“一村一品”“一村一景”、民族博物馆、民俗文化村等形式。注重游客的异地休闲体验，活化乡村旅游资源和旅游产品，抽象乡村族群文化符号是打造乡村旅游景观的有效途径（谢彦君，2017）。在文化保障系统方面，研究重点在于文化认同感、归属感的培养，文化的传承与发展以及文化空间的形成与保护等方面（钟声宏等，2009；许黎等，2017）。如何保护乡村景观和乡村文化的本真，是保持乡村旅游可持续发展的关键问题。

4. 社会生态化

随着新型城镇化、全域旅游等一系列重要战略的实施，乡村旅游在不断蓬勃发展的同时，也给传统村落生产、生活、生态带来了强烈的冲击和影响（吴吉林等，2017）。Dempsey 等学者提出社会可持续发展特征表现在教育、社会公平、居民参与和民主、健康、生活质量和福祉、社会包容、社区网络、安全、就业和收入（安全和平等）、社会秩序和凝聚力等方面。（Dempsey et al.，2011；Moldan et al.，2012）Hall 等（2011）认为社会可持续是指尊重人权和平等机会，强调公平分配福利和减轻贫困。有学者认为，生态安全问题是研究人类活动对环境影响的适宜尺度，而生态用地则是维护生态安全格局的重要屏障（邓红兵等，2009）。在社区网络方面，存在公共空间被侵占、社会关系发生变化等现象。研究发现，旅游发展对乡村社会关系结构产生了重要影响，村民的社会交往由原来以血缘关系为纽带变为包括居民、旅游者、邻村务工者、旅游投资者在内的以经济利益为中心的社会关系。在此基础上，旅游系统中利益相关者之间冲突逐渐显现，如政府与企业经营者间的利益矛盾、经营者之间的恶性竞争、旅游参与者与非参与者间社会关系恶化等（席建超等，2014）。研究进一步发现，旅游开发商掌握着强大的资本实力和技术能力，故其在博弈中保持着强势的地位，而居民处于“难以作为”的境地（冯麟茜，2018）。此外，研究表明不同利益相关者间所建立关系的性质、效力和透明度、公众参与度、地方政府机构与私营组织间的合作意愿等是影响居民从区域旅游发展中真正获得收益的重要影响因素（Saxena et al.，2008）。在生态伦理教育方面，生态农业旅游对旅游区的乡村生态伦理建设具有显著的促进作用。究其原因，旅游发展促进信息流、资金流、物流、人流、技术流向乡村的流入，并在这一过程中潜移默化地改变着村民的传统观念，激发居民提高自身生态意识的积极性，培养居民和当地管理人员先进的生态文明观（谢雨萍等，2006）。

（二）乡村旅游生态化管理

服务应用于需求，乡村旅游生态化建设的管理也是一个热点科学问题。乡村旅游生态系统具有动态、开放特点，只有对相关利益群体思想意识进行引导，才能应对乡村旅游生态系统的动态发展。将生态伦理思想渗透到乡村旅游生态化建设系统中，核心思想是把“人—自然”作为有机整体，以改变自身不正确的生产、经营方式和价值观（蔡梅良等，2019）。

1. 政府管理

近年来，乡村旅游的发展得到了中央和地方政府的高度重视，政府生态管理成为学术界研究热点。如学者们注重探究政府生态管理驱动因素及生态决策行为。研究发现，地方官员在对生态的经济利益、政治利益和公共声誉等预期收益理性评估的基础上，进一步做出管理行为决策，成为地方政府生态管理的内驱因素（王婉飞等，2018）。同时，关键性资源控制权、利益相关者生态利益是影响地方政府生态管理的重要因素。张帆（2012）基于负责任旅游视角，提出政府需要加强自身伦理建设，以及对其他旅游行为主体责任行为的规范、引导、监督与控制。王印红等通过对近 10 年来中国 30 个城市的 299 份政府工作报告进行分析，发现政府关注重心由“资源节约型”“环境友好型”等生态理念转移到标准、考核体系和法律保障的建设中（王印红等，2017）。

2. 企业管理

企业作为乡村旅游发展中的重要利益相关者，在旅游生态化建设中发挥着关键作用。对于乡村旅游企业生态化建设，主要加强生态住宿、生态餐饮、生态交通及其他旅游基础设施生态化建设和管理。乡村旅游住宿生态化，集中于住宿设施位置布局科学、外观与自然融为一体、建筑设施就地取材、建筑风格突出本土特色等方面（郑向敏等，2006；詹嘉，2012），致力于实现旅游住宿企业生产生态化、服务生态化、管理生态化（陈秋华等，2016）。饮食方面，通过对比，发现台湾旅途过程中常用的三种饭盒在能源和材料需求以及餐盒生产过程中产生的空气污染方面存在显著差异，由此提出“污染者付费”管理策略（Kuo et al.，2005）。经营者不仅要提供绿色健康的食品，而且要注重目的地饮食品牌个性建设，探索目的地美食的符号性与体验性（程励等，2018）。购物方面，倡导绿色环保理念，以绿色标志、能效标志等形式引导市场生态化消费倾向；（陈洪波，2018）。交通方面，乡村绿道、景观公路保证通达性，解决乡村旅游“最后一公里”问题。此外，注重其他配套旅游基础设施生态化建设，如修建生态公厕、建造绿色环保停车场等（唐承财等，2017）。同时，土地合理利用是乡村旅游生态化建设的重要方面，以防止利用发展乡村生态旅游的机会进行新一轮的宅基地占用和扩张（杨敏等，2006）。如合理利用公路沿线的土地，设定一定的缓冲地带，将景观生态规划与土地利用相结合，注重景观生态的保护与多样性建设（席建超等，2016）。值得注意的是，在进行旅游基础设施建设时，注重对产生的钢铁、木材、塑料等建筑垃圾进行回收和科学处置，能够获得较高的再生价值。同时，通过创建绿色旅游饭店、低碳旅游示范区以及对企业员工开展德性培育等方式（朱梅等，2019），塑造良好的企业形象，以形成对旅游者承担环境责任的正面示范效应。

3. 乡村居民管理

居民在乡村旅游发展中扮演着双重角色，应积极引导居民参与到乡村旅游生态化建设中来。一方面，居民作为旅游系统中旅游产品和民族文化展示的重要组成部分，在乡村旅游生态化建设中处于主体地位，没有原住民参与的乡村性是一个伪命题（庞玮等，2018），不受当地居民支持的旅游目的地不会得到持续发展。另一方面，居民对从事日常生产和生活的空间载体有着深入的了解，引导居民积极主动参与到乡村旅游生态化建设中的管理和决策中（何星，2019），有利于乡村旅游生态化建设的顺利开展。然而，研究发现多数农户对村落旅游资源适应程度较低，参与乡村旅游接待服务积极性需要进一步加强（吴吉林等，2018）。因此，需要政府和民间组织的引导，采取生态环境保护措施，如优化生活垃圾、生活污水的处理方式；制定乡规民约，维护好村落自然环境（吴吉林等，2018）。同时，需要居民自身增强生态意识，如在农业生产过程中，加强技术改进，控制农药、化肥的施用量，以降低对乡村大气、水体、土壤等环境的负面影响。将当地居民及其利益纳入生态系统的合适位置，使其认同自身的生态位并发挥作用，做到共建共享（鲁芬等，2017）。

4. 游客管理

旅游者作为旅游活动的主体，其思想意识和行为表现对乡村旅游生态化建设的正常运行至关重要。部分游客在旅游地表现出围观拥挤、乱采乱摘、乱刻乱画、乱扔垃圾、大声喧哗、生火野炊等破坏乡村自然环境和人文景观的“非生态”行为，乡村旅游生态化更需要“负责任的旅游者”等参与群体。一方面，可以通过使用限制控制游客容

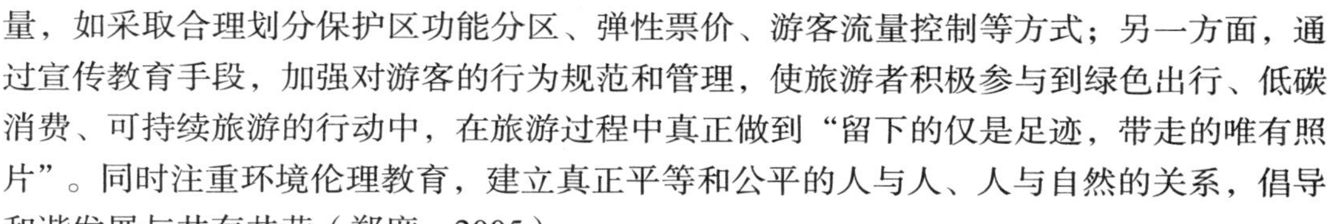

量，如采取合理划分保护区功能分区、弹性票价、游客流量控制等方式；另一方面，通过宣传教育手段，加强对游客的行为规范和管理，使旅游者积极参与到绿色出行、低碳消费、可持续旅游的行动中，在旅游过程中真正做到“留下的仅是足迹，带走的唯有照片”。同时注重环境伦理教育，建立真正平等和公平的人与人、人与自然的关系，倡导和谐发展与共存共荣（郑度，2005）。

（三）乡村旅游生态化保障

1. 制度保障

生态补偿制度研究中，补偿主客体、补偿标准、补偿模式、补偿效应以及保障体系是建立旅游生态补偿机制的核心内容。在补偿主客体方面，旅游者、旅游企业、享有对景区控制权和收益权的政府部门、其他环保组织及基金会等是旅游生态补偿中的主要补偿主体（刘敏等，2013）。受偿对象包含对生态系统的补偿、对人的补偿以及对乡村林业、水利、种植业等受损产业的补偿（蒋依依等，2013）。其中，对物的补偿最终体现在对人的补偿上，所涉及的人包括生态破坏的受损者、环境治理中的受损者、生态环境治理者与生态环境维护者等（马勇等，2010）。补偿标准方面，主要依据旅游资源生态服务价值评估、居民发展机会成本损失核算、保护成本确定、支付意愿确定 4 种方式（蒋依依等，2014）。制度改革和创新也是推进产业生态化不可缺少的关键环节，我国从资源税按量征收变为按价征收，环境费改税，到碳排放交易市场的范围逐步扩展都对企业集约节约、绿色环保形成了硬性约束，对整体产业生态化起到了有效推进作用（陈洪波，2018）。在完善监督和奖励制度方面，学者提出构建乡村旅游地生态文明建设评价指标体系，定期进行评估和考核。地方政府应对旅游开发和生态文明建设融合发展行为进行监管，对积极行为与成绩进行奖励，对不良行为与错误进行惩罚和纠正（许黎等，2017）。

2. 法规手段

研究发现，目前乡村旅游经营者诉求由先前对政府扶持资金的依赖转变为对政府的监管、法律制度、行政法规及科学规划的需求（王莹等，2015）。地方政府、村民和一些民间资本等多主体涉足乡村旅游领域，但由于未形成统一的行业规范，导致旅游服务质量参差不齐，影响游客感知体验，甚至会形成乡村旅游开发盲目和后续发展乏力等问题（陈海彬，2016）。这就更需要有健全的法律法规制度保障旅游生态经济规范、有序地开展旅游生态经济政策体系，主要包括旅游产业和组织政策、地方或区域旅游生态经济发展政策、生态旅游金融投资政策等。旅游生态经济管理制度是人们进行生态经济活动的准则，也是现代生态经济管理制度的重要组成部分。一是旅游生态经济管理制度。二是旅游生态环境管理制度，主要包括：建立统一的旅游景区污染物排放的环境保护管理制度、旅游环境信息公布制度、污染物排放许可制度、污染物排放总量控制制度和生态环境损害赔偿和责任追究制度等（陈秋华等，2016）。地方政府可以通过健全工作机构、建立工作协调机制、加强市场监督等措施来实现对乡村生态空间的有效保障（余侃华等，2019）。然而，保护和治理生态任务艰巨，仅仅依靠政府单方面力量远远不够，政府生态治理管理体制的创新就包含必须教化全民积极地参与生态治理（张劲松，2015）。

3. 信息化支撑

旅游信息化是指依托计算机技术、互联网、3S技术、模型模拟技术和动态仿真技术等现代化信息技术向旅游业全过程、全方位应用和渗透的动态过程，以推进信息技术在旅游产品和服务的生产、加工、流通、管理、预警等方面的融合与集成应用。“互联网+旅游业”作为乡村旅游发展的新兴动力，大大缩短了信息传播与旅游交易的时空距离，是旅游产品全球化的在地化，并在重构地方性的同时凸显了地方性（王敏等，2017）。利用现代信息技术手段，结合智能化监控系统和景区中心数据库，为景区进行旅游环境承载力评估分析、生态地质环境评价、旅游开发对生态影响的损益分析、生态恢复和环境保护技术方案评价等提供科学的依据（李若凝等，2010）。在旅游产品预警对策方面，学者提出要充分利用遥感、红外线航片、GIS和信息网络等新技术，研发旅游景区（点）游客满员、生态环境危机或险情等预警与报警技术等（俞海滨，2011），对旅游产业自然生态系统在科学性的基础上进行动态监测，建立旅游生态环境危机预警数据平台（鲁芬等，2017）。值得注意的是，随着互联网、大数据、人工智能等技术的发展，监测范围由个体到群体、由单一向多元转变。

4. 生态技术保障

面对乡村旅游开发及旅游活动过程中出现的植被破坏、水土流失、环境污染严重、生态退化以及生物多样性问题，探索生态建设技术成为学者们日益关注的热点论题。生态建设技术主要包括水土保持工程技术、生态恢复与重建技术、生活废弃物的无害化处理与资源化利用技术、水体富营养化的控制技术、空气污染的生态防治技术、生物性污染的防治技术、森林火灾的生态防治技术等（章家恩，2005）。水土流失是众多乡村旅游地，尤其是山区、林区旅游目的地农业生态环境较为突出的问题。常用的水土流失生物保持技术有：①坡顶绿化，采取退耕还林和封山育林等形式。②沟坡造林，在山腰种植果树。③坡底缓坡发展水果、花卉和蔬菜等；坡底农田和水域形成“稻—鱼”和“藕—鱼”格局，同时开展垂钓活动。采取生物措施的同时，需要辅以必要的耕作措施加强水土保持，如实施多熟作物覆盖、间重套种和少耕免耕技术等（严贤春等，2003）。旅游活动作为一种生态消费活动，在消费自然资源的同时，也产生固体、液体和气体旅游废弃物，如固体垃圾、废水、废气、废渣、粪便等（章锦河，2008）。废弃物量的大小与游客的经济能力、生活水平和生活习惯、旅游季节性有关（连启里等，2009）。如Chan等（2006）认为一个游客每天在酒店平均产生1千克垃圾。研究证明，旅游村一年四季污水总量总是多于普通村，并且旅游村夏、秋两季养鱼废水和洗浴废水量极大，生活污水产量显著高于冬、春季节（尹洁等，2009）。通过水资源保护、污染监测和控制等水环境治理，有利于降低水环境污染（张宏等，2015）。但是，旅游废弃物的大量排放不一定必然造成景区环境质量的下降。研究表明，对废弃物的重视程度、管理水平和相配套的政策是解决旅馆业发展对环境影响问题的关键因素（晋秀龙等，2009）。同时，调整产业结构、加大科技应用与强化环保规制，是控制旅游废弃物环境污染与生态影响的关键手段（章锦河等，2012）。

5. 人力资源建设

乡村旅游生态化发展涵盖农业、生态、环境、旅游、文化、建筑、交通等学科知识，需要从事乡村旅游生态化开发、管理和服务等各方面专业人才。目前，中国乡村旅游发展人力资源短缺，缺乏具备系统知识的高素质企业管理人才、旅游服务专业人才以及金融、财会、法律、咨询等人才，阻碍了中国乡村旅游生态化发展。农民的不善经营在很大程度上对生态环境造成了诸多不良影响。通过采取“引进人才”和“派出学习”相结合的方式，培养高素质专业人才，规范乡村旅游产业发展，可避免不良市场竞争行为的出现（李爱兰，2016）。随着农家乐、民宿等乡村旅游新业态的兴起，乡村旅游精英慢慢成长起来。由于乡村旅游精英和旅游者有着深刻的联系和交流，其思想观念和行为方式受到外来旅游者的影响而被重新塑造。研究表明，社区旅游精英是民族文化的保护者和文化认同引导者（吴其付，2009），他们在传播乡村旅游可持续发展理念、维护村民利益方面起着重要作用（朱璇，2012）。进一步地，有学者聚焦性别视角，认为女性旅游精英不仅是社区旅游的引领者，积极投身于民族文化的保护和传承，而且扮演弱者关怀者角色，对促进社区公平与信任发挥着重要作用（褚玉杰等，2016）。同时，培养新旅游精英，留住乡村的年轻人，在一定程度上可以避免乡村空心化、宅基地土地荒废、留守老人和儿童等一系列问题。积极培育乡村生态旅游行业协会和专业合作社等，不断完善行业自我服务和约束机制，推进乡村生态旅游发展的良性循环（是丽娜，2013）。

五、研究结论与展望

通过对乡村旅游生态开发研究进展的回顾与梳理，学者们针对乡村旅游经济生态化、社会生态化、文化生态化、环境生态化等资源的开发进行了大量研究；对政府、企业、当地居民、游客在旅游生态化管理中发挥的作用进行了深入分析；在制度层面、法规手段、信息化支撑、生态技术、人力资源建设等方面对旅游生态化发展予以保障进行了充分探讨。基于乡村旅游生态化开发的研究热点与发展态势，如下议题在未来的研究中有待加强。

（一）融合学科发展，推动综合集成研究

目前，国内外关于乡村旅游生态开发的研究主要以案例研究和定性分析为主，对旅游生态化开发的量化研究仍不成熟。未来可运用相关统计分析、数学建模、网络分析等方法对乡村旅游的生态影响进行研究。在3S技术快速发展和大数据库形成等信息时代背景下，引入机器学习、人工智能等数据挖掘新技术，使旅游生态化开发研究获取系统数据、进行空间分析以及可视化表达成为可能。在系统仿真研究方面，采用系统动力学方法，发展虚拟现实建模技术，以提升对乡村旅游地区经济过程、社会过程、文化过程及生态—环境过程的科学预测能力。

（二）旅游生态化多主体感知研究有待深入

目前，乡村旅游生态化研究多基于政府和企业经营者视角展开，而乡村地区旅游生态化发展离不开各利益相关者间的博弈与协作。未来需要从不同利益相关主体多视角，采用深度访谈方法对乡村旅游生态化开发进行全面、细致的研究，了解各利益相关者眼中的“旅游生态化”开发。进一步地，找出不同利益主体对旅游生态化概念理解差异，从而揭示旅游生态化开发所面临的障碍因素及其内在原因。因地制宜地构建各利益相关主体在内的旅游生态化发展路径，并有针对性地提出优化调控政策，实现乡村地区旅游生态化的可持续发展。

（三）旅游生态化开发案例研究的系统性有待加强

部分学者对某个特定案例区进行了研究，而忽视了整体区域的系统性研究。

由于不同乡村地域，资源禀赋不尽相同，传统文化也独具特色，对于旅游生态化开发研究结论代表性具有局限性，并不能全面反映全国各地旅游生态化开发现状及存在的问题。因此，在后续研究中，采用比较分析法，从时间和空间两方面对其进行更深入的研究。一方面，从时间的角度，由于旅游具有季节性，了解不同旅游发展阶段各利益相关主体对旅游生态化开发的感知差异；另一方面，从空间的视角，对乡村旅游重点示范区、典型的民族地区以及连片特困地区等不同类型资源的乡村旅游生态化开发进行比较研究。

（撰稿人：张妍）

参考文献

［1］Bédard F，黄潇婷．旅游规划的战略工具：全球可持续旅游目的地标准［J］．旅游学刊，2013，28（9）：6-8.

［2］Chan E S W，Wong S C K. Motivations for ISO14001 in the hotel industry［J］. Tourism Management，2006，27（3）：481-492.

［3］Deaden P，Harron S. Alternative tourism and adaptive change［J］. Annals of Tourism Research，1994，21（1）：81-102.

［4］Dempsey N，Bramley G，Power S，et al. The social dimension of sustainable development：Defining urban social sustainability［J］. Sustainable Development，2011，19（5）：289-300.

［5］Hall C M，Bramwell B，Lane B. Policy learning and policy failure in sustainable tourism governance：from first- and second-order to third-order change?［J］. Journal of Sustainable Tourism，2011，19（4-5）：649-671.

［6］Harris R，Leiper N. Sustainable Tourism：an australian perspective［M］. Butterworth

Heinemann，Chatswood. 1995：19–21.

［7］Kuo N W，Hsiao T Y，Lan C F. Tourism management and industrial ecology：a case study of food service in Taiwan［J］. Tourism Management，2005，26（4）：503–508.

［8］Liu Z H. Sustainable Tourism Development：A Critique［J］. Journal of Sustainable Tourism，2003，11（6）：459–474.

［9］Moldan B.，Janoušková S.，Hak T. How to Understand and Measure Environmental Sustainability：Indicators and Targets［J］. Ecological Indicators，2012，17：4–13.

［10］Saxena G，Ilbery B. Integrated rural tourism a border case study［J］. Annals of Tourism Research，2008，35（1）：233–254.

［11］安传艳，李同昇，翟洲燕，付强. 1992—2016 年中国乡村旅游研究特征与趋势——基于 CiteSpace 知识图谱分析［J］. 地理科学进展，2018，37（9）：1186–1200.

［12］蔡梅良，李大静. 论我国乡村旅游开发中生态伦理思想的渗透［J］. 湘潭大学学报（哲学社会科学版），2019（3）：173–176.

［13］陈海彬. 新农村建设背景下乡村旅游产业发展问题及对策建议［J］. 中国农业资源与区划，2016，37（12）：220–225.

［14］陈洪波."产业生态化和生态产业化"的逻辑内涵与实现途径［J］. 生态经济，2018，34（10）：209–213，220.

［15］陈秋华，修新田. 构建具有中国特色的旅游生态经济管理体制［J］. 旅游学刊，2016，31（9）：5–8.

［16］程励，陆佑海，李登黎，等. 儒家文化视域下美食旅游目的地品牌个性及影响［J］. 旅游学刊，2018，33（1）：25–41.

［17］褚玉杰，赵振斌，张丽. 民族社区妇女旅游精英角色：基于性别特质的演绎［J］. 旅游学刊，2016，31（1）：37–48.

［18］丛小丽，黄悦，刘继生. 吉林省生态旅游与旅游环境耦合协调度的时空演化研究［J］. 地理科学，2019，39（3）：496–505.

［19］邓红兵，陈春娣，刘昕，等. 区域生态用地的概念及分类［J］. 生态学报，2009，29（3）：1519–1524.

［20］方创琳. 面向国家未来的中国人文地理学研究方向的思考［J］. 人文地理，2011，26（4）：1–6.

［21］冯麟茜. 基于三重底线理论的乡村旅游生态化发展探究［J］. 农业经济，2018（4）：54–55.

［22］高大帅，明庆忠，李庆雷. 旅游产业生态化研究［J］. 资源开发与市场，2009，25（9）：848–850.

［23］何星. 乡村振兴背景下民族地区旅游扶贫中的生态化建设——以阿坝州为例［J］. 云南民族大学学报（哲学社会科学版），2019，36（2）：73–79.

［24］侯国林，黄震方，张小林. 江苏盐城海滨湿地社区参与生态旅游开发模式研究［J］. 人文地理，2007，22（6）：124–128.

［25］胡伟，翟琴．乡村生态旅游与精准扶贫耦合机理及联动路径研究［J］．生态经济，2018，34（10）：137–140.

［26］江晓云．少数民族村寨生态旅游开发研究——以临桂东宅江瑶寨为例［J］．经济地理，2004，24（4）：564–567.

［27］蒋依依，宋子千，张敏．从生态补偿标准研究思考旅游业对生态保护的作用——以云南省玉龙县为例［J］．人文地理，2014，29（5）：149–154.

［28］蒋依依，宋子千，张敏．旅游地生态补偿研究进展与展望［J］．资源科学，2013，35（11）：2194–2201.

［29］晋秀龙，陆林．旅游废弃物研究进展与启示［J］．地理研究，2009，28（6）：1693–1703.

［30］寇明婷，李录堂，陈凯华．乡村生态旅游的深层研究［J］．西北农林科技大学学报（社会科学版），2010，10（2）：97–101.

［31］李爱兰．山东省乡村旅游资源调查与生态旅游规划探究［J］．中国农业资源与区划，2016，37（1）：213–217.

［32］李仁杰，路紫．国内生态旅游与区域可持续发展关系研究［J］．地理科学进展，2009，28（1）：139–146.

［33］李若凝，王晶，程柯．云台山旅游景区生态安全评价与优化对策［J］．北京林业大学学报（社会科学版），2010，9（1）：71–75.

［34］李细归，吴清，周勇．中国省域旅游生态安全时空格局与空间效应［J］．经济地理，2017，37（3）：210–217.

［35］李星明，曾菊新，LIU Juanita C.．旅游规划的文化生态理论研究［J］．人文地理，2014，29（1）：129–133，60.

［36］李莺莉，王灿．新型城镇化下我国乡村旅游的生态化转型探讨［J］．农业经济问题，2015，36（6）：29–34，110.

［37］李玉新．乡村旅游生态化程度评价体系的构建与应用［J］．西南民族大学学报（人文社科版），2010，31（7）：219–222.

［38］李悦铮，牟方元，梁娟．湿地旅游资源评价指标体系构建与应用［J］．经济地理，2019，39（1）：192–197.

［39］李志龙．乡村振兴—乡村旅游系统耦合机制与协调发展研究——以湖南凤凰县为例［J］．地理研究，2019，38（3）：643–654.

［40］连启里，张曦，张海滨．生态旅游区固体废弃物回收的模糊优化模型［J］．管理学报，2009，6（10）：1302–1305，1318.

［41］梁增贤，董观志．主题公园游客心理容量及其影响因素研究——来自深圳欢乐谷的实证［J］．人文地理，2011，26（2）：139–143，132.

［42］林祖锐，周维楠，常江，等．LAC理论指导下的古村落旅游容量研究——以国家级历史文化名村小河村为例［J］．资源开发与市场，2018，34（2）：274–280.

［43］刘佳，李莹莹．我国旅游环境承载力研究进展与展望——基于文献计量与社会网

络分析［J］. 中国海洋大学学报（社会科学版），2017（4）：34–43.

［44］刘丽敏，钟林生，虞虎．冰川旅游研究进展与启示［J］. 地理科学进展，2019，38（4）：533–545.

［45］刘敏，刘春凤，胡中州．旅游生态补偿：内涵探讨与科学问题［J］. 旅游学刊，2013，28（2）：52–59.

［46］刘昭云．“绿色崛起”视角下欠发达山区经济发展对策——以梅州市为例［J］. 热带地理，2010，30（4）：401–406.

［47］卢冲，耿宝江，庄天慧，等．藏区贫困农牧民参与旅游扶贫的意愿及行为研究——基于四川藏区 23 县（市）1320 户的调查［J］. 旅游学刊，2017，32（1）：64–76

［48］卢松，陆林，徐茗，等．古村落旅游地旅游环境容量初探——以世界文化遗产西递古村落为例［J］. 地理研究，2005，24（4）：581–590.

［49］卢云亭．生态旅游与可持续旅游发展［J］. 经济地理，1996，16（1）：106–112.

［50］鲁芬，娄思元，明庆忠，等．旅游产业生态化的内涵分析及其概念模型［J］. 旅游研究，2017，9（5）：22–30.

［51］陆林，任以胜，徐雨晨．旅游建构城市群“乡土—生态”空间的理论框架及研究展望［J］. 地理学报，2019，74（6）：1267–1278.

［52］吕君，吴必虎．中国草原旅游研究的进展与展望［J］. 地理科学进展，2010，29（4）：403–410.

［53］吕龙，黄震方，陈晓艳．文化记忆视角下乡村旅游地的文化研究进展及框架构建［J］. 人文地理，2018，33（2）：35–42.

［54］马骏．基于生态环境阈限与旅游承载力背景下生物多样性保护策略研究——以世界自然遗产武陵源核心景区为例［J］. 经济地理，2016，36（4）：195–202.

［55］马晓京．民族生态旅游：保护性开发民族旅游的有效模式［J］. 人文地理，2003，18（3）：56–59.

［56］马勇，胡孝平．神农架旅游生态补偿实施系统构建［J］. 人文地理，2010，25（6）：120–124.

［57］明庆忠，陈英．旅游产业可持续发展行动：旅游循环经济与产业生态化［J］. 旅游研究，2009，1（1）：32–38.

［58］缪建群，王志强，杨文亭，等．崇义客家梯田生态系统发展现状、存在的问题及对策［J］. 生态科学，2018，37（4）：218–224.

［59］牛亚菲．可持续旅游、生态旅游及实施方案［J］. 地理研究，1999，18（2）：68–73.

［60］庞玮，白凯．田园综合体的内涵与建设模式［J］. 陕西师范大学学报（自然科学版），2018，46（6）：20–27.

［61］邱云美．欠发达地区生态旅游可持续发展模式研究［J］. 经济地理，2010，30（2）：334–338.

［62］石垚，张微，任景明，等．生态敏感区旅游开发适宜性评价及生态制图方法［J］.

生态学报，2015，35（23）：7887–7898.

［63］是丽娜．新农村建设与乡村生态旅游互动发展模式构建［J］．生态经济，2013（11）：106–109，144.

［64］唐承财，钟林生，成升魁．我国低碳旅游的内涵及可持续发展策略研究［J］．经济地理，2011，31（5）：862–867.

［65］唐承财，周悦月，钟林生，等．生态文明建设视角下北京乡村生态旅游发展模式探讨［J］．生态经济，2017，33（4）：127–132.

［66］汪朝辉，吴楚材，成凤明．张家界国家森林公园生态安全管理模式探析［J］．经济地理，2009，29（9）：1580–1584.

［67］王德刚．文化自信、利益均衡是确立乡村旅游伦理关系的基础［J］．旅游学刊，2014，29（11）：9–11.

［68］王继权．发展观光农业旅游应注意的几个问题［J］．生态经济，2001（1）：43–45.

［69］王敏，马纯莉，朱竑．"互联网+"时代下的乡村地方品牌建构——以从化市良口镇三村为例［J］．经济地理，2017，37（1）：115–122.

［70］王琴梅，方妮．乡村生态旅游促进新型城镇化的实证分析——以西安市长安区为例［J］．旅游学刊，2017，32（1）：77–88.

［71］王淑新，何红，李双，等．中国旅游足迹家族研究进展［J］．自然资源学报，2019，34（2）：424–436.

［72］王婉飞，吴建兴，吴茂英．乡村旅游发展中地方政府生态管理的驱动因素研究［J］．旅游学刊，2018，33（8）：37–47.

［73］王印红，李萌竹．地方政府生态环境治理注意力研究——基于30个省市政府工作报告（2006—2015）文本分析［J］．中国人口·资源与环境，2017，27（2）：28–35.

［74］王莹，许晓晓．社区视角下乡村旅游发展的影响因子——基于杭州的调研［J］．经济地理，2015，35（3）：203–208.

［75］王永生，刘彦随．中国乡村生态环境污染现状及重构策略［J］．地理科学进展，2018，37（5）：710–717.

［76］吴必虎．旅游系统：对旅游活动与旅游科学的一种解释［J］．旅游学刊，1998，13（1）：20–24.

［77］吴楚材，吴章文，郑群明，等．生态旅游概念的研究［J］．旅游学刊，2007，22（1）：67–71.

［78］吴吉林，刘水良，周春山．乡村旅游发展背景下传统村落农户适应性研究——以张家界4个村为例［J］．经济地理，2017，37（12）：232–240.

［79］吴吉林，周春山，谢文海．传统村落农户乡村旅游适应性评价与影响因素研究——基于湘西州6个村落的调查［J］．地理科学，2018，38（5）：755–763.

［80］吴其付．民族旅游与文化认同：以羌族为个案［J］.贵州民族研究，2009，29（1）：132–140.

［81］席建超，王首琨，张瑞英．旅游乡村聚落“生产—生活—生态”空间重构与优化——河北野三坡旅游区苟各庄村的案例实证［J］．自然资源学报，2016，31（3）：425–435.

［82］席建超，王新歌，孔钦钦，等．过去25年旅游村落社会空间的微尺度重构——河北野三坡苟各庄村案例实证［J］．地理研究，2014，33（10）：1928–1941.

［83］肖玲，林琳．“绿岛模式”研究——一个循环农业企业案例分析［J］．地理科学，2006，26（1）：107–110.

［84］谢彦君．呵护“姆庇之家”，重塑乡村旅游可持续发展新理念［J］．旅游学刊，2017，32（1）：8–10.

［85］谢雨萍，邓祝仁．发展生态农业旅游对乡村生态伦理的影响研究［J］．旅游学刊，2006，21（9）：79–85.

［86］熊鹰．生态旅游承载力研究进展及其展望［J］．经济地理，2013，33（5）：174–181.

［87］徐虹，王彩彩．新时代下的乡村旅游研究再思考［J］．旅游导刊，2018，2（3）：20–40.

［88］许黎，曹诗图，柳德才．乡村旅游开发与生态文明建设融合发展探讨［J］．地理与地理信息科学，2017，33（6）：106–111，124.

［89］严贤春，苏智先．水土保持与生态农业旅游技术研究——以四川省南充市嘉陵区木老乡生态农业旅游区为例［J］．生态学杂志，2003（6）：157–161.

［90］杨昌勇，王元鲲，袁峥，等．黔西南州原生态民族文化旅游研究［J］．贵州民族研究，2013，34（4）：128–131.

［91］杨开忠，许峰，权晓红．生态旅游概念内涵、原则与演进［J］．人文地理，2001，16（4）：6–10.

［92］杨敏，骆静珊．昆明市团结乡乡村生态旅游调查研究［J］．旅游学刊，2006，21（2）：51–55.

［93］杨锐．从游客环境容量到LAC理论——环境容量概念的新发展［J］．旅游学刊，2003，18(5)：62–65.

［94］杨学儒，李浩铭．乡村旅游企业社区参与和环境行为——粤皖两省家庭农家乐创业者的实证研究［J］．南开管理评论，2019，22（1）：76–86.

［95］尹洁，郑玉涛，王晓燕．密云水库水源保护区不同类型村庄生活污水排放特征［J］．农业环境科学学报，2009，28（6）：1200–1207.

［96］余侃华，祁姗，龚健．基于生态适应性的乡村产业振兴及空间规划协同路径探新［J］．生态经济，2019，35（3）：224–229.

［97］余小林，周友兵，申国珍，等．神农架世界自然遗产地旅游环境容量研究［J］．生态科学，2018，37（1）：158–163.

［98］鱼晓惠，吕楠．循环农业模式下关中平原乡村景观要素研究——以龙池镇为例［J］．生态经济，2017，33（4）：191–195.

［99］俞海滨．基于复合生态管理的旅游环境治理范式及其实现路径［J］．商业经济与管理，2011（10）：91–97.

［100］俞万源，邱国锋，曾志军，等．基于文化生态的客家文化旅游开发研究［J］．经济地理，2012，32（7）：172–176.

［101］郁琦，李山．上海市乡村旅游景点空间格局及可达性研究［J］．旅游科学，2018，32（3）：51–62.

［102］詹嘉．景德镇陶瓷作坊的文化生态景观研究［J］．地理科学，2012，32（1）：55–59.

［103］张帆．基于负责任旅游的政府管理行为［J］．旅游科学，2012，26（2）：10–18.

［104］张宏，侯国林，黄震方，等．古镇旅游地废弃物的环境影响研究——以不同生命周期阶段周庄、锦溪、千灯为例［J］．地理科学，2015，35（11）：1419–1428.

［105］张建忠，刘家明，柴达．基于文化生态旅游视角的古村落旅游开发——以后沟古村为例［J］．经济地理，2015，35（9）：189–194.

［106］张劲松．全民参与：政府生态治理管理体制的创新［J］．湘潭大学学报（哲学社会科学版），2015，39（6）：12–16，56.

［107］张树民，钟林生，王灵恩．基于旅游系统理论的中国乡村旅游发展模式探讨［J］．地理研究，2012，31（11）：2094–2103.

［108］张骁鸣．旅游环境容量研究：从理论框架到管理工具［J］．资源科学，2004（4）：78–88.

［109］张圆刚，黄业坚，程静静，等．城市居民压力源对幸福感的影响研究——基于乡村旅游休闲参与的角度［J］．地理研究，2019，38（4）：971–987.

［110］章家恩．旅游生态学［M］．北京：化学工业出版社，2005.

［111］章锦河，李曼，陈静，等．旅游废弃物的环境库兹涅茨效应分析——以黄山风景区为例［J］．地理学报，2012，67（11）：1537–1546.

［112］章锦河．旅游废弃物生态影响评价——以九寨沟、黄山风景区为例［J］．生态学报，2008，28（6）：2764–2773.

［113］赵敏燕，叶文，董锁成，等．中西生态旅游解说系统差异化研究进展及本土化路径［J］．地理科学进展，2016，35（6）：691–701.

［114］赵燕丽，杨学军，司惠萍．生态旅游中主要环境问题及解决途径探讨［J］．环境保护与循环经济，2009，29（7）：50–54.

［115］郑度．人地关系与环境伦理［J］．云南师范大学学报（哲学社会科学版），2005（3）：1–6.

［116］郑向敏，田苗苗．论乡村旅游地食宿设施的“三化”关系［J］．桂林旅游高等专科学校学报，2006（1）：28–31.

［117］钟声宏，黄德权．粤闽赣客家文化生态效应对区域发展的影响［J］．人文地理，2009，24（2）：60–62，89.

［118］钟韵，彭华．旅游研究中的系统思维方法：概念与应用［J］．旅游学刊，2001，

16（3）：48–53.

［119］周玲强，黄祖辉．我国乡村旅游可持续发展问题与对策研究［J］．经济地理，2004，24（4）：572–576.

［120］周庆，李立雄，欧阳志勤．原始部落翁丁古寨旅游环境承载力研究［J］．中国人口·资源与环境，2017，27（S1）：254–257.

［121］朱竑，司徒尚纪．近年我国文化地理学研究的新进展［J］．地理科学，1999，19（4）：338–343.

［122］朱琳，黎磊，刘素，等．大城市郊区村域土地利用功能演变及其对乡村振兴的启示——以成都市江家堰村为例［J］．地理研究，2019，38（3）：535–549.

［123］朱梅，汪德根．旅游业环境责任解构与规制［J］．旅游学刊，2019，34（4）：77–95.

［124］朱璇．脆弱生态旅游区的先遣军——关于生态旅游者和背包旅游者的比较研究［J］．人文地理，2008，23（6）：113–117.

［125］朱璇．新乡村经济精英在乡村旅游中的形成和作用机制研究——以虎跳峡徒步路线为例［J］．旅游学刊，2012，27（6）：73–78.

二、实践调研篇

北京市乡村旅游振兴生态化开发调查研究

党的十八大报告把生态文明建设纳入党的纲领，形成了中国特色社会主义“五位一体”总体布局，提出建设“美丽中国”。在我国现阶段人口众多、人均资源紧缺、环境承载力较弱的情况下，深化生态文明体制改革、解决生态环境中的突出问题，是确保经济社会可持续发展、全面建成小康社会的必然要求，也是对人民群众日益增长的环境保护需求的积极回应。2015 年，《生态文明体制改革方案》颁定，资源消耗、环境损害、生态效益情况被纳入经济社会发展评价体系。随后，针对大气污染、水污染、土壤污染防治行动计划相继出台，自然生态保护修复与环境污染综合治理的立体作战图全面绘就。

在我国，“三农”问题是关系国计民生的根本性问题，乡村是生态文明建设的主阵地和主战场。党的十九大报告明确要求“实施乡村振兴战略”，并以此为主题，按照产业兴旺、生态宜居、乡风文明、治理有效、生活富裕的总要求，对“三农”工作进行了部署。其中，建设生态宜居的美丽乡村，是实施乡村振兴战略的一项重要任务，有利于推动乡村生产、生活、生态和谐共生，是最普惠的民生福祉和乡村发展的最大优势。

乡村旅游能够将农村资源优势与符合市场需求的产业形态有机结合起来，打破传统农村靠山吃山、依水吃水的农业生产形式，对推动乡村振兴具有重要的积极作用，符合新时代的产业转型和发展方向。而良好的生态环境是发展乡村旅游的资源条件、产业基础和开发保障，对乡村旅游产业的可持续发展具有举足轻重的作用。在“绿水青山就是金山银山”的理念引领下，北京市积极考察乡村旅游生态化开发的优势资源条件，发掘一批乡村旅游发展的特色标杆成果，形成了乡村生态化保护与开发的独有经验做法，并从生态环境、产业经济、乡风文化、社会民生等方面着手，持续推进乡村旅游生态化发展。

一、北京市乡村旅游发展概况

随着乡村社会经济持续向好和旅游者乡村旅游意愿不断增强，近年来，北京市乡村旅游发展稳步推进，旅游者人数、经营收入持续增长，旅游供给不断优化，展现出北京市乡村旅游发展的强劲实力和后劲。在旅游消费市场层面，根据 2018 年发布的《北京市第三次全国农业普查主要数据公报》（以下简称《公报》），2016 年，北京市休闲农业和乡村旅游接待游客量为 20147 万人次，总收入达到 150.7 亿元。其中，过夜游客数量显著增加，全年接待住宿游客 1170 万人次，占比 5.8%，有效带动了乡村旅游经济活力；同时，对外营销和经营业务量增长，接待国外及中国港澳台游客 163 万人次，占比

0.8%，北京乡村旅游品牌和口碑逐渐形成。此外，游客开展乡村旅游活动的内容逐渐由单纯的餐饮、住宿、棋牌娱乐等传统休闲活动，转向采摘、垂钓、种植和生产体验等趣味性强、参与程度高的新兴体验活动，更加强调旅游获得感和精神享受。

在旅游供给方面，北京市乡村旅游经营者数量不断增长，经营主体结构改善，镇内旅游个体经营者为主、企业差异化经营格局逐渐形成。《公报》显示，截至2016年年末，北京市依托于农村地域、农业生产、农事活动等显性和隐性的农业生产资料，从事休闲农业和乡村旅游产业的经营性单位和个体经营户共3.2万个。其中，北京乡镇内投资人共2.3万人，占比72.6%，在乡村旅游经营中占据主导地位，集中展现了北京市乡村旅游的整体形象和发展趋势。在经营主体的性质方面，经营性单位4397个，占比13.6%，经营主体以中小型旅游企业为主，经营业务差异化、多样化特点显著；个体经营户2.8万个，占比86.4%，经营方式以农家乐、乡村民宿为主，发展积极性、动力和活力强劲。

北京市还积极开展休闲农业与乡村旅游供给侧改革，品牌化经营理念逐渐形成共识，发挥了乡村旅游经营的地域群聚效应和品牌价值优势，构筑乡村旅游发展合力。一方面，大力发展乡村旅游品牌，花大力气解决对外营销尤其是品牌塑造与营销问题，从特色乡村文化挖掘入手，积极开展民俗村、民俗园、民俗户评选和挂牌工作，形成集聚效应。全市现有民俗旅游挂牌单位475个，占全市休闲农业和乡村旅游单位的10.8%；民俗旅游挂牌户8717个，占全市休闲农业和乡村旅游个体经营户总数的31.3%，经过挂牌的乡村旅游基础产品和服务趋于标准化，营销和宣传趋于品牌化，区域乡村旅游竞争力明显提升。另一方面，北京市还加快推进全国乡村旅游重点村名录建设工作，积极挖掘一批精品项目、重点工程，以点带面，促进乡村旅游提质升级。2019年6月，根据《文化和旅游部办公厅　国家发改委办公厅关于开展全国乡村旅游重点村名录建设工作的通知》要求，北京市文化和旅游局和市发展改革委联合申报和推荐乡村旅游重点村13个，形成休闲农业和乡村旅游发展的示范村和特区，通过政策、技术、人才支持与保障，强化质量、突出特色，树立乡村旅游经营标杆，促进乡村旅游差异化发展和乡村振兴战略实施。

二、北京市乡村旅游生态化开发现状

目前，乡村旅游已经成为我国农村经济最具生机与活力的增长点，也是实施乡村振兴战略的着力点。生态化开发更是成为乡村旅游发展中践行“绿水青山就是金山银山”理念的必由之路。发展好乡村旅游不仅要提升经济效益，也要保护好乡村生态环境、传承弘扬乡村优秀文化、建设乡村和谐幸福社会；这一乡村旅游生态化开发理念日益成为社会共识，并且日渐成为乡村旅游进一步发展的指导思想。

北京市乡村旅游目的地作为“首都花园”，背靠京津消费力较强的客源市场，在京津冀一体化的促进之下，进一步打开河北庞大的消费市场；加之依托着便捷的交通条件和丰富的自然及乡村文化资源，近年来一直保持着强劲的发展势头。与此同时，如何保持目的地对游客的吸引力，以保持乡村旅游生命力和活力，从而达到乡村振兴目标，是乡村旅游参与者和当地政府不断思考的问题。由此，生态化开发已经成为北京乡村旅游正在探索践行的路径和未来发展趋势。顺义区柳庄户村以红色村史、乡村节事为代表，密云区下栅子村和金巨罗村以特色民宿为名片，密云区古北口村以深厚历史为基础，在乡村旅游生态化开发的道路上做出了突出成果和示范效应，也是北京乡村旅游生态化大背景的典型缩影。

随着北京市乡村旅游生态化开发进程不断推进，原本存在于乡村旅游发展中的经济效益提升与自然环境、社会文化保护相冲突的矛盾已经得到了大幅缓解，从而助力北京市乡村振兴。具体而言，北京市乡村旅游生态化开发措施可分为经济生态化、环境生态化、社会生态化和文化生态化四个方面，因地制宜的详细措施对于其他目的地也颇具借鉴意义。

（一）经济生态化：节约型生产为核心

推广环境友好型经济生产模式，充分利用资源、降低环境破坏和能源消耗，有利于协调自然、社会与经济的持续发展。北京市乡村旅游大力推广资源节约型生产技术，建立资源节约型的产业结构体系，减少对环境资源的破坏，倡导绿色环保消费。

1. 招商思想向环境友好转变

我国农村经济经历了从改革开放初期农业经济盘活逐渐发展为因城乡发展差距增大而出现乡村空心化的巨大转变，伴随着自 20 世纪 90 年代中后期兴起的“打工潮”，如何发展农村经济、留存农村青壮年的困境日益尖锐。对此，地方政府普遍采取吸引工业制造业入驻乡村的方式带动乡村经济，招商企业类型以水泥、砖瓦、肥料等环境污染大、劳动力密集型企业为主。不可否认该类企业对带动乡村经济发展、刺激青年回流有很大帮助，但对于水环境、大气环境和土壤环境的污染也十分严重。

进入 20 世纪，由于可持续发展观受到广泛认同，受政策影响农村关停大量高污染、高耗能企业，然而又造成农村经济下滑、加剧人口流失。为寻找新的经济刺激点和增长点，政府有关部门招商侧重点向符合环境标准、生产流程环保的制造型企业偏移。

近年在生态化思想的引领下，招商思想再次发生变化，招商企业类型由制造企业为主逐渐偏爱于服务企业。服务业作为劳动密集型产业同样需要大量的从业人员，同时具有环境污染程度低的优点。企业生产方式是否对环境友好、生产流程是否达到环境保护要求，业已成为乡村政府招商时考虑的重要因素。而旅游企业作为服务业的代表性产业，也越发受到招商部门的青睐。

2. 生成过程绿色化

乡村旅游的发展促使乡村企业出现两种发展路径，一是旅游企业向农业工业拓展，二是制造企业开拓旅游领域。第一种路径的代表方式是旅游企业在本村建设种植园，将收获的作物一部分作为深加工原料、一部分供游客采摘，并且将工业加工过程开发为旅游观光或体验活动。

在农业种植阶段，企业与村民展开合作。或直接收购村民种植作物，这种合作方式优点是企业日常投入低；缺点是村民手中作物经企业筛选后，被拒绝的低品质作物不易售出，对企业而言自不同农户处收购的作物也难以符合统一的品质标准。或与农民建立委托关系，由村民按企业标准种植管理，该方式增加了企业日常跟踪运营的成本，但对种植作物的品质有显著提高和保障，也有利于充分利用农村劳动资源、提高村民收入水平。在工业制造阶段，企业根据生产资料的特性与功能，注重材料多次利用。乡村企业加工原料以农作物为主，将加工剩余的残渣用于制造肥料是生产资料再利用的主要渠道。此外，企业在生产过程中也严格遵守着排放标准和生产耗能标准，这与政策监管、企业社会责任、村民监督的三方互动机制密不可分。在旅游接待中，游客耗能是旅游业环境污染的主要来源。部分乡村旅游企业注意对所接待的游客加以提醒，并且已有乡村旅游接待业尝试不再提供一次性用品。生产过程的绿色化渐渐贯穿于乡村旅游企业的完整生产流程。

3. 延伸产业链，经济与环境兼容

原有的乡村制造企业生产方式粗放，在生产过程中对环境产生严重污染。如今对产业发展中环保要求日益严格，乡村制造业转型发展迫在眉睫。除更新升级生产设备、优化制造流程工艺外，深挖产业价值更成为潮流和趋势。废旧厂房或仓库改建为主题酒店、开放生产流程为观光项目、设计可供游客参与的体验项目等形式，是目前开发乡村工业旅游的主要方式。将生产过程中产生的闲置材料开发成旅游项目，有利于环境保护和能源节约的同时，也大大增强其生产服务价值。

种植园采摘是乡村旅游最为典型的旅游活动之一，村民主动将自有种植园开发为采摘园，早已成为经验丰富、模式成熟的农业与旅游业结合的发展模式。农业观光采摘扩大了乡村消费需求，游客对乡村绿色食品的口感要求也促进了食品加工业的发展，越来越多的食品制造业落地乡村，在当地收购当季作物并加工，加工后依托本地游客即可消费大量产品，以此节约制造成本和交通运输成本。

依托农产品开发旅游之余提供加工原料，工业消化农产品同时提供游客所需商品，广大消费市场为农村经济发展注入动力，由此形成了第一产业、第二产业、第三产业联动发展，深入发掘产业价值链的农村经济生态系统正在逐步形成并渐趋成熟。

4. 乡村旅游走向专业化运营

乡村旅游的兴起主要受村民自主意识主导，以村民自有的闲置住房、大棚等资源为基础，因而在经营中同样由村民管理。大部分村民缺少专业系统的服务能力和知识体系，经营中随意性和经验主义特色鲜明，很大程度上制约了乡村旅游有序发展。尤其在乡村旅游蓬勃发展的当下，乡村目的地、乡村食宿接待业和采摘垂钓园等数量不断壮大，市场竞争压力愈演愈烈，村民作为乡村旅游服务企业管理者的知识瓶颈制约越发凸显。因而，由上级政府管理部门牵头、村委会组织落实，引入专业管理公司委托经营的发展途径为许多乡村所选择。村民由运营管理者转变为生产资料所有者和股权所有者，既可以保证村民在乡村旅游开发过程中的主体地位和合理权益，也提升了乡村旅游服务企业的专业能力和服务质量。专业运营公司现代化的管理思维不仅可以实现乡村旅游的标准化，也有益于统筹规划乡村目的地的总体发展，将目的地做大做强。

许多尚处在起步期的乡村旅游目的地则直接选择了与管理公司合作的方式，从发展规划、方案设计、工程建造到运营管理、营销推广，各个流程均由管理公司具体负责落实。乡村旅游开发管理由专业公司全流程负责，对乡村旅游的专业化、集约化发展大有裨益。

（二）环境生态化：环境保护深入生活

良好清新的生态环境是农村的最大优势和宝贵财富，返璞归真、健康富氧的生态环境也是乡村旅游的根本立足点和必不可少的核心吸引物。乡村旅游发展必须尊重自然、顺应自然、保护自然，推动乡村自然资本加快增值，实现百姓富、生态美的统一。近年来，北京市大力推行了一系列乡村生态环境保护措施，预计到2020年实现农业用水总量控制，化肥、农药使用量减少，畜禽粪便、秸秆、地膜基本资源化利用目标。当下农业生态环境保护扎实推进，绿色发展理念日益深入人心。

1. 加快优化生产方式

我国农村农业生产污染源主要来自化学肥料施用和畜禽粪便对土壤和水体的污染，以及焚烧秸秆及生活垃圾对大气的污染。相应的，改善环境质量也应着力于此，多管齐下。

有机肥料相对于化学肥料肥力高、环境污染低、绿色安全，但是成本更高、提高作物产量的能力低。我国从1990年开始推行绿色食品认证，目前已形成无公害农产品、绿色食品、有机食品三位一体、整体推进的农产品认证体系格局。使用有机肥料替代化学肥料是绿色产品的基础标准，也是公众对于绿色食品最为直观的印象和评价标准。但由于有机肥料成本高、产量低等原因，使用有机肥料的绿色食品一度成为高品质、高价格的代名词，在现代大农业生产中化学肥料也依旧占主要地位。

对大部分参与乡村旅游的游客而言，在旅游过程中品尝乡村绿色健康的新鲜农产品是基本需求。在市场需求的带动下，从事乡村旅游的村民基本不再使用化学肥料，改为使用有机肥料保养土壤肥力，化学肥料对环境的污染得到大幅改善。有机肥料使用量增加也推动了畜禽粪污资源化利用，畜禽粪便进行肥化处理，可基本解决粪便污染问题。

农村秸秆焚烧和垃圾就地焚烧现象严重，大棚丢弃的地膜更造成了严重污染。垃圾处理方面，北京市建立专项资金补助农村自建垃圾和污水处理站。垃圾和污水处理站规模与农村常住人口相适应，并做适当扩容以便保证旅游旺季垃圾处理能力。污水基本实现村内处理，对超出村庄垃圾处理站能力的垃圾进行快速转运，以尽可能快的效率运往上一级处理中心，避免因无处堆放而产生污染。在秸秆焚烧和地膜丢弃方面，采取废料再利用措施。除将秸秆回收加工为饲料、燃料外，使用秸秆开发为旅游纪念品出售大大提高其附加价值。地膜回收推行责任制，由村民回收自家使用过的地膜，由政府农业部门联系推介有资质的企业到村内回收，乡村农业生产白色污染得到根本性治理。

2. 着力改造生活方式

传统的农村生活方式如旱厕、污水直排，对农村自然环境造成了很大负面影响。乡村旅游客源以城市为主，游客惯常生活习惯使得民宿经营者对住宿设施进行改造，比照城市生活方式对厨卫、上下水等设施重点提升。受此影响，村民逐渐对自住房的生活设施产生改建需求。乡村旅游带来的经济利益为村民房屋改建提供了资金，同时部分村委会为提升村貌，以补贴为手段鼓励村民改造自住房屋生活设施，并且对此制定总体规划，实现乡村厨卫设施和污水处理网络改造。

自上海率先推行垃圾分类，全国范围内的各大城市均加快了制定垃圾分类标准、实行垃圾分类的进度。北京在全市选择若干试点，地理范围囊括北京市各辖区，居民类型涵盖城市乡村，一些乡村旅游目的地也被纳入试点之中。推进垃圾分类首要问题是改变村民既有生活习惯、培养村民自觉意识。为此首先从较为简便、容易适应的二分法入手，将垃圾分类为生活垃圾和其他垃圾，在村民认同垃圾分类的环境意义和便利性之后，再进一步推进垃圾分类，并对积极遵守分类标准的村民进行表彰，调动村民积极性。

对于乡村旅游目的地而言，垃圾分类更大的难度在于规范游客行为。受异地性影响，游客对旅游目的地的责任感和自我规范度都会降低，因而需要发挥当地村民的示范作用。游客受村民自觉垃圾分类、清理丢弃垃圾等环保行为的影响，相应地注意自身行为，以游客和村民良性互动促进旅游开发中的环境保护。

3. 生物保护在行动

北京市绝大部分乡村旅游地或临水或近山，美丽的自然环境吸引源源不断的各地游客。近年来北京市着力于改造提升村貌，乡村绿化率得到大幅提高，环境更为宜居之余保护了农村自然环境的生物多样性。村民司空见惯的各种动植物对游客而言充满新奇度，游客的赞赏在无意中增强了村民对所处自然环境的认同感和珍视度。保护周边野生动植物和自然环境不仅是发展乡村旅游的必然要求，也成为村民不约而同的共识。

村民对野生动植物熟悉度较高，但在保护知识方面较为缺乏，对村民展开相关科普既增强了村民保护意识和能力，也帮助村民对游客再科普，游客获得知识教育的同时也收获更为丰富的体验。此外，保护野生动植物更需要专业人员贯彻践行，近年北京市对周边自然环境及生物种类做出详细的摸底调查，根据保护重要性和急迫性划分保护等级，由专业人员负责动植物救护保护及环境监管，切实保护自然环境。

（三）文化生态化：传承传统弘扬文化

乡村民俗文化的生态结构建设在乡村振兴战略的实施中具有重要地位。文化不仅是个体身份认同的来源，更是国家民族之魂。乡村如果在发展过程中与原本的传统文化、地方文化完全脱节，乃至于将乡村文化彻底丢弃，乡村毫无疑问会成为空壳，村民也会因此产生自我怀疑，变成无源之水、无根之木。另外，文化活力根植于社会生活，保护文化不能简单依靠将传统文化请进象牙塔、放入博物馆，更要让传统文化回到现实生活中。北京市文化积淀深厚、地方文化特色鲜明，更是优质的乡村旅游资源，正采取多项措施加以保护和活化。

1. 生态文化观念渐入人心

我国经济长期处于高速发展，城镇化进程迅速，城乡发展差距逐渐拉大，造成乡村文化日渐处于弱势地位。城市对乡村的侵蚀不仅体现在农村适龄人口集体性大规模涌入城市造成乡村经济发展不振，以及空巢老人、留守儿童等一系列社会问题，也对乡村原生文化造成了掠夺性破坏。

经济发展水平高、生活质量高的城市相对发展较落后的乡村而言，无疑有着巨大的优势，城市文化也因此在村民观念中代表着更好的生活水准，相较乡村文化产生优越性。村民对城市的向往造成了对自身所处乡村文化的不自信和怀疑，乡村文化渐趋衰落。与经济困境和社会问题相比，文化的衰落和遗失更具有隐蔽性，当人们普遍意识到乡村文化面临危机时，则表明振兴乡村文化刻不容缓。

目前乡村旅游从业者和管理者已经认识到发展优质乡村旅游离不开民俗文化支撑，在旅游产品设计中越发重视活动形式与民俗文化相结合。除将手工艺制品开发为旅游纪念品外，丰收节、民俗展等尝试越来越多地涌现。此外，相关部门也在引导乡村民俗文化与乡村产业发展形成良性互动的生态系统，对发掘保护乡村文化做出统筹指导。

2. 商业化促传承理念兴起

北京市文化积淀深厚，在悠久的历史中形成了诸如皇家文化、长城文化、红色文化、少数民族文化、美食文化等独具特色的地方文化体系。然而长期以来在经济利益导向的发展理念指导下，由于产业发展难以与地方文化相融合，优质的文化资源无法发挥经济功能，文化保护和传承让步于经济发展，造成了大量文化传统濒临失传。

面对乡村传统文化遗失的现状，村民对经济利益的追求无可厚非，在经济效益发挥不足的情况下，要求大量村民主动参与传统文化传承也是不现实的。另辟蹊径活化传统文化，使得村民在认识到乡村传统文化经济价值的基础上，深入感受其独特魅力，由此形成村民的保护传承理念是弘扬乡村传统文化事半功倍的有益方式。

乡村旅游的发展在保护、继承北京市乡村丰富的文化特色与传统方面正在发挥不容忽视的巨大作用，如葫芦画、打宫灯等本已濒临失传的乡村传统手工艺，因旅游产品化开发而重新焕发活力。乡村旅游给传统文化经济价值的发挥提供了广阔平台。传统文化不只是放在保护名录中的符合，也是村民提升经济收入的手段，这就促使村民愿意主动了解传统文化并担负起传承发扬的责任。

3. 文化认同与对外传播日益结合

创作享受乡村文化的主体是生活在当地的村民，文化的传承与弘扬都要建立在村民对自身文化的认同感和自豪感基础之上。如果村民对乡村文化缺乏认同，仅将其作为发展旅游、获取利润的手段，乡村文化依然会在现实生活中消亡，成为只活跃在商业平台之上的舞台文化，这与保护传统文化的初衷大相径庭。当下北京市政府已经认识到培养村民文化认同和自豪感的重要性，并从顶层设计出发统筹引导乡村文化保护和发展。

近年建设村史馆成为潮流，北京市各乡村文化有其因地理位置相邻、历史脉络相近而形成的共性特征，更加突出的是各村落间的特色差异。建设村史馆，集中展现本村历史发展轴线、生活方式变迁，对于培养增强村民文化认同和身份认同有着重要作用。同时村史馆作为本村对外展览的窗口，向游客等外来到访者展现了本村面貌和文化特质，有利于乡村传统文化对外传播并塑造清晰个性的目的地形象。同时，北京市各级政府均对恢复优秀的民俗节庆文化活动持支持和鼓励态度，舞狮秧歌、庙会灯会等传统民俗活动已经重新回到村民日常生活之中，其中庙会更是发挥传统民俗汇聚平台的作用，更加具有烟火气、与村民生活联系日渐紧密的传统文化活动同样促使村民通过亲身体会增强文化自信和自豪。

乡村优秀传统文化在保护传承的基础上，还需要对外传播交流，乡村旅游则搭建了平台。随着王潮歌“印象”系列和“又见”系列走红，许多乡村旅游目的地相继推出源自于村史和民俗的大型实景演出。实景演出演员为本村村民，在演绎本村文化的过程之中，村民成为文化创造主体，对乡村文化的认识深度和情感感受均得到相应提升。另外，游客也在观看实景演出时对乡村独特文化有了具象化认知，乡村文化借由旅游开发以舞台展示为手段得到了全景式、图像化的展示传播。

（四）社会生态化：村民为主，提升主人翁意识

除了自然和文化的生态化外，乡村社会也应达到生态的和谐与平衡，从而推动整个社会信息系统、意识形态和人与自然协调发展的发展观相适应，并且驱动生态化开发系统良性循环。

1. 村民主人翁意识日渐提升

北京市乡村旅游开发起步于村民主动参与，将闲置住房改建为乡村民宿并开展乡村旅游活动，村民意愿和发展意向也在各个阶段对乡村旅游发展产生深远影响。村民作为乡村旅游从业者及参与者，是颇为重要的利益相关者，乡村旅游发展离不开村民主人翁意识的发挥，乡村旅游的发展同样促进、鼓励村民积极自主参与。

在乡村旅游开发前的规划阶段，由于设施改造、生产方式转变等方面均涉及村民集体，在规划论证阶段即需要经过全体村民的探讨和多数同意，由村民集体决策是否开发旅游、怎样发展旅游、旅游开发的目标和预期成果、旅游效益分配方案等具体内容。在此过程中，村民自治形式和途径得以完善，村民自治能力得以提高。

在乡村旅游运营中，如何处理旅游与环境冲突、村民与村民利益冲突、村民与游客冲突等问题，同样以村民自我管理为支点。通过落实责任制和奖惩机制，促使村民在旅游经营中注意环境问题；并且由村民自发组成监督员，对垃圾倾倒、污水直排等破坏环境的行为进行监督和劝阻，发挥村民积极性保护、提高环境质量。协调因市场竞争而导致的村民间矛盾以及主要因服务素养导致的主客矛盾，同样需要村民自我约束和自主学习。村民通过参加服务技能和综合素质培训，提高自身服务能力、改进经营方式，促使乡村旅游从价格竞争向以质取胜转变。以质取胜的思路要求村民开展差异化经营，从而缓和激烈的竞争局面，解决村民间矛盾。村民自主学习提升服务能力和水平，对避免主客矛盾更有着防患于未然的意义。通过乡村旅游的发展，村民在乡村建设中的自主意识和参与意识逐步提升，形成了自我管理、自我约束、自主学习的良性生态。

2. 主客良性互动局面正在形成

游客选择乡村旅游不仅为享受乡村绿色生态的自然环境，也为与城市不同的乡村社会风土人情所吸引，旅游过程也是游客与村民的互动过程。游客为乡村带来经济利润和城市文化，从乡村带走新鲜的体验感；村民为游客提供服务同时也在潜移默化受到不断

而来的游客影响。

随着乡村旅游发展方向向深度体验深化，对主客互动密度、强度和效果的要求也相应提高。乡村旅游管理者也不再满足于浅层次的产品开发，加强游客与旅游从业村民互动积极效果之余，尝试促进游客与非从业村民的互动。为此，在旅游产品开发中，设计了互动式的情景，鼓励游客亲身参与其中。游客在乡村民宿逗留时间最长，民宿不仅提供食宿的接待设施，更是旅游吸引物和旅游体验提供者。然而民宿的设计和运营与乡村真实生活存在差异，一些经营者为保持真实性，在民宿中引入真实生活场景，也达到了提升游客体验、增强游客主动与村民交往互动的效果，轻松惬意的环境氛围也促使游客更多地与非从业村民交流，由此逐渐形成村民与游客互动良性发展局面。

3. 着力塑造和谐乡风

乡村空心化大大改变了农村人口结构和社会结构，农村常住人口以儿童、中老年及老年为主，人口结构限制了农村经济振兴进程。在旅游开发中，吸纳尚有余力的中老年参与，依托农村现有劳动力资源盘活经济，新的就业岗位也利于稳定乡村社会结构、留存人口，进而有利于实现乡村社会秩序的重塑和平衡。

乡村旅游带来的可观利润，为乡村开展精神文明建设和基础设施升级提供了经济支持。旅游发展势头良好、效益较高的乡村将经济红利用于村民福利，建立了以老年食堂为代表的集体福利形式，弘扬全村敬老爱老风气的同时也缓解了空巢老人难题。除福利投入外，村民休闲娱乐活动也是村委会大力支持的方面，普遍兴建公共活动室，为村民开展各类文体娱乐活动提供场地，也搭建了村民相互交流的交际空间，助推营造和谐乡村。另外，为满足村民提升和学习需求，定期邀请专家讲座，提供包括农业、服务业、文学艺术等多种背景的课程也是旅游红利反哺乡村社会发展的例证。

仓廪实而知礼节，衣食足而知荣辱。和谐乡风的塑造和形成离不开稳固的经济基础，随着乡村旅游发展与红利再分配，村民享受到的福利日益增多，精神文明水平不断提高，由此形成和谐幸福的乡风乡貌。

三、北京市乡村旅游生态化开发存在的问题

作为我国都市型乡村旅游的重要目的地和发展先行军，近年来，北京市积极尝试乡村旅游生态化开发的新思想、新举措、新技术，生态化发展特色鲜明、成效显著，形成了较多可供其他地区借鉴的经验做法，发展理念和发展成果值得肯定。但是，由于自然文化、历史地理、社会经济等资源条件和宏观环境的特殊性，北京市仍存在着我国乡村旅游开发过程中暴露出的普遍问题，以及部分区域生态化开发中存在的特殊问题，亟须进一步分析不足、补齐短板、对标一流，形成一批新的乡村旅游产业动能和发展制高点。

因此，本文将从自身经营问题和客观制约条件两个角度出发，对内分析乡村旅游生态化开发和经营举措存在的不足，对外挖掘乡村旅游生态化发展在政策、规划、人才和技术等保障条件方面存在的问题，为北京市乡村旅游开发对策的提出和产业进一步发展

奠定基础。

（一）主观经营问题：乡村旅游生态化开发措施不力

1. 乡村旅游产业模式创新力不足

在旅游产品差异化、体验化趋势日益凸显的当下，乡村旅游产品应时刻保持创新能力，通过与游客建立价值共创平台和服务对话渠道，不断提供高质量、体验式旅游产品，才能构建游客满意、村民获益的经济生态化乡村旅游产业。然而，现阶段北京市乡村旅游产业仍存在产品类型单一、商业模式陈旧、产业鸿沟较大等问题，具体体现在以下几个方面：一是目的地旅游业态和旅游产品层次单一、产品特色不强。尽管各旅游经营者已经认识到丰富旅游业态、提升游客体验感的重要性，但多数体验活动流于形式，未能在产品的趣味性和真实性方面取得突破，长此以往不利于提高重游率和维护游客关系。二是乡村旅游同质化现象严重，未能形成差异化竞争优势。农家乐和田园综合体作为乡村旅游经营的主体，在规范乡村旅游品质的同时，也带来了商业模仿、产品重复的弊端，特别是采摘、餐饮等旅游活动千篇一律，未能真正将特色经营、差异化经营战略落到实处。三是对乡村基础产业的理解不够深入，产业融合发展程度不够。由于乡村旅游发展的起步较晚、基础薄弱，且旅游业受到经济地位和大众观念的约束，在上下游各个产业环节中的产业整合能力不强，没有打破乡村传统产业之间的壁垒，对产业交叉点的价值挖掘和业态创新不足。四是清洁生产软环境、软设施建设不足。乡村旅游经营者提供一次性餐具、洗漱用品的现象较为普遍，对空调等高能耗电器的使用过度，对游客破坏生态环境的行为未尽到制止义务，员工工作过程中生态意识不强、环保知识欠缺，不利于构建绿色环保、生态友好、环境可持续的乡村旅游经济生态系统。

2. 乡村生态环境区域间发展不均

在农业农村污染治理攻坚战和“一控两减三基本”目标的推动下，北京市乡村产业污染得到有效控制，生态环境持续向好、人居环境明显改善。但是，北京市环境治理多采取政策落实、监督管理、问题整改等自上而下的政府主导推动方式，乡村旅游经营者和村民自身环保意识不强，基层组织在环境保护行动中的主观能动性较弱。在村两委环境重视程度高、村领导生态意识强的地区，“美丽乡村”建设、生态环境治理成效显著；在部分经济发展程度较低、村民和村干部生态意识较弱的地区，依然存在经济发展先于环境保护的错误认识，垃圾分类、污水处理、清洁生产等措施推行不力，乡村旅游环境脏、乱、差现象普遍存在，最终形成了乡村生态环境区域间发展不平衡的问题。

此外，在乡村旅游建设方面，受到乡村旅游发展理念和发展思路制约，北京市乡村旅游在开发过程中仍然存在盲目投资和过度建设问题，破坏了乡村自然、朴素的生态环境。特别是在旅游资源欠缺、市场基础薄弱的地区，为快速吸引旅游者，部分乡村盲目进行招商引资，建设了大量与乡村整体环境不符的豪华建筑和游乐设施。从短期来看，大规模旅游设施的建设能够迅速提亮区域旅游形象，对旅游者形成直观的营销冲击，带来旅游人数和旅游收入的快速增长；但从长远发展的角度来看，兴建大项目、投资大产业不仅消耗了大量乡村土地资源、生产资料，不利于乡村自然资源和生态环境的维护，

更有悖于乡村自给自足的生活气质和悠然闲适的旅游气质，与乡村旅游者追求自然、休闲、放松的消费心理相违背，不利于乡村旅游的可持续发展，对不同区域间乡村整体性环境维护造成了难以逆转的负面影响。

3. 乡村文化受工业思潮入侵严重

与我国西部、南部等地部分乡村城乡文化隔阂较深、乡土文化保存完整的现状不同，北京市在近代以来经历了五四运动、新文化运动、改革开放等多次思想解放运动，受“大跃进”和“文革”对文化的破坏作用较强；同时，由于城市化和工业化进程的快速推进，北京作为首都和超大规模城市的功能与文化辐射至乡村，现代社会思潮不断冲击传统乡土文化，文化根基在一定程度受到动摇，文化留存和继承陷入困境。

反映在乡村旅游领域，北京市乡村旅游发展存在民俗文化特色不强、历史文化遗存不够、农耕文化传统缺失等问题，不利于乡村旅游的内涵挖掘与建设，难以为游客留下深刻的旅游回忆，具体而言，乡村旅游文化生态化开发存在以下问题。其一，乡村节事活动缺乏特色，陷入以城市文化运营乡村活动的思维误区，将农民节打造成“农民体验城市文化”节日，农民和乡村文化的主体地位缺失，乡村节事的传统活动内容、流程、物料等缺乏保留和呈现。其二，乡村演艺活动流于形式，乡村文艺的表达内容与表达形式缺乏有效联结，艺术表达的理想场景和现实条件存在矛盾，造成演艺活动的文化深度不足、观赏性欠缺，难以对游客形成吸引。其三，乡村艺术展览馆、公共图书馆、村史馆等文化场所的规划建设水平有限，艺术层次不高，且大多为一家之言、一人之作，对乡村整体文化氛围的辐射带动能力有限，不利于传播特色乡村文化、形成乡村旅游的文化竞争力。其四，乡村文化旅游产品的同质化程度高、缺乏文化底蕴和区域特色，文化纪念品千篇一律、文化体验产品缺口较大，不利于乡村文化生态的整体营造和乡村文化旅游的发展。

4. 乡村旅游经营者结构有待完善

在北京，多数乡村旅游经营者同时具有当地村民和产业经营者的双重身份，与旅游者、各级政府和其他村民的关系密切，成为乡村旅游社会生态网络的重要节点，因此，优化完善的乡村旅游经营主体结构对乡村旅游社会生态化开发具有重要意义。然而，北京市在乡村旅游经营主体年龄结构、教育结构和组织结构等方面仍存在突出问题，不利于乡村旅游迸发活力、提升效率，生态化乡村旅游社会结构有待形成。

在年龄结构方面，与我国许多地方乡村旅游经营主体的年龄特点相似，以农家乐经营者为主体的北京市乡村旅游经营者以中老年人，特别是家庭妇女为主，乡村年轻人大多外出打工，不愿意留在乡村经营旅游产业，乡村旅游发展的稳定性和持续性难以保障。在教育结构方面，调查显示，北京市乡村旅游经营者和投资人中，受教育程度为大专或大学共有 2963 人，占比 9.2%；受教育程度为研究生及以上仅有 188 人，占比 0.6%，超过九成乡村旅游经营者仅具有高中及以下文化程度，无法为旅游者提供符合市场需求的旅游产品，导致乡村旅游产品层次不高、产业动力不足。在组织结构方面，乡村旅游经营主体以个体经营为主，合作社和企业经营有限，且大多规模较小，未形成完整产业链和特色商业模式，小、散、弱、差特点显著，市场处于无序竞争状态，不利于乡村旅游产业的品牌营销和整合发展。在地域结构方面，本土乡村旅游经营者素质程度普遍较低，其经营的乡村旅游业务发展潜力有限，而产品特色突出、产业竞争力强的乡村旅游经营者大多来自镇外甚至市外，在注入新鲜血液和经济活力的同时，打破了乡村传统社会结构，打破了乡村旅游各利益主体之间的平衡，对乡村旅游社会生态化发展构成挑战。

（二）客观制约因素：乡村旅游生态化开发保障不足

1. 政策引领不足，宏观规划欠缺

乡村旅游产业经营逐利的原始特性与生态化开发所倡导的理念间存在一定冲突，因此，政府发挥宏观政策引领作用、营造生态化开发的经营氛围十分必要。然而，当前北京市针对旅游产业经营者的宏观政策环境有待完善，政策法规仍有较多空缺，特别是在环境生态化开发方面，未能建立起有效的生态补偿机制和环保奖励金制度，不利于提高中小型旅游企业和个体经营者开展清洁生产、改造经营流程、更新换代环保产品的积极性。此外，在吸引乡村大学生、青壮年劳动力回村发展方面，缺乏强有力的支持政策，乡村地域环境对年轻人吸引力明显不足；在产业融合发展方面，对“旅游 + 乡村”产业和经营主体的保护和支持力度不够，多数政策仅在乡村旅游经营初期提供资金帮助，缺乏宏观环境培育政策和指导乡村旅游长远发展举措。

同时，北京市乡村旅游市域宏观规划亦有所欠缺，一是乡村旅游缺乏产业规划，配套产业发展依靠自发式组建和延伸，产业之间合作困难，容易陷入无序竞争状态，产业集聚效应未得到充分发挥；二是乡村旅游缺乏特色规划，在自然条件和产业基础薄弱的地区，不考虑旅游业发展条件，盲目对先进地区的发展经验进行模仿，未能形成不同区域间的特色和核心竞争力；三是乡村旅游缺乏土地规划，对不同产业经营用地的划分较为混乱，没有形成特色发展区域，不利于乡村旅游产业链的构建和生态系统营造。

2. 行业规范缺失，环境指标模糊

北京市休闲农业与乡村旅游行业协会、第三方组织在乡村旅游发展过程中的权责有限，且大多关注于行业经营规范的制定和对外交流协调服务，在生态环境保护和其他乡村旅游生态化开发领域的作用未能得到充分发挥。具体体现为对生态保护的重视程度不够，未将其纳入乡村旅游评价指标体系和专业知识培训环节；乡村旅游生态化开发的标准化程度不足，没有制定污染排放、清洁生产、循环利用、能源节约等方面的行业规范；对于行业内环境污染和资源破坏等现象的监督检查不力，没有发挥行业协会自我管理、自我审查、自我整改作用；尚未形成具有权威的第三方乡村旅游环境测评委托单位，环境评价主观性较强，缺乏行业公信力。

在生态化开发评价指标体系的构建方面，多数乡村旅游经营者仅能够通过直观生态环境的变化判断环境治理成效，生态化评价指标模糊，没有在全行业形成客观统一的评价体系。同时，评价指标大多聚焦于水、大气、土壤、固体垃圾等环境生态化视角，未能体现乡村旅游生态化开发过程中所面临的特殊问题，对于产业兴旺、文化传承、社会和谐等领域的关注程度有限，生态化开发的评价理念落后于新时代下乡村振兴战略的总体要求，不利于乡村经济、社会、文化和环境的统筹协调发展。

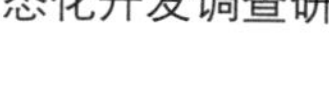

3. 经营人才匮乏，技术投入较少

专业人才和科学技术是乡村旅游生态化发展的重要保障条件，也是乡村旅游发展核心竞争力的来源。北京市乡村旅游依靠首都地缘优势，在人才引进和技术创新方面较国内其他地区更为便利，但仍存在以下发展问题：在人才引进与培育方面，经营管理人才，特别是具有经验的顶尖运营管理团队数量紧缺，没有建立良好的职业体系和晋升渠道；专业技能人才数量缺乏、技能水平参差不齐，部分专业领域人才存在空缺，没有形成完整的技术人员培育体系；本土人才素质普遍较低，针对乡村旅游经营者的培训缺乏系统性、完整性、衔接性，导致经营者将理论问题转化为经营问题的能力不足；对外来人才的吸引力不强，乡村旅游缺乏新鲜血液和发展活力，与外部合作的意愿能力不强、资源平台不充分，不利于乡村旅游提质升级和生态化发展。

此外，乡村旅游生态化开发仅依靠过去经营中积累的经验，缺少管理理论的应用和科学技术的投入，特别是在乡村旅游个体经营者的环境保护方面，生产废料的资源化利用未能得到有效推进，循环经济和能源节约的方式方法有待升级，科研理论成果在乡村的转化率较低，没有真正将先进的科学技术成果落实到农村生产经营的过程中，导致生态化开发效率较低、成效不显著。

4. 配套产业不足，融合发展困难

目前，北京市不同区县的乡村旅游已经形成了初步的产业特色，例如传统旅游资源丰富的乡村依托景区开办民宿和农家乐，距离市区或城镇较近的乡村依靠乡村市集吸引短距离游客，部分外来投资者建设高质量庄园或度假区等，一定程度上满足了游客的差异化需求。但是，乡村地域上的间隔性和交通上的长时性导致游客在一定时间内仅能前往一个或少数几个旅游目的地，而单一乡村的旅游产品仅能够满足部分旅游者的部分需求，不利于创造丰富、新奇的旅游体验，导致过夜游和重游游客数量较少，旅游业经济收入长期难以取得突破。具体而言，依托传统历史文化景区的乡村旅游目的地仅提供景区观光、农家乐餐饮等旅游项目，缺乏参与性和体验感；红酒庄园、温泉酒店、度假区等旅游目的地内部建设完善，但周边配套游乐设施有限；乡村市集能够在特定时间吸引大量游客，但在购物之后缺少能够留住游客的旅游设施，旅游季节性影响显著；乡村夜间产业配套设施严重不足，夜间经济发展不充分，难以留住游客；乡村旅游纪念品生产与销售、农产品加工、物流配送等配套产业缺失，不利于乡村旅游经济生态化开发和一二三产融合发展。

5. 区域联动不足，对外交流受限

由于乡村自然环境的相似性和游客开展活动的灵活性，乡村旅游的边界往往较为模糊，其生态系统也具有动态、多变的特点，这对乡村旅游开发过程中的内外联动、区域联动提出了较高要求。然而，现阶段北京市出于管理便捷的需求，将乡村旅游的管理边界定义为区域、村域或镇域的行政边界，旅游保障政策的覆盖范围有限，各区政策内容和政策力度不一致，导致各区域之间乡村旅游资源流动方向固化，不同地区乡村旅游的发展进程形成割裂。同时，北京市尚未搭建起统一的沟通协作平台，特别是高质量的统一宣传营销平台，各乡村之间、经营主体之间缺乏交流合作，不同区域的乡村旅游建设之间缺乏有效联结，乡村旅游经营主体各自为战，易陷入低价竞争陷阱，不利于乡村旅游市场环境的良性发展。乡村旅游管理“只扫一屋”的局面忽略了游客面对乡村时的整体感观认识，将完整的乡村环境割裂为一个个独立发展的村落，虽然适应了乡村长期发展过程中形成的运转规则和管理传统，但不符合游客的心理需求和旅游业的发展要求，不利于城乡之间、区域之间、经营主体之间统筹协调发展，在强调乡村旅游社会和文化生态化开发的今天，具有较强的负面影响和约束作用。

四、北京市乡村旅游生态化开发提升对策

乡村旅游生态化开发涉及各级政府、旅游企业、乡村村民、产业合作社、行业协会和生态游客等多个利益主体，各方均有不同的利益诉求和话语影响力，也从不同方面对乡村旅游生态化开发产生影响。因此，针对现阶段北京市乡村旅游生态化开发过程中存在的内部经营和外部环境问题，宜从利益相关者视角出发，充分考虑不同利益主体的权利责任和利益诉求，提出具有针对性的解决措施。例如政府应在承担监管职能的同时，做好宏观调控和顶层规划，服务于乡村旅游生态化统筹发展；乡村旅游经营企业应从细节着手，控制生产污染，提供特色鲜明、质量优化的乡村旅游产品；村民应积极参与乡村旅游生态共建，提高主人翁意识、发挥主体作用；旅游者应践行生态保护理念，积极开展绿色旅游、生态旅游；各利益主体之间应加强沟通，最大限度弱化矛盾、形成发展合力，通过多个利益主体共谋共建、协同合作方式，实现互补优势和规模经济。

在实施乡村旅游生态化开发的同时，应树立底线意识，遵循基本发展原则，将生态环境保护放在首位，始终维护农民利益。具体有以下开发原则：一是生态安全原则，牢牢把握生态安全原则，建立生态保护长效机制，以改善生态环境质量为核心，以保障和维护生态功能为主线，在旅游业开发过程中划定并严守生态保护红线，维护国家生态安全，促进经济社会可持续发展。二是系统开发原则，立足区域特色、资源优势、文化差异，在更大范围、更深层次推进多要素协同创新发展，培育乡村旅游新业态、新模式，从而系统推进乡村振兴战略实施。三是农民利益保障原则，即以人民为中心，以强农、惠农、富农为目标，尊重农民主体地位和首创精神，依法维护、统筹兼顾广大农民利益诉求，切实保障农民物质利益和民主权利。

（一）政府应做好生态建设顶层规划

1. 超前规划建设，培育配套产业发展

政府的引导培育在乡村旅游生态化开发中发挥了重要作用，是建设生态宜居美丽乡村的坚实基础和有力保障。一方面，北京市政府应在现有农家乐和田园综合体等乡村旅游经营模式的基础上，超前于现有产业规模和市场规模，开展一、二、三产融合的乡村旅游生态化发展规划，实施乡村旅游产业群聚和功能集聚建设，为乡村旅游基础设施配套供应、高端旅游设施设计布局，以及未来进一步实现标准化管理、品牌化发展奠定基础。另一方面，政府应以乡村旅游生态化开发为牵引，鼓励支持村民发展相关产业，整

合传统农业、加工业、手工制造业和粗放式经营的乡村旅游业，探索形成“旅游生态化+”复合型经济发展模式，推动乡村旅游建设与配套产业发展相得益彰，促进农业转型升级、提质增效。

2. 增加有效供给，引导产业提质升级

推进乡村旅游生态化开发，必须坚持高质量发展，不能陷入贪多、贪大的建设误区。因此，北京市政府应科学规划、合理布局区域生态建设与旅游开发，以资源和市场为导向，充分挖掘、整合和利用本地乡村旅游优质资源，增加乡村旅游有效供给，打造高质量、高标准的乡村旅游生态工程和民生工程。特别是在自然环境优越、产业基础坚实、文化特色鲜明的乡村，应注重发挥特色优势、着力实现品质提升，坚持一地一策的发展导向、增强精品意识，推动乡村旅游品牌化发展，避免因低水平重复、同质化开发，导致生态环境破坏与乡村文脉断裂。此外，北京市政府还应对乡村旅游重点村、美丽休闲乡村、特色旅游小镇等示范项目给予重点保障，以精品工程带动优质发展，进而推动全区打造乡村旅游生态化发展优质目的地。

3. 地方政府牵头，建立环保督察机制

针对环境监管制度薄弱、环境评价指标混乱、未形成明确的环境监管体系和制度的问题，北京市政府应遵循环境治理政策引领，加快建设权责明确、执法有力、行为规范、保障有效的环境监管督察机制。一是落实生态环境监管责任，强化政府的领导责任和各相关部门的监管责任，由地方政府牵头，统筹协调旅游环境的评价、治理、监督等工作。二是创新环保督察监管机制，制定生态环境综合监管清单，完善环境保护相关的乡村旅游法律规范体系，健全完善乡村旅游开发和经营全过程、全方位监管标准，建立针对游客的乡村文明旅游诚信体系。三是提高生态环境综合监管保障能力，从建立协作机制、出台配套政策、启动应急联动、开展集中治理、强化专项执法、动员群众参与等多方面着手，强化环境保护督察的基础保障，推动环保监察行动的顺利开展。

（二）企业应推动旅游生态特色开发

1. 发展生态经济，严格控制生产污染

在乡村旅游生态化开发过程中，经济发展不应被置于资源和环境保护的对立面，而是促进环境保护与经济效益双赢，在发展中保护、在保护中发展，实现乡村“含金量”和“含绿量”同步提升。北京市乡村旅游企业应以绿色发展理念为引领，摒弃损害和破坏生态环境的经济发展方式和产业开发策略，严格控制污染、增强循环利用、推广清洁生产。具体而言，大气污染防治应重点做好控煤、减排、降尘等污染治理源头，自觉排查餐饮油烟和“散乱污”现象；切实保护密云水库、永定河、潮白河等水系，以及乡村河流、湖泊水资源，按照保护水、治污水、排优水的系统治水要求，着力改善北京市乡村水环境质量；保护农村土地资源，以耕地和建设用地土壤污染防治为重点，促进土壤环境质量稳定改善；继续推进生产垃圾分类回收和处理，减少一次性用品的投放，解决白色污染问题，最终建设一批风景优美、生态友好、宜游宜居的乡村旅游生态化特色项目。

2. 立足乡土特色，建设乡村生态景观

乡村旅游景观是指在乡村地域方位中，以乡村自然景观与人文景观为载体，对乡村文化与地域特色进行实体化呈现的综合性景观，具有重要的生产价值、旅游价值、生态价值和审美价值。根据乡村旅游环境和文化生态化开发要求，乡村旅游景观的建设不能与所处区域背景和自然环境相脱离，因此，需要旅游企业牢牢把握本地区乡土特色，以当地自然风貌和田园风光为基础，以地域文化特征与历史背景为框架，将微观旅游景观作为乡村整体景观中和谐的部分进行开发，满足乡村旅游景观的连贯性和完整性要求。应在尊重和保护自然的基础上，利用自然资源改造景观素材，提高自然元素的利用率和价值，使其区别于城市街道景观和城市旅游景观，体现乡村特色。

3. 做好生态评估，关注环境承载能力

环境承载力是指在一定时期内，在维持相对稳定的前提下，环境资源所能容纳的人口规模和经济规模的大小。北京市乡村自然环境脆弱、生态修复能力较差，企业必须严守生态保护红线，在环境可以承载的范围内开发乡村旅游、优化生态系统格局，提高乡村旅游生态化优质产品供给能力。这要求企业在充分研究旅游开发活动对环境影响的基础上，根据不同区域主体功能定位，遵循资源利用规律和市场发展规律，制定差异化的生态环境目标、旅游开发措施和考核评价标准，具体包括强制性保护禁止开发区生态环境、有效控制限制开发区开发强度、加强重点开发区环境治理与管理、扩大优化开发区绿色生态空间等，打造从旅游活动区到生态保护区，游客密度、服务设施和服务人员依次递减的立体式乡村旅游生态化开发空间。

（三）村民应积极参与乡村生态共建

1. 鼓励能人创业，激发乡村旅游活力

村民是乡村旅游生态化开发的重要主体和中坚力量，特别是在文化生态化开发方面，许多传统乡村的村民本身即是文化的缔造者和传承人，是民族文化得以活态展示的灵魂。在双创战略的引导和推动下，越来越多的北京村民开始从事旅游相关创新创业工作，如开办民宿、农庄、生态养殖场，制作和销售手工艺品，参与旅游演艺活动等。一方面，北京市各乡镇村民应发挥在乡村旅游生态化开发中的主体作用，积极参与旅游经营和旅游创业，通过将自身知识和技能传达给游客，继承和发扬本村优秀的民俗文化和传统文化，推动乡村和谐与乡风文明；另一方面，北京市也应通过出台一系列支持和保护政策，鼓励村民提升参与乡村旅游生态化开发的热情，为村民创新创业中可能遇到的资金、土地、人才、技术等问题提供保障。

2. 增强公共参与，完善生态产业链

公共参与是乡村旅游生态化开发的前提与基础，乡村旅游生态化又通过改善乡村环境和增加旅游收益反哺社区居民，形成良性循环。因此，北京市村民自治组织应建立以村民内生力量为核心的环境治理模式，定期组织农民代表、干部等参与环境整治行动，互相监督环境破坏行为；举办各类保护和美化环境的乡村公共活动，并号召广大村民参与，营造“人人爱生态、人人为乡村”的氛围。村民应自觉使用生态能源，开展秸秆还

田和秸秆养畜等资源综合利用，推动乡村旅游绿色、循环、低碳发展，践行节约资源、保护环境的生活方式；充分利用自有民居、传统美食、手工技艺、家风乡风等，开展乡村旅游经营，提供业态丰富的乡村旅游产品，完善产业生态链，促进乡村旅游经济生态化开发；把创意生活、创意生产与生态文明建设有机融合，发挥自身智力和技能，为传统文化保护做出贡献，提升乡村文化归属感和故乡文化认同感。

（四）游客应提升生态文明旅游意识

1. 倡导绿色出行，践行文明旅游理念

作为乡村旅游活动的主体，游客是乡村旅游生态化开发过程中的重要一环，其环境保护意识和乡村旅游行为对旅游生态的维护起到关键性作用。近年来，随着农村交通通达性的持续改善和乡村旅游的高速发展，大量游客涌入乡村，大气污染、噪声污染、生活垃圾污染等问题日渐严重。为此，乡村旅游游客应积极承担生态责任，践行文明旅游理念。具体而言，在出行方式上应尽量选择清洁能源驱动、低能耗的交通工具，减少私人交通工具的使用，增强交通贡献意识；在产品选择上，不使用酒店和旅游景区提供的一次性旅游产品，或在旅游活动结束后持续使用酒店提供的用品，选择绿色环保、与自然环境和谐的娱乐设施；在游览过程中，尽量减少废弃物，尤其是白色垃圾的产生和丢弃，按照乡村自然生态承载能力选择旅游目的地，在“食、住、行、游、购、娱”的全过程倡导旅游活动和旅游行为生态化。

2. 提升生态素养，实现自身全面发展

提升生态环境素养，是新时代我国生态文明建设严峻形势使然，也是乡村旅游生态化形成长效机制促进习惯养成使然，有利于在全社会树立生态文明观，把新时代人民对美好生态环境的向往转化为其思想自觉和行动自觉。这要求乡村旅游游客自觉提升对生态环境问题和环境保护的认知能力水平，积极学习生态保护知识和绿色旅游知识，同时采取保护环境的具体行动，将生态理念贯彻到实际的旅游活动中，实现知行合一。乡村旅游生态化开发的游客表达，就是要将生态素养贯穿到旅游思想和行动的各个方面，就是要对人与自然和谐共生、良性循环、全面发展、持续繁荣的生态伦理保持敬畏之心与良好习惯，最终形成人人争做美丽中国建设行动者、共同守护绿水青山的良好局面。

（撰稿人：郭昕悦　刘红旭）

天津市乡村旅游振兴生态化开发调查研究

一、天津市乡村旅游发展概况

近年来，我国乡村旅游产业平稳发展，消费需求旺盛，产品供给不断升级，有效投资持续增长，发展方式加速转变。乡村旅游业在农村经济发展中的地位与作用逐步增强，乡村旅游业对休闲农业经济的拉动性、社会就业的带动力以及对文化与环境的促进作用日益显现。乡村旅游在推动乡村振兴战略实施中的作用进一步凸显。近年来中央一号文件对乡村旅游作用的充分肯定给乡村旅游发展带来了极大鼓舞，同时中央对乡村振兴战略做出的全方位部署，也为乡村旅游发展提供了制度、人才、资金等方面的政策支持和保障。乡村旅游发展将顺应乡村振兴的潮流，带来源源不断的新动能。在强劲的市场需求驱动下，乡村旅游的投资规模也不断扩大。投资内容从观光农业等相对单一产品向综合业态发展，休闲农庄、特色小镇、乡村民俗和精品酒店等投资快速增长，充分显示出乡村旅游广阔的发展前景。

近年来，天津积极响应中央一号文件和国家旅游业发展政策要求，大力发展乡村旅游，打造田园农业、采摘果园、观光农园、民俗风情、农家乐等多类型的乡村旅游体系，实现了农民增收、农业增效、社会生态效益统筹提升。借乡村旅游蓬勃发展之东风，天津乡村旅游产业迅速发展壮大，经济规模、接待游客数量等逐年增长，乡村旅游在天津旅游业的地位逐步上升。据《天津市休闲农业和乡村旅游发展规划》预计，到 2020 年天津市休闲农业和乡村旅游接待游客总量将达 3150 万人次，旅游经营规模达 125 亿元，占农业总产值的比重达到 25%。①

目前，天津市乡村旅游发展已经取得了较为丰硕的成果。已建成全国休闲农业与乡村旅游示范县（区）4 个、全国休闲农业与乡村旅游示范点 20 个，乡村旅游发展成果得到广泛认可。同时，基于天津市各涉农区乡村旅游资源禀赋和市场情况，天津市规划形成了环城、滨海、远郊和蓟州四大乡村旅游发展片区，形成了适合乡村旅游协调发展、相对优势充分显现的宏观发展布局。同时，天津市已经规划形成覆盖主要乡村旅游目的地的 9 条精品旅游路线，涵盖山野养生、农家探奇、湿地泛舟、田园生态等多项乡村旅游产品，能满足游客的多样化乡村旅游需求。

天津作为城市规模和经济发展水平位居全国前列的大型城市，涉农区面积较为广阔，且依山傍海，地理环境多样，山、河、湖、海、泉兼备，地貌资源、气象资源、水资源、生物资源、海洋资源等自然资源类型齐全，自然环境多样性丰富，为乡村旅游发

① 唐卫红 . 天津乡村旅游业发展现状及对策研究［J］. 度假旅游，2018（9）：30–32.

展提供了良好的自然条件。同时，天津作为京畿要冲、临海商埠，受独特的地理位置和历史传统影响，形成了丰富多彩的乡村文化资源。杨柳青、渔阳镇等特色景观旅游名镇，泥人张彩塑、风筝魏风筝、杨柳青木版年画等民间工艺，以及乡村民俗和节庆活动等，共同构筑起天津乡村璀璨而厚重的文化根基，成为发展乡村旅游和休闲农业的重要文化基础。最后，沙窝萝卜、七里海河蟹、崔庄冬枣、宝坻大米等知名的农产品和地理标志产品，极大地丰富了乡村旅游资源品类，具备良好乡村旅游资源条件。为天津各乡村旅游目的地承接京津、辐射周边旅游市场打下坚实的基础。

在旅游资源、市场条件和地方政府的多重作用下，天津市乡村旅游目的地形成了景区依托型、政府推动型等多元发展模式，探索出了适合本土乡村的旅游发展路径。但客观上来说，天津市乡村旅游仍存在发展层次较低、优质产品供给不足、乡村整体生态有待改善、目的地品牌建设乏力等问题，制约着乡村旅游进一步的发展。因而，天津市乡村旅游目的地亟待以生态化开发为引领，以构建完善的产业生态为导向，实现发展模式和发展业态的升级，从而形成产业可持续发展、自然环境改善、村民走向共同富裕、乡村整体吸引力提升的新局面，切实发挥乡村旅游助推乡村振兴战略实现的良好效果。

二、天津市乡村旅游生态化开发现状

乡村旅游生态化开发是促进乡村旅游产业升级，实现目的地可持续发展，提高乡村旅游在乡村振兴中贡献的必由之路，是新时代乡村旅游产业发展的应有模式。乡村旅游生态化立足于目的地整体，以产业系统性生态系统构建为核心，推动乡村旅游目的地经济、社会、文化和生态环境协同发展，最终与“产业兴旺、生态宜居、乡风文明、治理有效、生活富裕”的乡村振兴“五位一体”总布局相适应。天津市各涉农区乡村旅游资源较为丰富，蓟州山野、宝坻稻耕、宁河湿地、静海绿林和西青文化等交相辉映，构成独具特色的乡村旅游供给基础。同时，天津市乡村旅游目的地有着良好的市场环境，京津冀协同发展，促进了多样化、快速化、立体化交通体系的完善，使得天津市乡村旅游目的地具备承接京津冀都市圈、辐射环渤海经济带庞大乡村旅游市场的条件。得天独厚的资源和市场优势促进了天津市乡村旅游的发展，为乡村旅游生态开发提供了经济保障和市场拉力，使得当前天津市整体乡村旅游生态化开发取得了一定成效，乡村旅游经济生态、环境生态、社会生态和文化生态都呈现出创新发展态势，推动了天津市乡村旅游产业的升级和目的地的振兴。

（一）经济生态化：产业融合发展，经济模式创新

产业兴旺是实现乡村振兴战略的基础，只有乡村产业发展，才能为乡村生态环境的保护提供物质基础，为乡村文化的繁荣和传承提供平台；才能增强乡村吸引力，促进优质资源和人才进入，减少乡村人口流失。产业振兴的基础性地位在乡村旅游中有着更加突出的表现，乡村旅游目的地的建设具有明显的“短板效应”，乡村产业发展滞后导致

接待能力薄弱，乡村环境和乡村文化开发不足使得乡村旅游目的地缺乏吸引力，任何环节的缺失都会降低旅游者的体验，显著影响乡村旅游发展。因而，产业发展赋予乡村旅游目的地以内生动力，必须打造具有竞争力的乡村旅游产业发展模式，构建可持续的乡村旅游经济生态。

经济生态化追求在产业发展的各个环节中贯穿生态原则，提高资源利用效率，减少废弃物排放，提高资源循环利用效能，最终形成清洁、低碳、高效的循环经济发展模式。这要求乡村旅游产业中，作为重要参与者的旅游企业要落实清洁生产，提高管理效能，运用科技手段，不断减少旅游经营中污染物的排放，提高旅游经营效率，实现减量化、低污染生产；乡村旅游目的地要立足区域整体，形成旅游循环经济，促进乡村中种植业、养殖业和加工制造、乡村旅游相结合，实现乡村产业融合发展，充分开发利用乡村现有资源，因地制宜，打造与乡村整体资源、整体环境和整体景观相适应的旅游产品，加快建设环境友好型乡村旅游目的地。当前，天津市乡村旅游经营性企业和目的地主动顺应市场需求，了解消费者偏好，因地制宜，结合自身现有资源，形成了一批具有特色的循环旅游经济发展模式，构建出了良好的旅游产业生态。

1. 经济生态化路径

乡村旅游目的地经济生态的构建通常着眼于乡村整体，在充分利用乡村优质资源、调动乡村现有其他资源的基础上，统筹乡村发展全局，形成绿色循环、低碳减排、保护为重的乡村旅游开发模式。当前，天津市乡村旅游目的地已经充分认识到生态优势的重要性，将形成保护与开发相平衡、当前发展与长期存续相协调的乡村旅游发展方式作为目的地竞争力提升的关键。依据不同旅游目的地乡村旅游产业发展过程的差异，可以将目的地旅游经济生态化划分为两种类型：

（1）乡村旅游优先发展，在经历了初创期和成长期，乡村旅游发展进入瓶颈期，亟待通过改善乡村环境、推动旅游产品升级等方式，打破乡村旅游发展的制约因素，实现旅游产业提质升级。该类乡村旅游目的地生态化过程后于乡村旅游产业本身，生态化是对乡村旅游发展的增益，实现乡村旅游进一步发展、推动目的地竞争力提升是乡村旅游目的地实现生态化的目标。其乡村旅游经济生态化符合乡村旅游目的地建设的一般规律和历程，是常规型旅游产业生态构建路径。以蓟州区郭家沟村为例，作为天津市最早发展乡村旅游的目的地，其走过了乡村旅游粗放发展到集约经营的道路，在乡村旅游产业发展中逐渐形成了较为完善的乡村旅游经济生态化模式。在最初的发展过程中，郭家沟村居民依托优质的自然资源，进行简单的农家院经营活动。随着目的地知名度的不断提高和市场需求的扩大，前往郭家沟开展乡村旅游的游客数量显著增加，但郭家沟村整体接待能力却明显不足，仅有的一条进村小路经常出现交通拥堵，导致游客进入困难。同时，郭家沟村缺乏必要的污水处理、垃圾回收等乡村清洁保障，乡村旅游经营者生态保护意识淡薄，出现了污水排放混乱、垃圾随意堆积等现象，严重破坏了乡村原有的生态环境和自然景观，乡村旅游接待能力亟待提升，旅游发展方式应当立即转变。因此，郭家沟村开始了整村改造行动，制定了乡村发展规划，建设养生园、儿童戏水园、民俗博物馆，同时改善配套设施，建设会议室、山货市场、停车场和公共厕所等旅游基础设施。并对农家乐进行改造提升，统一外部建设和内部设施，形成经营规范和标准。“加法”和“减法”并举，使郭家沟实现了乡村旅游目的地整体的提质升级。原来杂乱无章的民居统一改造成了青砖青瓦、延续传统建筑特色的四合院，溪流、里巷、街道重新规划建设，完善了污水处理、垃圾处理系统。村庄入口两侧的绿色长廊让人眼前一亮，沿村边公路、溪流栽植的各种树木郁郁葱葱，花果满枝。绕村而过的小溪一年四季流淌清泉，处处洋溢着诗情画意。以新面貌亮相的“塞上水乡”吸引了大批京津冀游客前往，实现旅游收入倍增。

（2）乡村旅游发展滞后于该地生态化进程，以生态化作为乡村旅游目的地的核心竞争力，以实现乡村旅游发展作为地方经济发展手段，为区域生态化建设提供一定资金支持的乡村旅游生态化路径。该类乡村旅游目的地自诞生之时即具有明显的生态化特征，乡村旅游发展对生态环境的影响受到严格控制。由于不同于一般乡村旅游目的地的建设模式，因此该类乡村旅游产业生态化的构建路径系属非常规型，具有明显的差异化特征。非常规型乡村旅游经济生态化路径的典型代表是静海区林海循环经济示范区。作为静海区政府推动建设的以林业种植为主导的现代农业示范区，林海循环经济区自诞生之日起就具有明显的生态特征，承载着静海区“生态立区”的发展战略，肩负着大力发展生态林业，把静海打造成天津林业强区，构建绿色生态屏障的使命。因此生态保护和生态发展始终是示范区的指导性纲领，生态红线永远是示范区的“生命线”。为发挥示范区生态优势，推动生态发展成果全民共享，促进区内农民增收，示范区依托生态环境和生态资源，突出生态、绿色、循环三大品牌特色，在大力发展林木苗圃、林下经济、现代设施农业等主导产业的同时，积极推动农林业和第三产业融合，发展休闲农业与乡村旅游，因地制宜，打造了以农业观光、林下经济、生态休闲为主的生态旅游产品，形成了海棠景观基地、松江北海森林公园、北方园林、仁爱苗圃、林海种植基地、福禄园生态园等资源优势突出、生态功能显著的旅游景点，吸引大量游客前往。

2. 经济生态化方式

（1）农旅融合，以旅促农。乡村旅游作为综合性产业，其良性发展依赖乡村资源的支撑。因此，在乡村旅游经济生态构建中，产业融合发展扮演着重要角色。通过农业、加工制造业和旅游产业的融合，乡村生态资源的利用优势得以转化为经济效益。同时，乡村生态资源的优势又为乡村旅游提供吸引力保证。通过产业融合发展，形成良好的经济生态。以宝坻区小辛码头村为例，作为天津重要的优质稻米产区，该村主要以水稻种植、渔业捕捞等为主，其出产的大米和潮白河鲫鱼在京津一带享有盛名。为充分发挥水稻种植优势，发展生态农业，小辛码头村创造了以稻田鱼和稻田蟹为代表的立体种养耕渔结合模式，通过在稻田中养殖鱼蟹，即能充分利用耕地资源，最大化耕地经济价值，又能减少农药、化肥使用，提高农业生态化水平。当生态农业与乡村旅游相结合，小辛码头村实现了生态农业向市场的直接展示，打破了过去优质农产品因缺乏知名度而不得不廉价批售的局面，通过采用稻蟹立体养殖模式种植的生态大米成为市场上的抢手商品，价格显著上涨。也给村中的优质潮白河鲫鱼打开了销路，变成市场上的紧俏货。乡村旅游的发展不仅成为农民致富增收的新渠道，也成为开展“体验营销”的关键。小辛码头村依托优势的大米、潮白河鲫鱼等特色农产品，通过发展乡村旅游带动农产品销售，走出了一条"农旅融合，以旅促农"的发展道路，实现了生态农业与乡村旅游的协同发展，产业融合促使乡村生态优势有形化，使得旅游经济生态得以构建。

（2）紧抓市场，延伸产业。乡村旅游的综合性使得产业进入方向多样化，部分从事农业或者制造业的企业通过依托自身在市场、技术等方面所积累的突出优势，向乡村旅游和休闲农业方向延伸，形成了特色的乡村旅游和休闲农业产业经济化模式。以静海区多兴庄园为例，作为一家集优质农产品产销于一体的企业，多兴庄园长期面向京津市场供给纯天然、绿色无污染的果蔬，在京津冀地区拥有稳定的家庭会员 17000 余户，其订单农业模式在京津地区具有较大影响力。为保证农产品品质，加强质量控制，多兴庄园在全国优质农产品生产地设立了 30 余个生产基地，与当地农民合作种植蔬菜、水果以及粮食作物，以高于市场价数倍的价格向当地农民收购为基础，双方达成种植协议，科学种养，杜绝使用农药化肥，保证农产品绿色天然。严格的农产品质量检测体系保证呈现在消费者面前的农产品具有极高的品质，因而其产品受到会员的广泛欢迎，形成了强有力的市场认可度。以领先的市场资源为基础，多兴庄园瞄准研学市场和亲子市场，发展休闲农业研学和乡村亲子旅游，以接待中小学生研学旅游为开端，逐步打开了乡村旅游市场，形成了具有竞争力的乡村旅游经济生态。

（二）环境生态化：村容村貌改善，乡村环境提升

1. 乡村旅游目的地生态受到普遍重视

乡村旅游环境生态化首先应当表现在乡村旅游经营者、目的地管理者和地方政府对乡村旅游生态开发的观念上，只有充分认识到乡村旅游发展应当重视环境保护，坚持可持续发展原则，才能在经营管理中予以贯彻落实，以实际行动保证乡村旅游环境生态。笔者在调研中发现，天津市各乡村旅游目的地和休闲农业示范园区经营管理者已经充分认识到乡村旅游发展可能带来的环境影响，着力在接待设施建设和整体环境营造中减少环境破坏，坚持自然、绿色、生态的原则。同时，地方政府主管部门也提高对乡村旅游环境影响的关注，着力推进乡村旅游环境监管常态化、规范化，严格落实生态环境保护制度，防止乡村旅游过度发展对乡村生态环境的破坏。

2. 农村人居环境改善成效显著

2018 年 2 月，中共中央办公厅、国务院办公厅印发《农村人居环境整治三年行动方案》，要求加快推进农村人居环境整治，进一步提升农村人居环境水平。随后，天津市积极贯彻落实中央关于农村人居环境改善相关部署，制订了《天津市农村人居环境整治三年行动实施方案》，并出台了若干相关配套政策和规范性文件，积极推进农村垃圾治理、污水处理、"厕所革命"、村庄清洁行动等工作，使天津市各涉农区乡村环境得到显著改善。[①] 天津市农村人居环境改善行动的推进对乡村旅游目的地有着重要作用，

① 天津强力推进农村人居环境整治行动［N］. 天津日报，2019-02-20，http：//tj.people.com.cn/n2/2019/0220/c375366-32659237.html

随着农村人居环境整治的推进，对乡村旅游目的地造成困扰的垃圾处理和污水整治得到了明显的改善，因发展乡村旅游会显著增加垃圾和污水产量，而以目的地为单位进行垃圾、污水处理厂建设难以达到规模经济，高额的投资和运营成本使得大多数乡村旅游目的地和休闲农业园区望而却步，而全市统一的“村收集、镇运输、区处理”垃圾收集处理制度和整体的污水处理网络大大降低了乡村旅游目的地的投入成本，使得其村域环境维护行为更具经济性。

3. 目的地环境建设多成为“样板工程”

乡村旅游的发展具有较强的综合效益，不仅能带动目的地经济发展，增加目的地居民就业，提高居民的收入水平，而且对繁荣乡村文化、改善乡村环境、加强乡村社会治理、推动周边地区共同富裕有着积极作用。因此，在推动实施乡村振兴战略的背景下，对于具有优质乡村旅游资源和一定的乡村旅游发展基础的乡村，地方政府都会在把握京津市场需求不断增加、消费者偏好出现变化的基础上，积极推动乡村旅游发展，投入各类专项资金，优先支持发展，力争将乡村旅游目的地打造成地方实现乡村振兴的“样板工程”。由于地方政府在乡村的投资，往往受制于乡村地区基础设施落后的共性认识，和原有基础设施建设项目获批可能性高的惯性经验，因此基层政府存在偏好基础设施建设的“路径依赖”行为①。基层政府对乡村旅游目的地的投资也多倾向于道路修整、污水处理设施建设，以及乡村整体建筑风貌统一和乡村景观开发建设。这使得乡村旅游目的地村容村貌得到显著改善，生态环境治理能力显著提高，乡村旅游的环境影响得到控制。

（三）文化生态化：文化价值提升，产品开发繁荣

1. 乡村文化开发成为共识

文化繁荣是实现乡村振兴的内在要求，推动乡村文化大发展、大繁荣有赖于乡村产业的发展。乡村旅游的文化属性为展示和弘扬乡村文化提供了平台，同时乡村文化也赋予乡村旅游以深度和吸引力，乡村文化和乡村旅游的天然融合特性使得乡村文化塑造越来越成为乡村旅游开发的共识。调研结果显示，天津市乡村旅游目的地管理者和休闲农业园区经营者都愈加充分地认识到赋予乡村旅游文化内涵的重要性，并将这一认识付诸乡村旅游开发实践，在目的地建设中着力推进挖掘文化资源、打造文化品牌。

在村集体领导下，乡村旅游目的地对本村的文化资源进行梳理和总结，结合地方实际，通过政府支持、招商引资等方式，打造文化符号，建设雕像、民俗文化园等文化景观，营造村落的文化形象。目前，天津市各乡村旅游目的地结合本村历史文化条件，已经打造出了一批有影响力的文化产品，对乡村旅游目的地竞争力提升发挥了重要作用。如蓟州区毛家峪村以“长寿”文化为核心，结合村域内优质的生态资源，打造长寿度假村，成功实现了乡村旅游目的地的升级。宝坻区小辛码头村以悠久的水稻种植历史为出

① 殷浩栋，汪三贵，郭子豪. 精准扶贫与基层治理理性——对于A省D县扶贫项目库建设的解构［J］. 社会学研究，2017，32（6）：70-93，243-244.

发点，打造千年古渡的“漕运文化”、湿地长河的“稻鱼文化”，以及挖掘曾任宝坻知县的思想家袁黄的“善行文化”，激活人文底蕴，弘扬特色文化，推进乡村旅游由资源依赖向文化引领转变。

源远流长的农耕历史和重农思想，积淀了作为中国传统文化重要组成部分的农耕文化。休闲农业以农业资源、田园景观、农业生产、农耕文化、农业设施、农业生态、农家生活和农村风情风貌为资源条件，为远离农事劳动的城市居民提供了参与农事活动，体悟农耕文化的良好契机。天津市各休闲农业园区纷纷“打文化牌”，将农耕文化作为提升园区吸引力的重点，不断通过各种形式的活动弘扬农耕文化，促进农耕文化与现代农业的耦合。如宁河区齐心庄园，作为宁河区农业生产龙头企业和都市型现代休闲农业综合性企业，将陶艺泥塑作为休闲农业发展的重头戏，使泥塑成为传承宁河乡村文化的载体。齐心庄园聘请了有着丰富经验的工匠负责泥塑制作，以天津宁河地区的乡村特色文化为内容，打造出了众多凝结着乡土情怀的泥塑作品。齐心庄园内的“留住乡愁”60 米泥塑长卷也颇为知名，该泥塑长卷由 2000 多个形态各异、栩栩如生的人物和众多物品景观组成，耗时五年制作而成，再现了从中华人民共和国成立初到改革开放后农村生活的立体场景，记录了中国农村 60 年来的沧桑变迁，被称为现代版的“清明上河图”。

2.“一村一品”助力品牌塑造

“一村一品”起源于 20 世纪 70 年代的日本乡村，这种集中一定区域内优势资源，参与市场竞争的乡村发展理念促使日本乡村快速发展，得到全球众多国家的关注和借鉴。① “一村一品”在我国的勃兴给乡村地区带来较大影响，转变了乡村发展思路，促使乡村基于村域范围大力发展特色主导产业，主动参与市场竞争，推进乡村品牌化建设。乡村旅游作为“一村一品”的重要产业范畴，受到“一村一品”发展思想的深刻影响，乡村特色旅游资源、文化资源和旅游产业发展模式都是乡村旅游竞争力的来源，都应当作为塑造目的地品牌的重要因素。2019 年 9 月，农业农村部公布了第九批“一村一品”示范村镇名单，天津市北辰区西堤头镇赵庄子村入选，其示范项目为现代都市渔业园。赵庄子村立足生态渔业文化，重点发展生态旅游和渔业文化旅游，不断开发渔业文化体验和休闲度假产品，成为渔业发展示范样板基地和渔文化传承基地，形成了良好的乡村旅游品牌形象。

（四）社会生态化：基层活力凸显，居民受益增强

1. 乡村旅游推动乡村社会发展

村民生活富裕是实施乡村振兴战略的中心任务。乡村旅游产业通过拉动村民直接就业、提供商品销售平台等方式，促进目的地村民走向共同富裕。旅游业作为服务密集型企业拉动了乡村就业，也直接促进了村民收入水平的提高。对乡村旅游目的地而言，由

① 陈国磊，罗静，曾菊新，等．中国“一村一品”示范村镇的空间分异格局［J］．经济地理，2019，39（6）：163–171.

于乡村旅游的经济效益水平高于传统种植业和养殖业，因而会促使部分甚至全体村民放弃传统农业活动，成为乡村旅游从业人员。经济效益较好的乡村旅游目的地，在带动本村村民就业的同时，也会直接拉动周边村集体村民就业，并通过原料采购等方式，影响周边村民的经济行为。同时，乡村旅游和休闲农业的发展对提高农民市场化思维，促进农民主动参与市场竞争有直接影响。乡村旅游经营者也会更具创新和变革精神，积极追求和顺应新事物，具备更强的独立思考能力。无论是乡村旅游目的地还是休闲农业园区，都对村域内村民的就业形式、收入结构产生了直接影响，使得村民有了更广泛的就业选择和收入来源。同时，乡村精英的成功对其他村民产生示范效应，村民有了更明显的乡村旅游经营意愿，服务意识、生态保护意识显著提升。

2. 乡村基层组织作用凸显

乡村振兴重在治理有效，建立自治、法治、德治相结合的现代新型乡村治理体制和治理结构是实现我国总体治理能力提升的基础。以村民委员会和基层党组织为核心的乡村基层组织在乡村产业中发挥着重要作用，但现有研究缺乏对乡村基层组织在乡村产业发展中作用的理论构建和实证研究，尚无乡村基层组织作用路径和机制的探索。优势乡村旅游目的地不仅取决于乡村资源禀赋，更与乡村基层组织的力量显著相关。纵观天津市乡村旅游目的地发展历程，都存在着乡村基层组织的领导和规范，特别是在产业起步和产业转型阶段，强有力的乡村基层组织为域内乡村旅游发展提供了有力保障，使得乡村旅游产业能够沿着清晰的目标，进行产业升级，提升市场竞争力。

乡村旅游的综合性决定了其对强有力的乡村基层组织的需求。不同于生产环节相对独立的制造业，乡村旅游作为综合性、整体性产业，要求有一定资源和环境优势的乡村进行整体开发，提高旅游接待能力和水平，满足游客的游憩和休闲需求。由于旅游产业的发展超前于地方经济水平，而乡村旅游接待能力的提升不具备历时性特征。因此乡村旅游的发展需要外部力量支持。由于乡村村民主体具有分散性，导致乡村交易成本居高不下，形成了政府和民间资本进入乡村地区的屏障。同时，村民的知识和信息弱势与市场参与能力的不足导致其参与积极性不高，发展乡村旅游的主动性缺乏。内外部因素共同作用下，乡村旅游的发展需要强有力的村集体发挥领导和沟通功能。

基于利益相关者理论（Multi-stakeholders theory）审视乡村基层组织的作用，其作为乡村旅游产业发展中的重要参与者，发挥着联结其他多元主体的协调作用，成为乡村旅游内外部资源交换的媒介。乡村基层组织成员的产生依赖于村民选举，更富知识水平、实践能力和发展视野的乡村精英通过选举获得基层组织参与机会，将自身的发展理念与乡村整体情况相融合，形成村域范围内更具先进性的发展理念和发展模式。同时，乡村基层组织作为村民意愿的集中代表，有利于在同外界资源进行对接中降低交易成本，减少交易风险，更快捷地对接基层政府产业支持政策和外来资本的资源投入（图 1）。

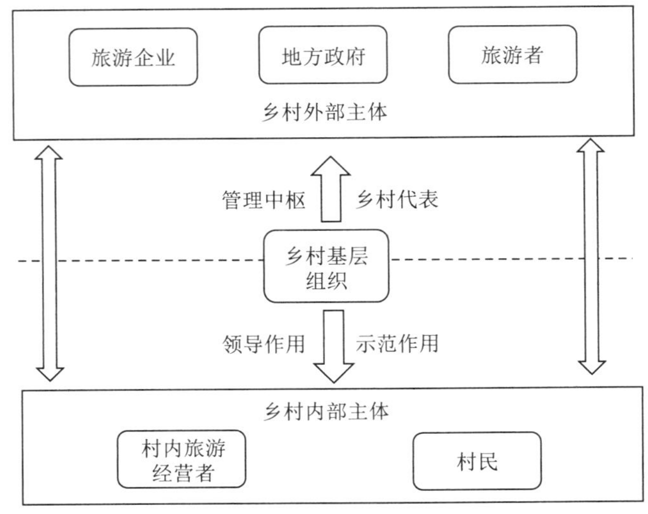

图 1　利益相关者视角下乡村基层组织的作用路径

资料来源：笔者自制。

具体而言，以乡村基层组织为中介，形成了乡村旅游目的地内外部利益主体的联结路径。一方面，乡村基层组织作为乡村实质上的管理中枢，发挥着乡村行政管理职能，使得地方政府的各项政策得以具体落实，地方政府的管理职能得以发挥。同时，乡村旅游目的地的建设需要地方政府投入大量资金，地方政府的资源注入不仅在程序上和实质上要求乡村基层组织发挥管理、分配职能。另一方面，乡村基层组织作为乡村全体村民统一意志的表达，具有代表全体村民产生一定决策的作用。乡村旅游的良性发展需要借助外来资本的力量，以及外部先进的经营理念和管理模式，但乡村中村民主体的经济分散性使得外部资本进入乡村的交易成本过高，形成了天然的交易屏障和沟通壁垒，需要乡村基层组织发挥代表作用，表达村民利益诉求，同外部投资者进行谈判。

三、天津市乡村旅游生态化开发存在的问题

乡村旅游目的地生态化的发展是一个动态的过程，对乡村旅游生态化开发的审视需要站在发展的立场上，以生态化开发理论为基础，以国内外优秀乡村旅游目的地的建设实践为标杆，高点定位、立足全局，形成综合性、全面性的认识。当前，天津市乡村旅游发展取得了良好的成绩，乡村旅游生态化建设快速推进，形成了旅游产业蓬勃、乡村文化繁荣、生态环境改善、村民利益增加、治理水平提升的良好格局，对推进乡村整体发展，实现乡村振兴战略做出了重要贡献。但天津市乡村旅游起步晚、发展迟，与日本、英国、美国等发达国家的乡村旅游目的地相比，仍较国际成熟乡村旅游目的地存在较大差距，尚未形成完善的乡村旅游发展模式，乡村旅游生态化开发本身仍存在一定问题，同时对乡村旅游生态化开发的支持和保障也有待进一步完善。

（一）乡村旅游生态化开发本身存在不足

1. 经济生态总体竞争力不足

良好的乡村旅游经济生态化需要建立有序运行的自循环系统，从产品开发、顾客服务到消费者反馈和旅游废弃物处理，都应当处于动态的循环控制之中，形成顾客满意、效益提升、环境友好的产业发展模式。当前，天津市乡村旅游经济生态化开发已然迈出了重要步伐，但目的地旅游产业仍多停留在基础层次，各主要乡村旅游目的地产品形态均以观光旅游为主，目的地景观营造和接待设施建设均停留在满足游客的观光需求层面。同时乡村旅游目的地和休闲农业产业新业态不足，经营管理者缺乏必要的创新知识和创新能力，地方政府在新业态的培育上缺乏主动性，未能组织乡村旅游经营管理者学习先进经验和先进模式。尚未形成区域特色品牌，总体竞争力有待提升。

具体而言，天津市乡村旅游产业生态发展存在以下突出问题：第一，乡村旅游目的地发展缺乏目标导向，旅游产品开发具有盲目性，不能结合当地旅游资源和历史文化的实际，而是刻意模仿周边乡村产品，导致区域内乡村旅游目的地产品同质化竞争十分明显，乡村旅游经济效益受到影响；第二，乡村旅游产业链较短，结构单一，产业形态以农家乐和简单的采摘为主，乡村旅游缺乏与当地特色产业的融合，导致乡村旅游目的地不仅缺乏吸引力，而且对乡村整体发展的带动效应不足；第三，乡村旅游产业系统性不强，不能基于目的地整体视角进行乡村旅游规划开发，对资源的总体配置能力不足，同时乡村旅游目的地与休闲农业园区鲜有联动，缺乏核心旅游企业的引领，难以形成差异化竞争格局。

2. 环境生态集约化程度较低

乡村旅游环境生态化要求在旅游开发和经营过程中，减少环境污染和自然景观破坏，坚持集约化的发展方式，实现“资源利用高效化、生产过程清洁化、生活方式集约化”①。确保乡村环境能够满足现阶段的接待需求，同时能够兼顾环境的可持续性，保证乡村旅游目的地生态环境的长期健康良好。在乡村人居环境整治三年行动计划的有力推动下，天津市乡村旅游目的地村容村貌得到了极大的改善，旅游接待能力和污染物、废弃物处理水平都有了显著提升。但乡村旅游作为与经营者的理念和游客的生活方式息息相关的服务产业，受到当前固有消费观念的影响和制约。在乡村旅游经营中，一次性用品使用率过高、水资源利用效率低下，乃至铺张浪费等现象依然广泛存在，资源利用效率不高，经营集约化水平低下仍将是长期困扰乡村旅游发展的因素。

同时，在乡村旅游开发方面，由于盲目模仿国内外其他目的地产品，缺乏对当地实际情况的考察，使得“大拆大建”等行为仍然存在，对乡村原有自然环境和生态造成了不可逆的破坏。同时，乡村环境监管制度仍然较为缺乏，乡村旅游开发环境影响评价体系尚待完善，目的地管理者往往只关注旅游产品的开发带来的短期社会影响和经济效益，而缺乏对整体发展的规划和长期环境影响的考虑，更遑论缺乏经济适应性评价的“面子工程”。综上所述，天津市乡村旅游环境生态化保护和监管仍有待提高，乡村旅

① 王永生，刘彦随. 中国乡村生态环境污染现状及重构策略［J］. 地理科学进展，2018，37（5）：710-717.

游目的地的环境生态工作仍停留在基础层面，尚未形成乡村环境保护和村容村貌保洁长效机制，亟须发挥村集体、地方政府等各级主体的能动性，建立村规民约、制定地方性法规、颁行规范性文件，形成完善的乡村旅游目的地环境监管机制。同时，缺乏切实的乡村旅游开发环境影响评价制度，未将旅游环境容量和承载力纳入乡村旅游环境生态的评价范畴，科学、合理、可持续的乡村旅游环境影响评价制度尚未建立。

3. 文化内涵缺乏有效表达

随着乡村文化的开发成为乡村旅游目的地和旅游企业经营者、地方政府相关管理者的共识，天津市乡村旅游文化生态构建正如火如荼地开展，文化产品开发成为乡村旅游经营者的核心关切。但与大规模文化产品开发相对应的，却是乡村旅游优质文化产品的匮乏。天津市乡村旅游目的地中，除历史文化资源品位极高的西青区杨柳青村外，鲜有因文化开发而形成核心竞争力的目的地，乡村旅游文化品牌的塑造仍不充分。

当前，乡村旅游年文化生态的构建存在的突出问题在于文化内涵缺乏有效表达。一方面，乡村旅游文化开发中对地方特色文化资源内涵挖掘不够深入，开发层次过浅。第一，乡村旅游文化开发规划缺失，文化资源开发缺乏系统性、全局性的统筹，利用思路不清、方向不明；第二，乡村旅游文化开发分散，难以形成整合、统一的文化景观系统，缺乏目的地文化品牌意识，难以在消费者心目中形成强有力的文化认知；第三，文化开发中存在盲目模仿现象，没有结合目的地特色文化资源和目的地形象进行文化开发，盲目移植和模仿其他目的地的文化产品和文化景观，造成资源的浪费，甚至导致目的地原有自然环境和历史文化遗迹遭到破坏。

另一方面，乡村旅游目的地缺乏对乡村文化的有效表达。乡村文化是乡村旅游的灵魂，是乡村旅游开发的着眼点。但对乡村文化开发方式的理解却直接影响着乡村文化的传播效果，决定着游客对乡村文化的感知水平。纵观国内外优秀乡村旅游目的地，其都将乡村文化的传播和表达作为文化开发的重要方面，坚持文化传播的动态性，注重“在故事中，在主客互动中”传递特色文化，把对乡村景观、乡村生产方式和生活方式的独特理解蕴含在日常旅游活动中，使游客能接触、可体验，在直接的感受中理解乡村文化，体悟乡村智慧，感怀乡村魅力。而当前天津市乡村旅游目的地和休闲农业园区的文化产品，都缺乏对本土文化的故事性讲述，没有将乡村特色文化和游客生活、旅游体验结合起来，而是建设文化景观，布置文化展板，采用静态的方式，试图使不熟悉地方文化的游客自行揣摩和理解，其效果必然难以实现。此外，缺乏故事性和阐释的工艺体验等活动也以更具欺骗性和伪装性的面目，成为风靡乡村旅游目的地的“文化产品”，这种将文化和体验割裂开来的做法，使得工艺活动徒有文化产品之形，而不能赋予游客真实的乡村文化感知，难以使游客收获文化认同。这也使得部分乡村旅游目的地大规模兴建的文化项目、文化投资缺乏长期吸引力，造成关键资源的浪费和乡村景观的破坏。

4. 目的地居民参与“边缘化”

农民是乡村振兴的主要参与者和受益者，乡村的自然资源、土地资源等的开发利用都应当以保障农民利益为出发点和落脚点。天津市乡村旅游产业的发展，给乡村旅游目的地带来可喜的变化，村民就业机会增加，收入结构多元化，市场竞争意识和能力都有

了显著的提高，乡村的落后面貌有了较大改观。但在乡村旅游发展中，目的地村民的利益分配和参与权益缺乏保障的现象客观存在，目的地居民参与“边缘化”成为乡村旅游发展的经常性难题。

在乡村旅游产业的利益相关者中，目的地村民因市场竞争能力不足、知识水平低下、政治参与惯习缺乏等原因，客观上处于相对弱势地位。依据我国基层自治组织的制度设计，农村基层组织作为村民自治组织，能够成为表达村民利益、反映村民诉求的重要主体。但现实中由于乡村基层组织相关制度运行失范，其村民权益保障职能并未充分发挥，导致目的地居民参与乡村旅游开发的“边缘化”现象。

首先，目的地居民经济收益“边缘化”。乡村旅游发展的首要目的是实现经济效益，天津市乡村旅游的快速发展为目的地创造了不菲效益，但乡村旅游经济效益的分配中，基层村民的收益难以得到有效保障。一方面，由于部分乡村产业基础薄弱，特色农产品缺乏，未能直接参与旅游经营的村民无法通过旅游商品销售获得收益，其通常只能处于乡村旅游利润链的最底端，获得从事卫生清洁、货物搬运等劳动收益，乡村旅游经营资源的分配和村民自身的市场参与水平，直接导致了乡村旅游收益分配的差异，使得部分村民的经济收益“边缘化”；另一方面，乡村基层组织因缺乏有效的制度控制和外部监督，出现了权利行使的异化，成为乡村旅游经济收益的直接控制者和分配者，对乡村旅游目的地村民的经济收益有着重要的影响。天津市各主要乡村旅游目的地中，乡村基层组织都有着较强的经济参与行为，其掌握着乡村旅游中观光门票、采摘体验、餐饮住宿消费等多种旅游产品的收益利润，但并未建立起公开透明的财务收支公开制度，以及缺乏关键性经营资源的分配规则，乡村基层组织的行为缺乏有效监督，导致目的地村民对乡村旅游直接经营情况的知情权缺乏保障途径，乡村旅游经济收益分配决策权无法实现。

其次，目的地居民决策参与“边缘化”。乡村旅游目的地居民的相对弱势地位使得其权利行使依赖有效的制度保障，但当前我国乡村基层组织相关法律法规着重于基层组织的构成和选举等制度性配置，缺乏对乡村基层组织产业参与行为的明确规定，使得乡村基层组织的行为缺乏必要的法律依据和制度安排。天津市乡村旅游目的地开发中，乡村基层组织扮演了重要角色，但其开发决策多由村委会在地方基层政府指导下直接形成，缺乏对目的地居民意见的征询。即使我国《村民委员会组织法》中明确规定了村委会的职权，以及村民大会的最高决策权，但在实际执行中，由于村民法律观念的缺失和政治参与惯习的影响，村民大会的最高决策权并不能有效发挥，村民在目的地开发中的决策参与难以有效保障，一定程度上出现了“边缘化”现象。

（二）乡村旅游生态化开发缺乏有效保障

1. 乡村土地政策制约产业融合发展

土地是乡村旅游和休闲农业发展中最重要的资源之一，也是乡村旅游社会生态化的核心议题。当前，由于国家用地政策进一步严格化和明确化，乡村旅游和休闲农业用地问题逐渐凸显，成为制约乡村产业融合发展的关键性因素。特别是对休闲农业园区而言，土地利用政策的变化对休闲农业进一步发展带来了严峻的挑战。自 2018 年开展“大棚房”专项治理行动以来，天津市主要休闲农业园区受到了不同程度的影响。由于现有休闲农业接待型设施用地不符合土地利用规划和土地性质，导致休闲农业园区中用于餐饮、住宿和体验活动的接待场所被大规模拆除，休闲农业园区接待能力大幅下降，部分涉事园区直接经济损失高达数千万元。“大棚房”专项治理行动阻滞了天津市休闲农业的发展路径，极大地冲击了行业发展的积极性。“大棚房”专项治理行动对休闲农业产业的严重冲击反映出当前乡村产业用地政策存在一定问题：第一，当前农村土地管理制度不能适应乡村产业发展需要，这是造成国家耕地保护趋紧下休闲农业产业遭到冲击的根本原因。基于土地利用类型划分的土地管理制度难以适应乡村一、二、三产业融合发展的要求，不利于新业态在乡村成长和发展，特别是对休闲农业和乡村旅游这类用地性质负责的产业而言，亟须形成快捷化、灵活化的供地方式和土地管理制度。第二，地方政府和国土执法部门不能因地制宜，在实际整治中存在“一刀切”现象，执法中忽视土地利用实际情况，往往“一拆了之”，严重违反比例原则，给休闲农业园区造成了严重损失，在一定程度上挫伤了乡村产业发展的积极性。

当前，农村宅基地管理制度也限制了产业发展和村民财产性权利的实现。乡村旅游目的地的良性发展需要集中调动乡村各类资源，闲置宅基地和附着于其上的闲置农房农舍是乡村旅游接待设施和旅游产品开发的重要基础。但宅基地作为农村集体成员的住房用地，具有福利性质，当前宅基地管理制度下，闲置宅基地缺乏有效的退出机制，导致乡村土地资源的浪费。同时，也不利于乡村旅游的开发和利用，因此亟须探索符合乡村产业融合发展的宅基地管理制度，激活闲置宅基地和农房农舍，以闲置资源促进乡村旅游产业发展。

2. 乡村旅游生态化政策支持缺乏

产业政策对一定时期内产业发展目标的实现具有重要作用，通过直接干预、间接诱导以及法律规制，以行政化和市场化的力量引导产业向既定方向发展。乡村旅游生态化的发展和推进符合旅游产业发展的一般规律，是乡村旅游发展的归宿性方向。因而，乡村旅游产业本身存在向生态化发展的内在追求。但在重视内部驱动的同时，也应当发挥外部力量的推动作用，特别是产业政策的引导效用。当前，天津市已经出台了一系列支持乡村旅游产业发展的政策和规划，对推动产业培育、促进产业发展发挥了较强的作用。但目前天津市已经出台的乡村旅游政策以发展政策为主，多着眼于对产业发展方向的描述，缺乏精细化、持续性的政策支持。同时，对乡村旅游环境的长期影响缺乏关注，尚未形成专门性乡村旅游生态的评价、保护和监管政策。

（三）乡村旅游缺乏整体发展布局

1. 乡村旅游发展缺少规划引领

乡村旅游生态系统的构建需要形成资源合力、产品合力和营销合力。即乡村旅游发展过程中，要充分调动乡村农业、文化、遗产和其他各类型资源，提高资源利用效率，以统一的目标指引资源配置，从而形成核心竞争力；同时，乡村旅游产品的开发要基于一定的原则和布局，不能盲目开发，无序建设，防止造成乡村土地等关键性资源的浪费，以及乡村整体景观的破坏，割裂乡村旅游整体格局，降低游客乡村旅游体验；最后，乡村旅游目的地的建设不仅需要产品开发形成拉力，而且需要广泛营销，将优势产品和资源推介出去，统一目的地传播方向，形成目的地整体品牌。而资源、产品和营销合力的形成都需要明确的发展目标和方向加以指引，确定目的地乡村旅游发展的主要依托资源、核心竞争产品和目标市场，这无疑对乡村旅游发展规划提出了要求。只有目的地科学掌握本地资源情况，合理配置资源用途，设计产品类型和产品布局，形成明确的发展目标、发展方式、产品布局和市场营销策略，制定科学合理的乡村旅游发展规划，才能克服乡村旅游发展中的短视行为，防止旅游开发的盲目性，以产品和资源独特性形成竞争优势。

但调研发现，天津市乡村旅游目的地鲜有乡村旅游发展规划和产业规划，对乡村旅游规划重要性的认识不足，少数有乡村产业发展规划的乡村，其执行和实践水平都较低，规划的效力缺乏有效保障，乡村旅游发展的随意性极强。乡村旅游发展规划的缺失和效力低下无疑给产业升级带来了较大挑战，乡村缺乏明确的发展定位和发展目标，缺乏持续性成长的动力，使得乡村旅游目的地核心竞争力难以有效培养。因而，亟须严格乡村旅游发展规划的制定和实施，坚持“多规合一”的方法和“一张蓝图绘到底”的作风，把乡村土地利用规划、乡村生态保护规划和乡村旅游发展规划统一起来，与基层政府发展规划和建设规划相衔接，形成综合协调、统筹兼顾的乡村旅游产业发展规划，作为指导乡村基本建设和旅游产业长期发展的重要指导依据，不断提高乡村发展规划的效力。

2. 乡村旅游整体品牌塑造不足

乡村旅游生态化开发要求立足生态保护，进行乡村文化资源、景观资源和劳动力、土地等其他资源的配置，实现乡村整体发展，推动村民共同富裕。而乡村旅游目的地品牌的塑造是衡量乡村旅游发展水平的重要因素，也是实现乡村整体发展，构建完善的乡村旅游产业生态的重点。目的地品牌作为消费者心目中的认知，其形成是一个长期的过程，需要乡村旅游目的地优质旅游产品的支撑和有效营销方式的落实。

总体而言，当前天津市乡村旅游目的地品牌塑造仍处在较低层次。市域范围内有着较高知名度的目的地品牌十分稀缺，且该类目的地品牌仍存在形象淡化、品牌情感属性缺失等问题。如毛家峪长寿村作为天津市最早发展乡村旅游的目的地之一，其乡村旅游总体发展已经迈向成熟，目的地品牌知名程度也相对较高。但随着郭家沟村等同一地区其他同类型目的地崛起，其核心资源和产品的独特性逐渐下降，乡村休闲产品同质化现象十分严重。这对毛家峪村的目的地品牌独特性造成了冲击，导致游客对目的地的区分和辨识能力大大下降，一定程度上阻滞了乡村旅游产业的发展。此外，天津市大多数乡村旅游目的地品牌建设仍处于初级阶段，目的地经营管理者品牌管理意识淡薄，缺乏品牌标志、品牌名称等视觉形象的设计，更没有通过整合营销手段提高目的地知名度，难以形成有效的品牌竞争力，使得乡村旅游目的地发展停滞，乡村旅游经营收益较低，旅游产业发展对乡村振兴的贡献不足。

四、天津市乡村旅游生态化开发提升对策

天津市乡村旅游生态化开发存在着本身不足和外部缺陷，应当基于利益相关者视角，提升乡村旅游生态化开发水平，推动乡村旅游产业可持续发展，助力实现乡村振兴。由于乡村旅游生态化是一个动态的过程，因而应当坚持生态环境优先、产业可持续发展、农民利益保障等原则，在保证乡村旅游产业良性发展的基础上，推动农民收入增加，提升乡村吸引力。具体而言，首先应当坚持生态环境优先原则，建立严格的生态环境保障制度，防止乡村旅游产业发展过程中，过度追求经济效益，忽视生态环境代价，提高生态环境理性。同时，应当创新生态环境保障激励机制，形成生态环境提升的制度保障，将生态优势与经济优势相协调。其次，要树立产业整体发展原则，运用乡村产业发展规划、地方发展规划等引领乡村旅游产业整体性、系统性发展，凝聚发展合力，因地制宜，均衡配置乡村资源，实现资源的有效充分利用，在乡村整体规划中明确“开展大保护，协同大治理，防止大开发”，推动乡村产业整体发展，目的地品牌全域塑造，生态环境长效保护。最后，应当坚持农民利益保障原则，推动乡村旅游产业发展，保护乡村生态环境，构建乡村旅游产业生态，实现乡村振兴战略的一切出发点和落脚点都应当是促进实现农民利益，增加村民就业机会，改善村民收入结构，最终推动乡村健康发展。因而一切乡村旅游生态开发行为都应当防止侵害村民利益，一切乡村旅游收益应当在更广范围、更大程度上为村民所享受，一切乡村旅游开发决策应当充分尊重村民的意见。

（一）地方政府应当完善乡村旅游生态开发政策

1. 探索乡村产业融合发展用地政策

建立适应新时期乡村产业融合发展的土地管理制度是促进乡村发展，实现乡村振兴的重要基础。2019 年 8 月 26 日，全国人大常委会审议通过《土地管理法》修正案，规定了未来一段时间内乡村土地管理制度的基本框架。新修订的《土地管理法》是我国征地制度改革、集体经营性建设用地入市和宅基地制度改革三项土地制度在全国 33 个县市改革试点经验的高度总结，是土地制度稳定性与制度创新协调推进的结果，为乡村产业发展和振兴提供了用地指导和规范。当前，天津市乡村旅游产业发展用地问题凸显，应当以新修订的《土地管理法》为基础，探索乡村产业融合发展用地创新政策，为乡村旅游生态化开发奠定制度基础。

由于乡村土地政策改革涉及事项众多，对产业发展、村民利益影响显著，短期内推动土地制度改革具有较大困难，因而应当统筹短期发展与长期需求，形成解决当前产业融合发展用地困难、兼顾长期土地制度改革的农村土地管理制度，为乡村旅游产业发展提供用地保障，更为实现乡村振兴赋予制度红利。

因此，短期内应当尽快形成以农村土地用途管制为核心、以土地规划为引领、以农村产业融合发展专项用地为支撑的农村产业融合发展用地体系，借鉴浙江武义、绍兴等农村土地政策改革经验，尽快细化用地类型，规定用地要求，为农村产业融合用地提供管理规范。以产业融合发展专项用地指标解决乡村旅游和休闲农业发展困境，贯彻“垂

直管理、点状供地”的管理要求，结合乡村旅游和休闲农业发展用地性质复杂，但实际所需建设用地面积较小的特征，有针对性地供给农村小块建设用地，盘活闲置宅基地和废旧农房、厂房等，提高乡村土地利用效率，保障短期内乡村产业融合用地需求，促进乡村旅游和休闲农业产业有序发展。

同时，应当立足长远，因地制宜开展乡村土地管理制度改革，学习重庆、浙江义乌、广东南海等在农村集体经营性建设用地入市、宅基地制度改革等方面积累的经验和取得的有益成果，推行土地整治和宅基地有偿退出，以市场化手段提高乡村土地资源利用效率，探索乡村旅游用地制度改革。具体而言，为满足乡村旅游等产业融合发展对乡村土地的灵活化供给的需求，在保证坚守乡村土地公有制性质不改变、耕地红线不突破、农民利益不受损三条“底线”的前提下，可以以土地整治为抓手，明确宅基地和农村建设用地恢复为耕地的整治标准，确保恢复后的耕地在数量、质量和生态环境方面达到地方一般水平，确立地方政府主管部门的监管责任。同时对不适宜整治为耕地的土地，可以探索恢复为林地、草地等生态性用地，因地制宜，保证土地资源高效利用与生态环境保护协调推进。对土地整治后产生的用地指标，可以以空间置换形式加以利用，也可以作为所有者权益进行租赁、入股、抵押、交易，形成乡村建设用地交易一级市场。同时，为提高一级市场的效率，可以进一步探索建立土地使用权二级市场，开展农村建设用地经营权和使用权再交易，保障市场流通性，为小微企业和创业个体用地提供便利（图 2）。

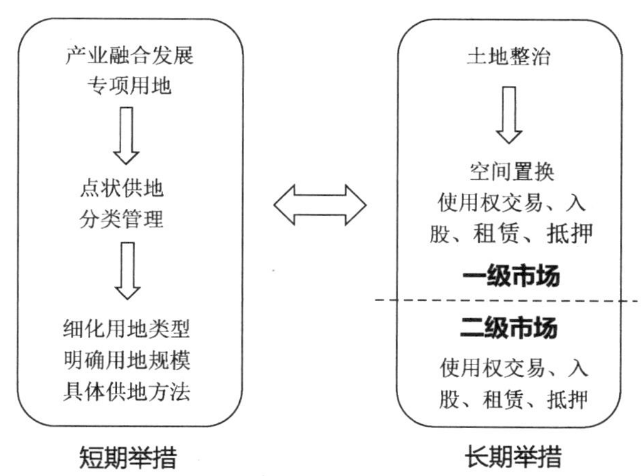

图 2　乡村产业融合发展用地政策创新系统

资料来源：笔者自制。

2. 完善乡村旅游生态环境保障政策

乡村生态环境保护是乡村旅游产业生态系统构建的基础，面对当前天津市乡村旅游目的地存在的生态环境保护体制机制不足、环境监管制度仍需有效落实、生态保障制度创新性缺乏等问题，应当以当前天津市生态环境保护制度和乡村环境监管机制为基础，建立完善乡村旅游生态环境影响评价、监管机制，创新乡村旅游生态环境保护激励机制，形成奖惩结合、多管齐下的乡村旅游生态环境保护政策，提升乡村环境保护工作成效，为乡村旅游生态化开发奠定坚实的制度基础。

（1）应当严格落实乡村旅游生态环境监管相关制度，认真落实环境保护法律法规，提升环境违法监管和处罚力度，优化考核力度，守好乡村振兴环境屏障，坚决制止乡村旅游目的地经营者忽视乡村生态环境，随意倾倒垃圾、排放废弃物等行为。不断创新乡村环境监管手段，充分利用乡村治安网格化管理平台，及时发现乡村旅游目的地环境违法行为。同时，要鼓励乡村居民发挥有效监督作用，对破坏乡村生态环境的行为和乡村生态环境存在的问题和威胁及时举报，畅通群众监督路径。

（2）要继续推动乡村人居环境整治，加强生态环境保护基础设施建设，推动乡村环境保障关键性工程尽快落地，为乡村环境整体保障和治理提供“硬件”支撑。乡村旅游目的地生态环境治理问题更加突出，状况更为复杂，应当进一步加大生活垃圾、生产垃圾治理力度，推动乡村旅游经营者实施垃圾分类，进一步提高经营效率；要依据天津市乡村旅游目的地规模和接待游客情况，推动建设旅游厕所，提高目的地接待能力和服务水平；要建立乡村旅游目的地污染防治设施长效运行保障机制，防止乡村污染治理“一阵风”，探索污染防治收费制度，努力完善污染防治设施管理制度、乡村环境整治标准，做到乡村环境保护设施建设管护经费有保障、日常运行有队伍，保证污染治理设施长效持续运行。

（3）要严格乡村旅游环境影响评价机制，制定科学的乡村旅游开发环境影响评价体系，作为乡村旅游开发建设的基础，防止乡村旅游目的地盲目开发、大肆改变乡村环境和旧有景观的行为，引导和推动乡村旅游开发理性化，充分利用本地资源；严格执行生态保护红线管控要求，严禁乡村旅游开发违法占用生态资源，破坏生态系统。

（4）建立生态环境保护激励机制，尝试积分兑换等方法，通过物质激励、激发乡村旅游目的地经营管理者的积极性，强化正向激励机制，提升乡村居民的生态环境保护意识；发挥荣誉奖励作用，对生态环境评价成绩良好的乡村给予荣誉奖励，运用地方媒体机构加强宣传，提高目的地知名度，助力目的地品牌塑造。

3. 建立乡村旅游生态开发产业政策

乡村旅游生态开发要以产业绿色发展、可持续发展为导向，以乡村资源有效利用、外部资源减量投入、旅游经营清洁化、旅游废弃物资源化为目标，从而构建有序运行、协同进化的乡村旅游产业生态。充分调动农民群众积极性、主动性，实现生产发展、生活富裕、生态良好的有机结合，推动乡村振兴有效实现。因而，地方政府应当在充分认识乡村旅游生态开发不足的基础上，建立生态开发产业政策，推动乡村旅游产业生态化发展。

（1）地方政府要推动乡村旅游新业态培育，给予一定的政策优惠和资金支持，积极鼓励乡村旅游目的地经营主体创新产业模式，提高资源利用效率，提升服务质量，增强目的地吸引力；同时要当好乡村旅游发展先进理念的“传播者”，积极研究、借鉴国内外优秀乡村旅游目的地生态化开发模式，传播先进的乡村旅游生态化开发理念、引进乡村旅游发展的先进模式，鼓励乡村旅游经营者学习借鉴先进的产业形态、产品开发理

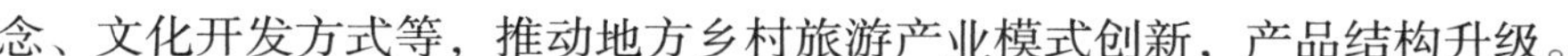

念、文化开发方式等，推动地方乡村旅游产业模式创新，产品结构升级。

（2）地方政府将推动乡村旅游目的地生态化开发水平提升作为实现乡村振兴的重要任务，科学运用政策手段和资金支持，提高乡村振兴资金使用效率，关注对乡村旅游目的地建设资金的使用贡献，与地方政府相关人员绩效相衔接，作为考核标准，提高乡村发展专项资金的使用效率。同时，地方政府要加强乡村基层组织建设和管理，充分激活村集体活力，发挥领导、协调和示范作用。要制定科学合理的政策，吸引优秀外来人才进入村级组织，选拔先进集体组织成员，畅通人才流动渠道，提高农村基层组织成员知识水平和专业能力，为乡村旅游发展提供人才保障；要加大对基层组织的扶持力度，给予基层组织必要的资金、技术支持；要严格落实基层组织民主监督和制度建设，推动基层组织事务民主化、公开化，保障乡村旅游发展中村民的利益。

（二）目的地应当落实乡村旅游生态开发理念

1. 扎实推进乡村生态治理

乡村旅游目的地既是产业生态化水平提高的主体，也是产业生态系统构建的直接受益者，因而乡村旅游目的地应当紧抓乡村产业生态建设，扎实推进乡村生态治理，在地方政府政策和资金支持下，因地制宜，推动乡村旅游目的地环境优势建立，生态吸引力显著增强。第一，乡村旅游目的地经营者要严守生态保护底线，不搞大开发、共抓大保护，对乡村旅游开发项目进行严格的生态环境影响论证，切实防止追求短期经济效益，导致目的地长期生态环境遭受破坏；第二，乡村旅游目的地在旅游产品开发、接待设施建设和旅游经营活动中，要贯彻落实可持续发展理念，提高生产清洁化水平，可以使用本地材料代替外来高污染的建材，使用环保材料进行房屋等接待设施建设，尽量减少一次性用品使用频率，积极推广垃圾分类处理，减少乡村旅游环境污染；第三，乡村旅游目的地要建立生态治理长效机制，通过制定村规民约、乡村章程等，形成明确的生态环境保护自治制度，提高村民环保意识，使村民增强对乡村环境保护重要性和迫切性的感知，身体力行，推动乡村环境改善，同时以村规民约建立起清晰的环境保护责任标准，形成对环保法律法规在制度设计和具体实施中的重要补充。

2. 立足乡村整体，打造目的地品牌

乡村旅游生态开发要具备整体的、系统的思维，将乡村旅游目的地视为一个整体，将旅游产业、乡村文化、基层组织、生态环境等纳入一个系统，协调各要素关系，合理配置资源，促进协同进化，形成发展合力。天津市各乡村旅游目的地要立足长远，高点定位，以构建循环有序、动态发展的产业生态为目标，以乡村旅游推动乡村整体发展为导向。借鉴国内外优秀旅游目的地的塑造经验，将目的地作为整体，制定村级规划，整合村级土地利用、产业发展，形成稳定的、延续的乡村产业发展体系。以乡村发展规划为引领，明确乡村各区域旅游形态和产品类别，形成合理有序的乡村旅游产品结构，为乡村旅游产品开发、文化挖掘、市场开拓等多个环节确立方向，明晰路径，充分调动乡村各类可以利用的资源，凝聚发展合力，促进目的地形象塑造，助推乡村旅游品牌竞争力提升。

3. 完善乡村基层组织建设，增强乡村凝聚力

村集体等乡村基层组织在发展乡村旅游中具有重要作用，其作为基层管理组织，发挥村级公共事务的管理和领导作用，也向外积极对接资源，促进乡村旅游产业发展，乡村整体竞争力提升。由于天津市乡村旅游目的地中，居民对乡村旅游经济效益和发展决策的参与存在突出的“边缘化”现象，乡村基层组织不能充分发挥自治组织的优越性，难以充分落户村民利益保障原则。因而，乡村旅游目的地应当继续完善基层组织运行的相关制度，形成党委、村委、监委“三位一体”的乡村基层治理体系，发挥党委领导作用，确保监委监督效能，推动村集体决策公开化、透明化，村集体组成人员选举规范化、制度化，打造依民为民、高效透明的乡村基层组织，增强村民对乡村基层组织的信任感，提高村民在乡村旅游决策中的参与度，增强乡村凝聚力。摆正乡村基层组织地位，正确发挥乡村基层组织作用，促进乡村旅游目的地良性发展，乡村整体吸引力提升，促进利益有效保障。

4. 深入开发乡村文化资源，构建乡村特色文化生态

乡村文化氛围营造、乡土文化景观构建、乡村旅游产品开发是天津市乡村旅游目的地产业生态完善、吸引力增强的关键。针对当前天津市各乡村旅游目的地普遍存在的文化开发高盲目性、同质化现象，应当深入开发乡村文化资源，构建乡村特色文化生态。第一，乡村旅游目的地的任何文化产品和营销活动都应当有明确的目标，以完善目的地产品组合、提升目的地整体品牌为导向，防止盲目跟风，开发欧式建筑、西洋文化景观，打造“桃花节”“梨花节”等重复性、同质化节庆活动，导致乡村文化产品缺乏吸引合力，乡村整体景观遭到破坏，目的地品牌特征缺失。第二，乡村旅游目的地应当深入挖掘本土文化资源，寻找符合游客消费习惯、能够提升游客体验的文化表达方式。对文化的理解应当防止过于片面和狭隘，真正吸引游客前往乡村旅游的，并非全在于乡村的历史遗迹、人物典故，而在于乡村建筑、传统村落、民俗工艺、农耕文化，以及乡村人与人之间的亲密互动等能够满足游客怀旧体验和向往的文化景观。因而乡村旅游者应当摒弃简单进行乡村历史展示、历史人物事迹介绍等静态的文化开发方式，而是将乡村特色民俗、乡村传统建筑、乡村邻里关系等融入游客在乡村的全方位体验中，食、住、行、游、购、娱六要素都可以与乡村文化相融合，成为乡村文化的展示平台，在日常性体验中满足游客对乡村文化的追求。

（撰稿人：郭连文　徐虹）

河北省乡村旅游振兴生态化开发调查研究

随着国民经济收入不断增加，我国带薪休假制度不断完善，人们的旅游需求旺盛。尤其是在当今信息化时代，面对高强度、快节奏的都市生活，人们处于“水泥森林”和“玻璃森林”的城市空间，愈加感到来自工作与生活的压力，产生暂时逃离惯常环境的想法。乡村旅游以“乡村性”为核心，满足了大众回归自然的旅游需求。党的十九大报告指出，建设生态文明是中华民族永续发展的千年大计，实行最严格的生态环境保护制度，形成绿色发展方式和生活方式，坚定走生产发展、生活富裕、生态良好的文明发展道路，建设美丽中国。近年来，乡村旅游社区、乡村旅游带不断涌现，“乡村酒店”“乡村度假区”“乡村博物馆”“乡村公园”“休闲农场”“现代农庄”“现代农业采摘园”等乡村旅游新业态层出不穷。据农业农村部官方数据显示，2018 年全国休闲农业和乡村旅游接待超 30 亿人次，营业收入达 8000 亿元。截至 2018 年年底，农业农村部已创建 388 个全国休闲农业和乡村旅游示范县（市），推介了 710 个中国美丽休闲乡村。休闲农业和乡村旅游蓬勃发展，产业规模逐步扩大、产业布局逐步优化、带动当地居民就业效果显著，成为乡村振兴的重要途径之一。

然而，随着乡村旅游的快速发展，非生态问题也随之而来。在文化景观方面，盲目开发乡村旅游，追求与都市的接轨，缺乏统一的规划与指导，使“乡村性”逐渐丧失，严重地导致部分乡村原生态景观受到损害。在自然环境方面，游客的大量涌入，非绿色的消费理念和行为，为目的地带来环境污染等问题。企业对旅游资源的不合理利用，也会造成资源浪费及破坏。环境问题的日益凸显，使我们需要重新审视乡村旅游活动的开展。乡村旅游生态化开发，强调当地自然环境的保护、乡村文化的传承、经济的循环利用、良好的社会精神文明，是解决乡村旅游发展中非生态发展的重要方式，也是促进乡村振兴和乡村旅游可持续发展的重要途径。

一、河北省乡村旅游发展概况

2015 年，河北省人民政府发布了《关于进一步促进旅游投资与消费的实施意见》（以下简称《意见》），《意见》提出要大力发展乡村旅游，强调将乡村旅游开发与美丽乡村建设、扶贫开发、历史文化名镇名村建设相结合。2018 年 11 月，河北省人民政府进一步印发《河北省旅游高质量发展规划（2018—2025 年）》，强调加强旅游生态化开发，倡导将绿色发展理念贯穿到旅游规划、开发、管理、服务的全过程，形成人与自然和谐发展的现代旅游业新格局。据河北省文化和旅游厅官方数据显示[①]，2018年河北省旅游接待人数和旅游收入持续快速增长，共接待海内外游客6.78亿人次，实现旅游总收入7636.42亿元，同比分别增长18.44%和24.35%。2018年，全省共有120个县1650个村5400家企业开展乡村旅游。2018年全省乡村旅游接待人数近1.7亿人次，实现乡村旅游收入近350亿元，带动全省4.6万贫困人口实现增收[②]，乡村旅游已经成为河北省农民增收的重要渠道之一。

2018年，河北省休闲农业主管部门与各市农业部门对全省休闲农业景点线路进行了空间和时间上的全方位优化布局，围绕清明和“五一”假期、端午节和暑期、中秋节和国庆假期、元旦和春节4个时间节点，推出以“郊外赏花踏青、体验农耕文化”“戏水纳凉避暑、品尝特色美食”“品尝收获喜悦、观赏秋日美景”“品味特色民俗、采购农家年货”为主题的百余条精品景点线路和多个精品品牌。此举极大拉动了城乡居民休闲消费，促进了农民就业增收，对于构建京津冀休闲农业与乡村旅游圈发挥着重要作用。此外，2018年，河北省重点打造环首都、太行山、张承坝上、燕山、大运河、冀中南“六大乡村旅游片区”，开展“百村示范、千村创建”活动，全省乡村旅游在创新发展、旅游扶贫及助推乡村振兴方面不断探索新的路径，高品质乡村旅游的发展打响了“京畿福地，乐享河北”的旅游品牌。

2019年6月，根据《文化和旅游部办公厅　国家发改委办公厅关于开展全国乡村旅游重点村名录建设工作的通知》要求，按照“文化和旅游资源富集、自然生态和传统文化保护较好、乡村民宿发展较好、旅游产品体系成熟及质量较高、基础设施和公共服务较完善、就业致富带动效益明显”的标准，河北省11地入选“全国乡村旅游重点村名录”，分别为：石家庄市正定县正定镇塔元庄村、石家庄市平山县岗南镇李家庄村、邯郸市馆陶县寿山寺乡寿山寺东村、衡水市武强县周窝镇周窝村、保定市涞水县三坡镇百里峡村、张家口市蔚县暖泉镇西古堡村、雄安新区雄县张岗乡王村、唐山市曹妃甸区十里海养殖场、邢台市沙河市柴关乡王硇村、保定市竞秀区江城乡大激店村、秦皇岛市北戴河区北戴河村。乡村旅游重点村将在项目资金、品牌创建、人才培养、宣传推广等方面得到国家相关政策的支持，以推进乡村旅游的高质量发展，优化乡村旅游供给，更好地满足人民群众日益增长的美好生活需要，以起到示范、带动和引领的作用。

二、河北省乡村旅游生态化开发现状

随着河北省《河北省旅游高质量发展规划（2018—2025年）》的提出，河北省也在乡村旅游方面不断尝试创新拓展新的发展路径与手段，但同时持续强调加强生态化开发这一核心思想，塑造可持续性的乡村旅游长效开发机制。河北省也积极响应国家“绿水青山就是金山银山”的号召，在追求特定旅游业态发展的同时时刻围绕国家发展千年

① 河北省文化和旅游厅. 2018全省旅游经济运行情况. http：//www.hebeitour.gov.cn/Home/ArticleDetail?id=8347

② 河北省文化和旅游厅. 河北：创新升级乡村旅游 打造“4.0”新时代. http：//www.hebeitour.gov.cn/Home/ArticleDetail?id=10066

大计——雄安新区这一建设核心，综合规划自身乡村旅游发展方向。同时，乡村旅游也绝不仅仅作为加速当地经济发展的手段，而更应该作为当地进行自然环境保护与开展居民生态教育的手段，将生态化开发这一思想切实落地，作为乡村旅游开发手段的指导思想。

随着我国经济的快速发展与人民生活水平的快速提升，人们对于旅游的需求上升到了白热化的阶段，旅游消费市场也不断下沉，越来越多的人将旅游活动作为休闲娱乐的主要形式。河北省由于省域面积较为辽阔，且处于京津冀协同发展成员之一，具有较为优越的区位优势，可直接接受北京与天津两个直辖市的经济与科技信息等辐射及其带来的溢出客流；有深厚的文化内涵，乡土文化、民俗风情独具特色，别具吸引力，多个非物质文化遗产也形成河北省乡村旅游发展的源泉；地理区位优势带来的农副产品丰富多样也可助力河北乡村旅游的快速发展与提升，帮助拓宽旅游产业的存在空间。在区位优势、文化深厚、物产丰富等便利条件的支持下，河北省乡村旅游在保持强劲旅游发展的同时注重生态化开发路径的探索，也催生出白洋淀王家寨村、野三坡苟各庄村、石家庄塔元庄村等以水乡民俗、特色民宿、红色文化为特色的乡村旅游代表，以其自身的成功尝试做出了示范效应。

河北省不断加大自身乡村旅游生态化开发的力度，前期由于治理或监管不规范、态度不端正等原因，而形成的将违规用地用来进行建设、采集矿砂石土等材料、破坏植被与土地质量、旅游过度开发造成环境影响、社会文化保护与经济利益获得冲突等情形，也已经逐步得到了缓解。详细可将乡村旅游生态化措施分为经济生态化、环境生态化、社会生态化和文化生态化四个方面。

（一）经济生态化：打出“节约”与“创新”组合拳

河北省大力提升基础设施建设，推广采用环境友好型的基础设施来代替之前老旧的设施设备，不断降低能耗并减少环境破坏，加强与企业合作创建无害、生态、清洁的乡村环境，为自然环境与旅游开发的协调发展做出贡献。同时河北省将旅游活动与生态开发有机结合，在构建资源节约型体系的同时积极寻求创新渠道，创新乡村旅游生态化开发的路径。

1. 生产过程“无害化”

随着乡村旅游的发展，乡村旅游与农业旅游业态的结合也成为发展热门路径之一。部分目的地会结合自身农业生产发展而建设采摘园、种植园，在进行产品养殖的同时也可供游客进行农事体验，如采摘、加工等过程，将农业生产活动延伸到旅游体验活动领域中去。村庄与企业实现全阶段、全链条合作，从生产种植初期的技术指导与周期培训，到生产中期的旅游体验与培植技巧，到生产结束后的产品收购与深度加工，均进行深度合作。

在种植园的生产过程当中，在乡村旅游生态化开发的背景下，越来越多的经营主体采取更绿色、更无害、更生态的种植技术与培植技巧，不断降低自身能耗标准，提升生产材料的运用与转化率，同时在企业、政府与村民自身的三方合作监督下，产品的生产质量也有了稳步提升，村民的收入有所增加，也鼓舞了村民加入到乡村旅游生态化开发队伍中来。除了采摘园的模式外，还有一种是苗景兼用林的打造模式。如雄县王村建造了4万余亩苗景兼用林，打造天然氧吧，构建了生态自然旅游吸引物，同时进行的种苗培苗的工作可实现经济收益，并且苗景兼用林的用地均是针对当地居民进行征地，由原来每亩年收入500~600元的水平提升到征用之后每年给予1500元回报的水平。不仅将生态绿色的理念贯穿整个生产过程，也灵活运用到旅游与农业业态结合中，为乡村旅游生态化开发奠定了良好的基础。

2. 经济生态“友好化”

部分区域乡村旅游的发展先期是靠自身原有产业带动，如仿古石雕产业、石料开采等，这对生态保护会造成巨大的冲击，在生态保护要求日益严格的产业发展过程中，部分乡村面临着转型升级的问题。对于部分会造成严重污染的产业实行全线停工之外，还会同步深挖现存价值进行旅游挖掘，如将原有仿古石雕产业园区开发为新型工业旅游，将厂房旧址等开发为观光项目，并辅以特色餐饮、主题酒店的设施改建，将前期的废旧材料回收利用作为游客进行石雕体验的原材料，翻新原有产业价值，拉动乡村工业旅游风形成潮流的同时还可以为村内居民提供部分工作岗位，解决村内就业问题。

（二）环境生态化：资源环境保护“警钟”深入人心

乡村旅游的发展离不开天蓝水清的良好生态环境，这既是乡村旅游最具竞争力的吸引力来源，更是乡村自身发展的最大优势与宝贵财富。河北省加强乡村旅游景区内山水环境的保护与监管力度，推行了一系列乡村生态环境保护举措，从水产养殖、土壤使用、化肥施放、污水处理、垃圾回收等多发面同时入手，扎实推进乡村旅游生态化开发的理念。

1.“四美五改”进农村

2016年以来，河北省大力开展美丽乡村建设活动，大力推进“四美五改”（改房、改水、改路、改厕、改厨，做到环境美、产业美、精神美、生态美），以实现农村布局优化、民居美化、道路硬化、村庄绿化、饮水净化、卫生洁化、路灯亮化、服务强化为目标，不断提升农民生活品质，促进农村经济发展和农民素质提高。2009年，塔元庄启动了硬化、绿化、美化、亮化四大“扮靓工程”，处于乡村旅游发展洪流中的多个乡村也紧紧抓住建设美丽乡村的契机，不断修编完善村庄规划，注重应用新技术、新材料、新装备、新样式，提倡使用新型结构体系，达到了经济、适用、美观、节能、抗震的效果，满足了村民现代生活的需要，对于村内的道路街巷采取大力度的硬化完善。

同时与村外企业合作，加强垃圾处理、污水处理等基础设施保护。在垃圾处理方面，多数村庄已经基本实现了垃圾分类清理，购买了垃圾运输车、铲车等设备，建设垃圾氧化塔一座，每天专人定时处理垃圾。在污水处理方面，乡村旅游产生的污水通过管道输送至刘家河污水处理厂进行处理，实现污水的集中处理，解决了当地污水收集过程中的污水下渗及污水直接排放的问题，改善了当地的自然环境。此外，围绕打造旅游特色新农村目标，河北省加大了村容村貌整治力度，如对杂物、残垣断壁、路障等全部拆

除，大街小巷干净畅通，房前屋后整齐清洁，无积存垃圾、乱堆杂物。村容村貌的改变，不但使乡村的人居环境得到极大改善，更全面提升了旅游服务水平。

2.“厕所革命”显文明

厕所是衡量文明的重要标志，改善厕所卫生状况直接关系到乡村居民的健康和环境状况。河北省积极探索“厕所革命”新模式，大力推进科技建厕管厕、政企对接工作、开放联盟、认养模式、委托模式、新技术应用等。如涞水县于 2016 年 3 月成立“保定野三坡乡村旅游厕所开放联盟”，确立了由企业认养，政府机关、社会团体及经营户自觉参与的运作模式。首批有 48 家旅游经营商户和 2 家事业单位加入，并成立了理事会，通过确定入会标准、程序，制定了详细的管理章程和服务公约，并专门设计了厕所开放标志。这 50 座厕所由河北野三坡旅游投资有限公司认领，每年会以 1000~3000 元 / 座的标准进行资金或实物补贴。厕所开放联盟的成员包括农家乐、饭店、旅馆、纪念品商店等。由政府出资，为村民购买坐便器、贴瓷片，使村民改厕“零负担”、全免费。成员原有厕所经过基本改造后将免费对游客开放，并提供免费 Wi-Fi 和手机充电设备。开放联盟的成立激发了越来越多的农户参与其中，旅游发展了当地经济，而当地的业主们也通过加入厕所联盟的方式来回馈游客。河北省廊坊市引入“互联网 + 旅游厕所”发展理念，积极探索智慧化“厕所革命”模式，使游客使用手机等移动设备，结合 GPS 导航系统，便可快捷搜索出附近的旅游厕所，并着手开发旅游厕所电子地图等。河北省休闲乡村的发展，在政府的扶持下，旱厕改为水厕，解决了乡村厕所脏、乱、差、偏、少等如厕难问题。旅游厕所智慧化，为游客带来便利性的旅游体验和人性化服务。小厕所关乎大民生，厕所卫生条件的改善体现了农村厕所的城市化、现代化和人性化，改厕，改变的不仅是厕所的样式，更是文明的生活方式。

3. 物种保护“你我他”

河北省的乡村旅游发展多以自然环境作为发展源头与基础，因此所辖区域内均有丰富的生态物种，物种多样、自然环境优美也反过来成为旅游吸引物，向外吸引着源源不断的客流。河北省“雄安新区”规划的出现，也促使河北省提升了自身生态保护的力度，监管力度的加强使得当地居民也端正自身生态保护态度，对当地环境与物种进行更为深入的了解。物种多样在作为吸引物的同时，游客的反映也会为当地居民带来正向促进作用，敦使当地居民增强对自然环境保护的重视程度，也提升居民对当地物种保护的珍视程度。因此对居民进行生态物种知识的科普以及自然环境保护的常识教育，不仅可以教育居民本身，更可借居民之便达到教育游客的目的。

（三）文化生态化：传承与弘扬乡村旅游的“灵魂”

文化是灵魂，总是“润物细无声”地融入经济力量、政治力量、社会力量之中，成为经济发展的“助推器”、政治文明的“导航灯”、社会和谐的“黏合剂”。河北省的乡村旅游文化和精神具有明显优势和特色，坚持“文化 + 生态”型乡村旅游发展战略，正是乡村旅游产业升级的必然选择。以文化的力量凝练乡村精神、引领乡村旅游发展、带动创新创造，深化乡村旅游的文化内涵，践行绿水青山就是金山银山的发展理念。

1. 精神文化传承进旅游

苟各庄人民具有“艰苦创业，不怕牺牲，开拓创新，锲而不舍，忍辱负重”的野三坡精神。开发初期，旅游对于人们来说还是一个新鲜事物，加之野三坡旅游风景区鲜为人知，苟各庄村民每天乘火车前往北京南站推广、宣传野三坡景区。涞水县旅游局王宝义身体力行，带领同事们用脚步丈量了 500 多平方公里的核心风景区的道道山梁。20 多年日复一日的宣传推广和景区开发为野三坡景区的发展打下了坚实的基础，也为苟各庄村民带来巨大的经济收益。这些精神铸就了“野三坡精神”，这种精神在新时代也是需要继续弘扬的重要精神财富。因此，部分乡村在进行乡村旅游开发时将村庄特色的“奋斗精神”融入旅游发展当中，创办了村史馆与王宝义纪念馆，还原历史真实的苟各庄环境，不仅成为旅游吸引物为游客提供旅游体验，也将村庄的特色文化精神带到了更多人的心间，形成生态化开发的机制模式。

2. 传统文化开发进商业

作为景区依托型旅游乡村，在进行乡村旅游发展时餐饮、住宿、交通、游览、购物、娱乐等均是作为自然景区配套而存在的，必须挖掘乡村文化才能使乡村旅游拥有持久的旅游竞争力。因此在乡村旅游生态化开发的过程中，将村庄特有的民俗文化、红色文化、美食文化等带入商业发展，既可以发挥文化资源的经济功能，也可以进一步延续文化的传承保护与发展。但由于大部分的旅游经营业者均注重经济收益，且青壮年劳动力的外流现象严重，因此部分传统手工艺以及非物质文化遗产的传承面临着后继无人的困境。因此，为了吸引更多的居民在保护和传承当地文化发展上贡献己力，将传统文化融入商业发展既可以为村民带来经济收益，也可以一举两得为自身发展带来保护和传承人，使传统文化的符号性减弱，流动性与实用性增强。

3. 新型旅游业态进交流

对于乡村旅游发展过程中的文化资源，除了游客以外，最大范围欣赏与传播的应为当地居民，居民作为村庄与游客沟通和交流最广泛的媒介，因此其自身对于乡村文化的认同感会直接影响游客的旅游体验。因此部分乡村旅游目的地会增强旅游业态的创新，如节事旅游、避暑旅游、冰雪旅游、红色旅游等元素的融入，在村庄内组织开展音乐节、电影节、大型话剧演出等大型节事活动，开展红色文化沉浸式体验活动，并同时借助立体成像技术、先进的声光电技术加强主客互动性，增进居民对村庄文化的自信心与认同感，增强游客与乡村旅游目的地和居民之间的交流互动，不断提升游客体验感受，在培育乡村文化旅游品牌活动的同时也提升了乡村旅游功能与节庆会展接待功能。

（四）社会生态化：形成全民参与的共建共享“新生态”

在乡村旅游生态化开发的进程中，社会关系环境的生态塑造也是必不可少的关键一环。和睦的邻里关系、平衡的社群关系才能构建和谐的社会，从而助推良好生态环境的塑造。

1. 尊重村民意见

随着经济的发展，基层民主、村民的精神风貌、邻里关系、文化素养也不断得到提升。发挥党员的先锋模范作用，尊重群众意见是开展基层工作的重要基础。村庄两委在进行村内改建工作之前，都会深入百姓当中进行学习、调研、考察，倾听百姓心声，了解百姓所需，将每一份改革意见都深耕在百姓心间。部分乡村在进行乡村旅游生态化开发规划时，会向居民征集旧址用地进行房屋改建，前期会深入住户家中征求意见，充分尊重群众意愿。改进之后节约出的集体建设用地还可应用作为产业开发的基本用地，每名村民都切实参与到乡村建设中去，不仅增强村庄凝聚力，在乡村经济发展的同时也为每一位居民带去更多的福利。

此外，在建设区域性的旅游管理组织时，除了政府统一要求的相关部门对乡村旅游企业进行监管，村民们也可以在村内自发组建旅游管委会。由于部分村庄内以家庭为单位“各自为战”，不仅容易身陷低价陷阱形成不规范竞争，也会降低居民合理收益。王家寨村望月岛村民自发组建了旅游管委会，管委会负责统一规范上岛游客的登记、住宿，统一市场价格，协调分配入淀船只，进行生态保护管控，协助县旅游局对岛内居民进行统一管理，居民则按年缴纳管理费，不仅维护了市场秩序，也帮助维护了居民的权益。居民真正参与到乡村旅游生态化开发的过程当中，形成整个村庄共建共享的良好局面。

2. 制定村规民约

党的十八大以来，习近平总书记高度重视村规民约在社会治理中的重要作用。村庄也会结合自身实际情况，在村内征集村民意见形成统一的村规民约。而在规章约定当中会大力提倡生态保护，如倡导勤俭、节约水电等资源保护；也会进行道德风貌、文明礼貌的规定，如倡导团结友爱、文明礼貌、爱护公物、争当模范等社会环境保护。一个村庄的村风村范，居民之间的相处氛围与相处模式，居民对村内领导班子的认同程度，包括居民住户的家庭卫生环境，等等，均会在一定程度上反映村庄的整体氛围，只要人人争当好村民，家家争做文明户，在乡村旅游生态化开发的推广路上即便遇到难题也会迎刃而解。因此制定村规民约对居民的行为处事进行一定的规范，从道德上创建村庄和谐氛围，精神文明生态环境的建设也会对乡村旅游生态化开发形成推力。

3. 重视老年服务

中华传统文化讲究“百善孝为先”，尤其对于部分村庄的乡村旅游经营主力集中在留守老人群体，因此重视老年服务可以大大提升居民对村庄领导班子的信任，也会对乡村旅游发展形成正向激励。部分村庄在农村养老方面真正实现了养老机构规范化、服务功能标准化、服务队伍专业化、服务质量公开化，成功塑造出了一批养老品牌项目，形成了相当的示范与带动效应。

三、河北省乡村旅游生态化开发存在的问题

近年河北省乡村旅游在创新发展、产品营销、旅游扶贫、乡村振兴等方面不断探索新模式、新路径、新做法，也不断促进了多种旅游富民新途径的形成，景区数量的不断增加、旅游人数的持续攀升、景点质量的逐步提高、服务水平的不断完善、管理态度的

渐次转变等改变、助力了河北省乡村旅游的持续发展，形成了部分成熟的发展成果值得借鉴与参考。但同时，由于部分文化传承、资源分配、利益摩擦等问题的遗留，目前河北省在乡村旅游发展的过程中依然存在着一些亟须解决的问题，问题兼具普遍性与特殊性，在未来发展中河北省应继续与其他省市对标改进、完善不足，打造出一流的乡村旅游发展“带头人”。下面将从产业自身、内外环境、参与成员等不同层次分析目前河北省乡村旅游发展存在的问题与面临的困境，对比查摆不足与差距，为河北省乡村旅游进一步生态化开发贡献力量。

（一）上层监管治理不力

1. 政策体制建设不够完善

乡村旅游的生态化开发并非一己之事，而是需要多部门的协调与配合共同开展，这主要是因为河北省内不同区域乡村旅游的种类及分布不同，各区域均需结合自身实际发展状况，这也成为导致乡村旅游发展相对缓慢的原因之一。这种多部门管理协调不够导致乡村旅游整体发展水平不高，甚至出现多个部门各自为政，面对责任互相推诿扯皮，不能很好地整合资源的局面。此外，一些事关居民切身利益的如农村土地确权还正在落实中，农村土地流转市场还不成熟，这也成为制约乡村旅游市场部分经营模式发展的因素。因此，针对乡村旅游生态化开发的完善性体制机制建设问题亟须解决，一方面作为村庄在进行乡村旅游生态化开发时的原则参考，另一方面也可以作为经营业者进行自我权益保护的手段。

2. 政府正确认识态度不足

由于我国乡村旅游近些年才开始发展，河北省乡村旅游发展时间有限，因此正处于乡村旅游发展初期的河北省水平不高，省域内多个区域目前还未形成对乡村旅游生态化开发正确的认识，也并未意识到生态化对乡村旅游发展的重要性。政府在进行顶层设计时对于乡村旅游的综合全面发展考虑不足，并没有切实从“三农”角度出发，从而乡村旅游与休闲文化、现代农业、水乡民俗等结合得不够深入。

由于乡村旅游开发背景的特殊性、乡村旅游经营者构成的单一性、乡村旅游营收的廉价性等现象的真实存在，政府的主导与引领对乡村旅游生态化开发具有指向性作用与灯塔式意义，因此完善的政策体制建设、开放的生态经营体系、宽松的旅游产业环境均必不可少且环环相扣。然而目前河北省相关的宏观政策环境的创建亟须完善，部分政策法规与体制机制的建设不足形成了空缺与漏洞，对于旅游企业生态化的发展导向没有明确的奖惩机制措施，导致旅游企业进行生态化改进的内生动力不足。此外，地方政府也很少为乡村旅游的发展提供相应的政策支持，这也造成了招纳更多人才从事乡村旅游行业的发展吸引力不足；行业规范与评价体系的不完善，也导致自我管理与审查不力。另外，河北目前的乡村旅游发展多数以点开展，各村内部也多以家庭或个人为单位进行相关旅游业务的开展与运营，缺乏上层统一规划，容易造成盲目的自我开发，这些因素均会对河北乡村旅游的发展产生阻碍影响。

3. 市场宣传重视程度不足

在乡村旅游的发展中，政府的引领与带头并未得到真正、全面的发挥。在生态化开发意识的塑造、态度的端正、认识的提升上，政府的宣传力度不足，再加之各旅游经营者本身获取旅游信息渠道局限、市场竞争意识淡薄、市场竞争手段单一等问题，对于自身生态化开发的市场宣传重视程度低。河北省乡村旅游的发展目前普遍存在小、散、弱、差的问题，景区与企业分布不够集中，而且乡村旅游产品的同质化问题突出，因此乡村旅游品牌的打造、多变丰富营销手段的使用显得举足轻重。

而目前在乡村旅游生态化开发的过程当中，河北省会采取进行多条乡村旅游精品线路的推广、参加多项“最美乡村”评选等措施来打响名声，但在游客实际体验过程中会发现获评乡村旅游景区的特色其实并不明显，部分获评乡村的游客流动量极低，主要原因是市场宣传力度过小，多采用单一的宣传推广手段，同时政府并未打造出完善的品牌系列进行推广，导致景区的知名度提升速度慢、品牌塑造性差、游客了解程度低、景区吸引力弱等结果的出现。

4. 专业管理人才队伍不足

缺乏专业的管理人才和服务人员制约了河北省乡村旅游生态化开发的思路。由于生态化的开发多数需要一些合理的思考与技术手段，但目前情况来看，大部分乡村旅游地从事乡村旅游管理工作的人员多是由村干部直接担任、居民投票选举担任、投资方出人担任等，这些人员基本没有经过专业的学习、没有相应的专业知识储备、没有相关的专业实习实践、没有广阔的前瞻思路视野，更没有科学系统的管理方法与管理经验，这就从根源上直接制约了河北省乡村休闲旅游的进一步发展。此外，目前从事乡村旅游服务接待工作的服务人员也多是以家庭为单位由家庭成员直接担任，很少能够接受相关的学习和服务培训，因此服务水平、服务意识、服务技能等均比较低，相关组织协调能力、灵活应变能力、沟通交流能力等较缺乏，从而无法给游客带来完美的体验，影响并制约了当地乡村旅游的持续发展。

5. 区域发展均衡协调不足

河北省域内部不同地区的发展速度不同，部分地区在进行乡村旅游生态化开发还停留在基础设施设备的改造、自然环境的保持和维护的层面，而部分地区已经开始进行经济产业可持续、文化文明可传承层面的生态化开发；部分地区还停留在推广普通话与垃圾分类，而部分地区已经开始大量企业的合作引入；部分地区由于发展速度较慢还停留在生态化意识与知识的普及阶段，而部分地区已经初步践行并形成生态化开发成果。而究其发展受限的原因是市场环境、旅游资源分配的不均衡从而导致的发展不均问题。

此外，除了发展不均现象的存在，一些地区不协调、不搭配的开发也使得乡村旅游生态化开发受阻。如部分乡村旅游地区过度修建五星级酒店、豪华旅游地产等，这些大型项目的兴建必然会给乡村的自然环境维护、土地资源保护、生产资料开采带来一定的影响，不仅不利于维护，更与乡村旅游自然休闲的初衷相悖，给不同区域的乡村旅游协调发展带来了难题。

（二）中层开发缺乏创新

1. 旅游产业功能单一

旅游业是一个包含“食、住、行、游、购、娱”要素的综合性产业，涉及游客出行的方方面面。但乡村旅游目的地仅仅依靠旅游资源发展旅游产业，注重旅游发展的经济效益，而对其社会文化效益、生态效益等方面关注不够，导致旅游产业功能较为单一，严重制约了区域旅游的可持续发展。同时，旅游产业链条短，与其他产业的关联度较低。如晋察冀革命纪念馆，只以游客参观为主，而没有其他游客可参与性、可娱乐性配套设施；天生桥景区以自然游览和旅游纪念品销售为主要旅游活动，缺乏美食、娱乐等项目；景区周边村庄农家乐则是家庭作坊式，主食以米饭为主，缺少地方特色；在农旅融合方面，贫困户只参与简单的林果种植和采摘，停留在对初级农产品的利用。可以看出，目前部分乡村旅游开发仅对原材料或原景区的内容进行浅表层的开发与使用，而并未挖掘其深刻内涵及深加工的方法与成果，这对于乡村旅游资源是极大的浪费。

2. 旅游开发缺乏特色

目前河北省乡村旅游产品开发缺乏创新、缺乏自身发展特色，大多存在严重的同质化现象，而且重复建设现象也很普遍，多地的乡村旅游开发路径一致，以生态环境为主要吸引物的乡村旅游景区趋同，导致多样化、不同层次的市场旅游需求根本得不到满足，乡村旅游发展困难；大部分经营者开发模式相对单一，缺少多变性，很多乡村旅游的产品均是围绕农家乐餐厅、时令菜摘、水乡体验、特色农副产品销售等开展，同质化现象严重，各村之间相互“照搬照抄”没有明显区别，也无法体现出其中产品差异，没有自己的特色，缺乏核心竞争力。

此现象的产生主要是由于大部分乡村旅游的管理者管理观念落后，对于生态化的认识仅停留在保护环境的层面，缺乏科学的管理知识与长远的眼光视野，对短期经济收益过度关注致使宁愿选择用乡村旅游可持续发展的未来来换取一时的美好。甚至许多旅游经营者与开发者在开发和利用乡村旅游资源时并未考虑当地资源的环境保护而进行环境破坏，从根源上对乡村旅游资源进行毁灭性的打击，而缺少对可持续发展与长效发展机制建设的考虑。

3. 旅游产业素质下沉

河北省目前乡村旅游市场规模有限，且大部分乡村旅游目的地承载量极为有限，大规模的龙头旅游企业数量较少、相对而言较缺乏，没有形成完善的形如上层领先拉动、中层稳步追赶、下层完善提升的分层结构模式，因此产业典型的整体拉动力较弱；此外，乡村旅游产业所经营项目种类不够丰富，综合效益相对较差，目前河北省多数乡村旅游景区内是以家庭作坊模式进行乡村旅游服务企业的经营，如家庭民宿、农家院、乡村餐厅等，经营项目多有局限，缺乏创新性，因此经营收益受限。以上现象也直接证明了乡村旅游的准入门槛较低，没有严格的市场准入门槛筛选机制，对于初入者没有合理的培训上岗机制，因此整体行业素质层次相对较为下沉，经营者的局限也会引致经营模式与思维的受限，多样化、不同层次的市场需求无法得到满足从而使得乡村旅游的营收

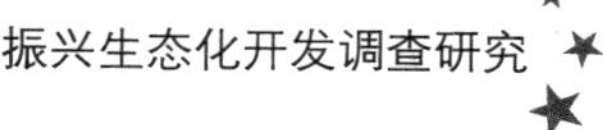

与发展面临重重困难。

（三）下层参与力度不足

1. 旅游合作不充分

由于旅游业本身与其他相关产业具有很强的关联性，因此旅游的发展无法靠自身单一产业立足，离不开企业间跨产业和跨区域的合作。在产业关联方面，目前河北省旅游业尝试与文化、农业、水产养殖、工业、金融业等产业间建立关联协作，但目前关联较弱，浅表层次的关联合作不仅无法最大限度发挥出乡村旅游的特色，也从一定程度上制约了部分旅游功能的发挥；在地域合作方面，核心景点、采摘园、民宿农家乐等不同功能区之间沟通联系较弱，很多乡村旅游经营业者选择自身加大投资完善功能建设与设施补足，不仅造成资金流动困难，也会因追求多方发展而降低服务精度与准度，在相互合作、优势互补方面的特色无法得到充分发挥；另外，旅游目的地与客源地之间互动较少，旅游目的地多靠自身政府进行线上与线下的联合推广，很少有与客源地建立长效合作机制，旅游宣传形式不够新颖且宣传力度不足，致使资源无法实现最大化的共享甚至时有资源浪费的现象发生。

2. 居民参与度较低

部分地区由于自身所处区域偏远，长期处于封闭状态，且自身乡村旅游发展时间较短，地方产业不够发达因此经济基础相对薄弱，区域内的地方性产业，如种植业、养殖业及加工业等，还不能完全满足乡村旅游发展的个性化需求，在开发乡村旅游的同时没有与旅游扶贫、当地产业形成良好的融合发展，这直接导致了旅游开发与当地经济体系建构与发展的脱节，因此居民无法成为乡村旅游开发的直接受益者，导致居民对发展的积极性与参与性不高。同时由于部分开发乡村旅游的地区经济较为落后，居民的家庭经济水平不高，在发展初期进行基础设施改建时并不具备参与旅游产业链中如开办农家乐所具备的房屋等物质基础，也不具备可用来提供采摘等体验项目的环境，更不具备投资旅游商品销售的金融基础，因此在发展的初期没办法跟上乡村旅游发展这趟“首发车”。并且由于部分居民自身受教育程度较低，无法自主开展相关乡村旅游经营性活动，只能在景区从事一些清洁打扫、施肥除草、维护翻修等基础性的工作，本身无法深入参与到乡村旅游发展中，也无法直接感受乡村旅游带来的收益与物质水平的提高，因此容易造成部分人口乡村旅游受益边缘化。此外，在一个村庄内统一发展乡村旅游规划时，居民会在短期内集中创建类似的旅游产品，合理完善竞争机制的缺乏也会导致居民沉迷于低价竞争陷阱，逐步丧失参与乡村旅游开发的积极性，居民参与度也会逐步降低，不利于乡村旅游市场环境的良性发展。

3. 旅游从业者流失

通过实地调研结果来看，目前河北省内多数乡村旅游目的地内的旅游从业者主要是由留守老人、中年夫妻及儿童构成，青壮年依然更多地会选择到外地打工贴补家用。目前对于大部分村庄来说，由于河北身处华北地区，多数旅游产品的时令性较强，价格波动性也较大，因此仅凭旅游收入无法完全支撑全家人全年的家庭活动，因此家庭收入便会分为外出打工、家庭旅游营收两个部分；部分地区由于乡村旅游发展时的创新能力较弱获资助力度不足，青壮年无法充分发挥自身的真实能力与想法，因此对乡村旅游的发展前景失望，从而选择外出务农寻找真的自我。而青壮年本应作为乡村旅游发展的创新主力却出现大量的外流，驻守家中的劳动力大多文化水平较低，多数仅能进行重复的简单工作，因此导致地区乡村旅游发展内驱力疲软、创新力不足，不利于乡村旅游良性发展。如何更好地吸引青壮年劳动力回流，带来人才与技术，也为乡村旅游生态化开发带来难题。

4. 对生态化开发认识不足

一方面，由于我国乡村旅游近些年才开始发展，尤其是对生态化开发这一方向发展时间有限，发展水平不高，很多地区尚未形成正确的认识，并没有全面考虑乡村旅游的发展，也没有将乡村旅游与多种旅游形式发展相结合，地方政府自身经验理论不足，无法为乡村旅游的发展提供充足的政策支持。另一方面，河北乡村旅游发展尽管已经能做到垃圾回收、污水处理等基础卫生保护与基础设施的完善，但依然缺乏先进的环境保护技术手段，对乡村旅游生态化开发产生了一定的阻碍。

河北省目前还有部分地区出现一些违法违规的破坏生态环境的现象，如违法违规用地、违章建设、过度开采、破坏植被、焚烧秸秆等，部分地区存在的乡村旅游过度开发的情形均会对乡村休闲旅游生态化开发带来负面影响。具体表现为多数以农家乐、家庭民宿、家庭餐馆等为经营主体的经营者对生态保护的认识不够端正、响应生态保护的态度不够积极、对于生态环境保护的观念相对缺乏、相关生态开发的技术手段理论指导相对不足，且由于经营者整体素养不高，因此大多注重于眼前短期收益的获取而忽视了可持续性发展带来的长期效益，从而忽视对乡村旅游发展过程中对环境和生态的保护。

同时由于缺乏生态意识也会导致摩擦的产生，主要体现在旅游管理机构与旅游从业者间利益矛盾突出。在乡村旅游发展的过程中，旅游管理机构或组织与当地旅游从业者两方的出发角度不同，导致在进行经济收益分配时出现意见的分歧，在市场划归与垄断方面也存在协调困难，导致双方矛盾较为突出。由于旅游从业者多为当地村民，村民在进行旅游创业的过程中受到管理机构约束，部分收益项目（如烧烤、漂流等）受限无法自行开展，直接影响从业者旅游收入，因此当地旅游从业者对于旅游管理机构的垄断式管理多有意见；但旅游管理机构则会更多从环境保护、生态治理、游客安全等多角度出发，对于部分项目的限制及统一管理是为了保护旅游景区的生态性、自然性、可持续性。

除经营者缺乏生态保护意识之外，部分游客在进入乡村旅游景区内部后存在随地乱扔垃圾、随地吐痰、踩踏草坪等旅游不文明行为，缺乏生态保护的认识对乡村旅游赖以为生的生态环境与自然基础都会造成一定的破坏，对乡村旅游生态化开发造成阻碍。

四、河北省乡村旅游生态化开发提升对策

由于乡村旅游生态化开发涉及多方协调合作、齐抓共管，因此在进行对策建议提出

时应注重维护多方利益相关者主体，注重把握生态安全、利益保障、系统协调、共同发展的基调与原则。

（一）加强管理服务力度，明确乡村旅游生态化开发的重要性

目前河北乡村旅游的发展进程较为缓慢，对标先进地区旅游，两者之间的差距主要体现在管理和服务两个方面。当两个产品属于同一类别时，在管理和服务方面表现更突出的产品将拥有更大的竞争力，所产生的影响力也更明显。因此，地方政府要积极承担起乡村旅游生态化开发的监管职责，并制定相对完善的管理体系与运营机制。政府的职能也逐步从单一监管向多角度综合转变，一方面要做好乡村旅游生态化开发监管工作，另一方面要从资金、政策等方面支持乡村旅游，加速推动乡村旅游走上产业化和规模化道路。

为了促进河北省乡村旅游生态化开发，当地的相关职能部门应将乡村旅游纳入政府管理体系中，形成一套完整的乡村旅游生态化开发管理体系，并逐步加大管理力度，严格把控各个环节。政府作为监管主体，应对乡村旅游生态化开发建设给予经济、政策和技术的倾斜与支持，帮助促使基础设施建设更加完善和相关服务水平更高。同时河北省政府与相关旅游管理机构要正确认识乡村旅游生态化开发的重要性，明确生态的意义，认识乡村旅游开发在加快新农村建设以及打造城乡一体化发展格局中的重要作用。由于河北乡村旅游还存在着明显的外部性效应，且在资金融通、信息技术、生态管理等领域也存在不少问题，因此政府的支持显得尤为重要，完善的政策措施，可以为乡村旅游生态化发展创造良好的外部环境。

政府除了加强监管力度之外，还要鼓励当地村民积极参与乡村旅游建设和维护，加强其自身管理力度。政府可通过集中学习、走访调研等对村民进行乡村旅游生态化开发的相关制度体系与监督力度、旅游服务的规范等与村民息息相关的内容进行培训，使村民明确乡村旅游生态化开发的重要性，并主动成为建设主体。此外，政府相关职能部门应通过多途径、多渠道收集村民意见，形成行之有效的乡村旅游生态化开发管理办法，并配合相应的监督组形成监管体制，通过对各经营主体的调研检查来发现现存问题并及时进行限期整改，确保乡村旅游生态化开发向好发展。

（二）科学规划合理布局，为乡村旅游生态化开发指明路径

规划可以最大限度地发掘区域范围内的资源并加以合理利用，最大范围地进行区域联动与合作，因此河北省乡村旅游的生态化开发同样需要借助于地方政府的大力支持和引导，进行统一合理的规划布局，为下一步的发展方向指明路径。科学的规划首先要顺应时代与环境背景，因此须与河北旅游业发展总体规划的发展目标相一致，并结合利用系统生态学理论、区域经济开发理论等与生态保护与经济发展相关的理论作为规划依据，结合可持续发展的理念思想，从河北省乡村旅游自身所包含的自然、社会、文化等多方资源，借力自身保有的物产丰富、区位优势、广大客源等良好基础，对河北省乡村旅游进行科学规划，凸显生态化开发的核心思想，形成分层、分级等差异化规划布局，

促进乡村旅游生态化开发的健康与积极发展。

（三）加大宣传推广力度，强化端正乡村旅游生态化开发意识

为了进一步促进乡村旅游生态化的发展，各级各方必须加强宣传推广的力度，不断强化意识、端正态度。定期对本村居民开展生态文明教育活动，实行生态意识的全民化和社会化，进而培养乡村居民的自然生态保护、生态道德、生态审美意识，以乡规民约推动居民的消费观念和消费行为趋于生态化、科学化、健康化，达到为游客增强环境保护意识的良好示范作用；游客是旅游活动产生的主体，增强对游客的引导作用是乡村旅游生态化开发的重要途径；完善环境保护、行为规范等相关标志、标牌，以提醒和引导游客；完善旅游生态解说系统，营造乡村旅游生态文明的浓厚氛围。

作为地方政府与相关部门，可以借助加强发挥网络、电视、报刊等媒体在乡村旅游宣传中的作用，增强人们的了解，并利用“两微一端”的新媒体形式拓宽渠道，采用多样化营销策略和手段，也可通过组织旅游节、旅游产品推介会、精品线路发布会等节事活动的开展不断提高地区乡村旅游景点知名度，持续打造一流旅游品牌，增强对国内外游客的吸引力，从而促进河北乡村旅游的生态化开发良性发展；作为乡村旅游目的地应和大型旅行社加强合作，联合打造推出乡村旅游与新业态的结合、精品线路等，利用旅行社的宣传增加客流量，并利用发放优惠旅游年卡（例如锦绣江山年卡、邮政旅游年卡等）的形式增强对游客的吸引力；作为景区运营主体，在与大型的企业或机构展开合作的同时，响应国家政策号召对部分景区的门票采取减免优惠，先打响河北省乡村旅游生态化开发的名气。

同时，加强宣传推广的力度在改善生态环境保护的同时，还可以提升对城市消费人群的吸引力。近年来我国虽然整体处于经济下行的压力当中，但旅游行业的数据依然令人欣慰，且近年来休闲文化旅游份额占比逐渐增大，不断逼近观光游的数量，其中乡村旅游的发展也为我国旅游经济发展画上了一抹亮丽的颜色。河北省域面积辽阔，拥有丰富的自然和人文旅游资源，要以新的业态来推动旅游发展，乡村旅游和休闲农业当之无愧、当仁不让。良好的自然生态环境是乡村旅游生态化开发持续发展的前提，生态环境的破坏则同时意味着乡村旅游赖以生存的环境正在遭受破坏。乡村旅游产业要想做到可持续、有发展后劲、有未来的发展，则要在发展的过程中注重生态和传统历史文化的保护，生态和文化价值过去没有被充分认识，而新型乡村旅游业态则要通过生态保护和建设来体现其价值。

此外，城市的人们之所以越来越多地选择了乡村旅游，是因为他们想远离喧嚣的城市，向往农村原生态的环境，可以看出，良好的生态环境是吸引消费的主要要素，因此大力保护生态环境的重要性凸显。要开展生态环境问题专项整治，各级各部门要提高政治站位，进一步增强政治自觉、思想自觉、行动自觉，以最坚决的态度抓好专项整治。有关部门要突出标本兼治，以“零容忍”态度整治老问题、严防新问题，加强日常执法监管，及时总结经验做法，健全完善长效机制，不断提高治理能力水平。

（四）突出地方风情特色，促进乡村旅游生态转向本土化发展

要想在同质化的乡村旅游产品中脱颖而出，则需要地方政府与企业更新管理观念，强化提升乡村旅游产品核心竞争力；同时乡村旅游的经营者们要树立正确的管理观念，结合当地的实际情况合理开发旅游资源，结合当地的民俗民风，保护当地的民俗特色，不要盲目开发，将地方风情特色作为重点保护对象。实施乡村旅游标准引导，以加强标准化体系建设为突破口，为乡村旅游提供具有竞争力的标准支撑，稳步提升以产品和服务质量为基础的地区乡村旅游形象。紧紧抓住“乡村”这个文化要素，充分利用地方特色文化元素，深入挖掘自身文化内涵，实现文旅深度融合。所以，河北省在发展乡村旅游吸引京津客人时要考虑本省资源的独特性，发展自己产品的不可替代性，突出特色才能形成竞争力。

虽然美丽乡村建设对当地交通、住房等基础设施有了很大的改善，但旅游服务及设施仍有待加强。河北省还需要结合地区现有自然资源和文化资源，围绕旅游六要素，即“食、住、行、游、购、娱”，构建乡村自身独特品牌，进行进一步的推广。在美食方面，提供当地的时令果蔬、家养禽肉，使用无烟煤，减少对自然环境的污染；挖掘本土特色餐饮资源，培育地方文化餐饮；鼓励餐饮企业采购本村镇的农产品，建立和完善农产品信息中心和物流配送渠道；在中心旅游乡镇、旅游集散地，逐步建立特色美食街、农家美食店、乡村客栈风味餐厅等，扶持地方传统饮食发展，鼓励本地村镇居民经营特色旅游餐饮，培育本土餐饮连锁品牌。在住宿方面，利用周边的自然环境、合理布局，建设低碳民宿，控制能源消耗及碳排放；全面加强对旅游住宿行业，特别是乡村客栈、特色民宿、农家旅馆的管理协调，成立旅游住宿业协会。在交通方面，选择耗能较小的低碳交通，如文化观光电火车、水上游船、当地特色驴车等绿色交通。在购物方面，设计具有地方文化特色的文创手工艺品；促进制造业、旅游业与商贸流通业的融合，加大乡村特色产业与旅游购物的渠道对接力度，形成旅游商品制造业与流通业产业集群。总而言之，结合区域可利用的资源，推广属于自身特色的文化旅游品牌，加强对文化生态的保护，使游客体验到具有乡土风味的独特乡村文化旅游体验。

河北省拥有悠久的历史，各市民俗文化也各有特色。河北省发展乡村旅游应充分结合当地的民风民俗，设计一些高质量的民俗表演与展览，展示当地的乡土人情，让游客在乡村旅游中既游览了乡村自然风光与古老村落建筑，又能感受当地的民俗特色和传统生活方式。二者相结合，既丰富了旅游项目，也增加了景区的内涵。此外，河北省很多地方有当地特色的旅游产品，很多产品和手工艺品具有地域文化代表性，如赵州雪梨、京东板栗、白洋淀苇编织品等都极具特色，并且受到游客喜爱。应将这些产品进行加工和包装，设立窗口进行展览，增加产品的吸引力。

（五）创新发展融资手段，拓宽乡村旅游生态化开发资金渠道

由于乡村旅游目的地的经营主体大多在创建初期经济基础不够雄厚，缺少资金支持而使得运营产生困难，无法持续推进，因此解决企业初期融资难的问题成为资金融通渠道拓展的痛点之一。PPP 模式作为一种融资手段，是社会资本与政府合作参与基础设施建设和公共服务的一种项目运作方式，既可以缓解河北省乡村旅游缺乏资金的问题，也为经营主体降低了压力。河北省自身利用 PPP 模式发展旅游业起步晚，发展时间较短，因此在短时间内还未形成质和量的飞跃。从数据中也不难看出，截至 2018 年 8 月 31 日，河北省 PPP 入库项目 329 个，入库项目金额 5349.77 亿元，其中旅游业仅有 10 个项目，仅占河北省全部项目的 3%，河北省利用 PPP 项目发展旅游业处于极不发达的阶段。政府应加强推进 PPP 项目相关法规的建设，成立新的职能机构专项负责 PPP 研究开发。政府牵头，社会资本合作，增加河北省乡村旅游的融资渠道，解决景区发展资金不足的问题，更好地发展河北省乡村旅游。

由于河北各地区自然条件差异很大，而且各地区情况也大不相同，因而河北各地乡村旅游不能一成不变地采用某一特定的发展模式，而是应该从自身实际条件出发，赋予旅游产品更多的文化内涵；此外，既要切实保障投资者利益，又要维护当地村民的合法权益，合理开发乡村旅游产品，实现乡村旅游的健康发展。

（六）构建居民参与模式，激发乡村旅游生态化开发蓬勃活力

乡村旅游已成为世界上众多国家和地区缓解贫困的一项重要战略。通过组织、雇用本地居民，为居民提供收入来源和就业机会，向居民传播先进的发展理念，并为其提供各种生产技能培训，带动当地居民物质和精神上脱贫致富，并承担一定的社会责任。若政府片面强调经济绩效，一味地招商引资，有可能带来旅游景区和企业的经济发展，但是否有利于乡村的发展是值得怀疑的。居民是乡村生活的主体，积极引导居民参与其中，有利于乡村原生态景观的展现。通过建立科学合理的分配机制，培养居民参与竞争并从竞争中获益的能力，使乡村居民真正成为乡村旅游开发的主人。否则，随着休闲农业等旅游开发商的进入，该地区极有可能成为“旅游飞地”，使乡村居民获益边缘化。为促进乡村旅游生态发展，积极引导当地居民参与，最大限度地激发乡村旅游向生态化开发的活力。

（七）加强旅游人才培养，打造乡村旅游生态化开发人才队伍

目前正处于在河北省大规模发展乡村旅游建设的关键阶段，因此亟须相关乡村旅游规划、食宿服务、安全保障、企划管理、导游讲解等方面的人才队伍建设。首先，可通过组织专业培训的形式建设专业的管理团队和服务队伍；其次，可通过加强校企合作的形式来加强人才根源教育培养；最后，可借用目前互联网的便利条件与优势，进行全方位的人才培养。

随着旅游消费者对服务质量的要求日益提高，乡村旅游管理者和服务人员的专业素质也必须随之提高。一是政府及相关部门可以进行相关培训与学习的政策制定，奖惩措施的辅助跟进可以帮助推进质量的提升；二是乡村休闲旅游经营企业可以通过培训、进修等多样的手段来提升企业管理人员的管理观念和科学的管理意识，经过培训的管理人员回到企业内部后及时进行沟通交流，将所学、所得、所感及时分享，潜移默化地提

高企业的整体管理水平；三是可以聘请老师到乡村旅游经营企业进行实践培训与现场指导，对于标准化的流程、全面化的服务进行教育教学，不断提高企业员工的素质；四是要在创新中不断尝试拓宽培训渠道，可以组织管理人员和相对有一定文化基础的服务人员到旅游院校相关专业进修学习，如MTA教育等，通过培训要求从业人员凭经历、凭实力上岗，提高从业人员的业务水平，促进乡村旅游业持续、健康地发展；五是在进行培训的时候注重加强对管理人员进行发展性培训，同时也要进行一些专业的职业性培训，在对服务人员进行职业培训的同时，也要加强服务人员的发展性培训，使管理者了解技能，也使得服务人员掌握一些管理理念，从而真正带动乡村旅游生态化开发的发展。

各高校正逐步重视对学生实践的教育与培养，让学生们将知识从理论扩展到乡村旅游的实践中，与乡村实现资源共享，真正做到“知中国，服务中国”。加强校企合作，优化人才培养方式，打出“理论知识讲座”与“现有优秀从业者座谈和专业技能训练”的理论与实践组合拳，紧紧围绕河北省乡村旅游生态化开发实际需要，重点培养学生工作和应变能力，培养行业优秀人才。此外，目前我们正处于互联网的时代背景下，便捷的网络拉近人与人之间的距离，也创造了云学习的良好条件，可以利用网络实现乡村旅游人才库的创建，打造在线培训慕课，为全省乡村旅游优秀人才创建便利、开放的学习平台和交流空间，为乡村旅游企业经营培养真正理论知识与实践两手抓的优秀人才。

（撰稿人：杨德进　张妍　邹子璇）

三、案例剖析篇

台湾台中池上乡：构建多元协同的目的地品牌

一、池上乡乡村旅游发展历程

池上乡位于台湾台东县，地处花莲和台东交界处的花东纵谷中部偏南，中央山脉和海岸山脉塑造了独特的地理条件，使得新武吕溪携带的肥沃土壤在此沉积，形成天然的优质稻米种植区。优越的自然环境使得池上乡这个典型的台湾农业乡村以其盛产的优质稻米而久负盛名。

但在大工业产业的冲击下，农业的式微不因优越的自然环境而有所不同。20 世纪中后期，包括池上乡在内的台湾农村大都面临着严重的空心化现象。池上乡虽然因“池上米”而为外界所知晓，但由于其时台湾尚未废止稻米区域流通的限制，也未形成完善的稻米质量认证体系，使得“池上米”与其他地方生产的稻米在包装和销售渠道上几无差别，“池上米”的声名也难以进一步向外扩张，优越的自然环境以及深厚的农耕传统所培育出的优质稻米难以真正转化为经济效益。同时，池上乡地处偏远山区，鲜有外人涉足，也难以为世人注目；乡中大多数青年人都外出上大学或工作，留下来的多是老人和部分提前辍学的孩子。这里同台湾千万个乡村一样，默默无闻，鲜有外人光顾。优越的自然资源和生态环境难以为外界所知，更不能转化为经济效益，帮助当地农民增收，如何将资源优势转化为经济优势，成为困扰乡村地区发展的重要问题。

这一切在政府和当地农民的共同努力下开始出现转机。首先，台湾稻米种植、销售等产业政策的调整为凸显“池上米”的优势奠定了基础。1985 年，台湾将“辅导良质米产销计划”作为推动稻米产业转型的重要举措，在全域范围内推行，以培育品种好、种植基础好的良种稻米为先导，打造稻米产业优势。池上乡无疑被选为第一批“辅导良质米产销计划”的培育对象，在政府支持下走上精品化、特色化、市场化的发展道路。面对池上乡优质稻米缺乏有效区分标识的困境，池上乡农会率先尝试在稻米领域申请注册商标“池农米”，并以区别于普通稻米的小袋包装形成市场区分度。帮助“池上米”的市场竞争力得以形成。同时，池上乡实行由农会和米粮商共同建立的稻米分级收购制度和农药检测制度，将稻米品质和农民的经济效益相挂钩，形成了稻米品质提升和品牌塑造的正向激励机制，这在当时全台湾确属首创，对鼓励稻农们生产更优质的稻米有很大贡献，为“池上米”发展三产融合打下了基础。在台湾米品质竞赛中，池上农民均包揽了前三届全岛稻米品质竞赛冠军，使得池上米和其产地受到越来越多人的关注。

池上乡的优质稻米逐渐形成了竞争优势，但美丽的稻田风光和闲适的乡村文化却因鲜有人光顾而成为被闲置的最大资源。由于没有鲜明的品牌形象，池上乡作为众多乡村中的一个，难以吸引城市游客前来观光。终于在2009年，台湾好基金会成员来到池上，在地方农民的帮助下，开始了乡村旅游目的地建设的尝试。当年秋收前，池上乡邀请了钢琴王子陈冠宇在稻田中进行了一次别开生面的钢琴演奏会，金黄的稻田与优雅的钢琴，这种极富视觉冲击力的画面，受到媒体的争相报道，从而引起了较大的轰动，让大家发现了这个农业小镇得天独厚的美丽。此后，池上又连续举办了多届秋收艺术节，其中2013年的舞蹈表演——《稻禾》的演出报道登上了《纽约时报》，使池上的品牌知名度大大提高。其后，池上乡不断进行乡村旅游产品开发和乡村文化挖掘，以"池上米"为核心，围绕米的生长、丰收、加工、消费全过程，形成了稻田观光、池上包饭品尝、稻米加工体验等特色产品。同时，稻田音乐节、四季文化节等特色文化活动，也成为池上乡独具魅力的乡村文化产品，乡村文化的挖掘和传承得以保障，文化生态良性发展体系得以构建。池上将稻米产业与乡村旅游相结合，形成了颇具吸引力的乡村旅游景观和产品，极大地提升了乡村旅游产品质量和品位，吸引大量游客前来观光休憩。

二、池上乡乡村旅游生态化开发举措

（一）经济生态化

池上乡有着优越的乡村旅游景观资源，优质的稻米也为旅游产品开发提供了良好的基础。但"酒香也怕巷子深"，目的地知名度低、旅游形象传播不足成为池上乡发展乡村旅游的首要问题。因此，为提升乡村旅游目的地的影响力和知名度，促进旅游产业发展，池上乡以节事为基础，采用多样的营销方式，借助名人效应，使得自身的知名度大大提高，在短期内即受到市场的广泛关注。

池上乡的突破来自知名的"稻田演唱会"，通过举办文艺活动，邀请明星到访、献唱或艺术家驻乡，池上乡成功"引流"，提高曝光率和知名度，获得广泛的关注，从而将自身优越的自然环境、美丽的乡村景观展示给外界，吸引游客前来观光体验。2009年钢琴王子陈冠宇的钢琴演奏使池上乡声名鹊起，迈出了乡村旅游目的地提升的重要一步。此后，池上乡步步为营，紧抓"稻田演唱会"，举办了数十届秋收艺术节，先后邀请了张惠妹、伍佰等知名艺人参与演出，极大地提升了关注度和知名度。同时，池上乡善于利用热点事件进行宣传。2013年，著名影星金城武曾来到池上乡拍摄广告，广告经电视台播出后，许多游客都慕名而来，池上乡也主动抓住热点，将金城武骑行过的"天堂路"改名为"金城武大道"，金城武在广告中坐的那棵树，被打造成了游客必来的"打卡地"。

（二）文化生态化

丰富、原真的体验活动是保证游客乡村旅游满意度的关键，也决定了游客的重游选择和口碑传播。池上乡除了具有精准鲜明的主题定位外，也非常善于围绕米文化主题特色进行体验营造。尤其是通过寓教于乐，以丰富的体验活动和创新的文化产品讲述池上

乡底蕴深厚的稻耕文化。池上乡开设的全台第一家稻米观光工厂，供游客亲身参与，体验稻米加工和各类特色米食品制作，参与各项稻米文化与农事活动。同时针对婚宴市场推出金属瓮、小木桶、手提袋和花布包装的婚嫁米等特色文化产品。通过持续不断的文化创意和产品创新，让游客始终充满新奇和愉悦，增加满意度。

同时，乡村文化活动和节庆活动是池上乡乡村旅游的一大亮点。除了知名的“稻田音乐节”活动外，池上乡在深挖地方特色文化和历史传统的基础上，发展出了符合传统农家作息的“四季活动”，顺天应时，在不同季节开展差异化的节庆和文化体验活动。“四季活动”包括池上春耕野餐节、池上夏耘米之乡宴、池上秋收音乐节和池上冬藏，保证游客可以在不同季节有丰富的收获，欣赏池上四季更迭的景色，体验不同季节的生活。此外，池上乡也吸引了更多的艺术家驻村生活，为乡村增添文化气息，丰富文化元素，构建乡村文化风景线，同时乡民在同艺术家的交流中可以开阔视野、丰富创意，大大提升自己。

（三）环境生态化

优越的自然环境是乡村区别于城市的最突出特点，也是乡村旅游的立足点。因而乡村旅游生态开发的核心是以人为开发促进乡村自然环境吸引力最大化，相应地，乡村旅游生态开发的底线应当是保证旅游开发不损害当前自然环境和乡村景观的同时，兼顾乡村长期发展需要，保证代际平衡。池上乡在乡村旅游开发中，坚守环境底线，保证旅游开发不破坏乡村景观和乡村资源，始终重视保护静谧的乡村氛围、美丽的稻田景观，不搞大开发，审慎建设旅游接待建筑，追求乡村旅游接待设施与乡村景观在位置、形状和颜色等多方面的和谐，推崇“小而精”的乡村旅游建设理念，极大地促进了乡村自然环境和原有景观的保护，以可持续的方式推动自然环境资源转化为经济效益。

（四）社会生态化

乡村旅游目的地的建设需要政府、行业协会等外部力量的推动，但更重要的是地方民众的积极参与和热心付出。因而在目的地建设中，要始终注重地方居民的利益，调动民众积极性，实现规模效应。从 20 世纪末期台湾推行“辅导良质米产销计划”等一系列政策开始，池上乡民就表现出强烈的责任意识和深厚的家乡情感，他们积极参与乡中事务，互相交流种植经验，团结合作，尊重自然秩序。池上农民的土地伦理就是分享，如获奖稻农会毫不吝惜地分享种植心得，而不会把自己的经验埋藏起来。池上农民的团结为日后的三产发展和“池上米”的文创品牌建设打下深厚基础。同样，在 21 世纪台湾好基金会来到池上助力地方发展时，乡民热心参与各项事务，并在“池上四季”节庆活动粗具规模时主动接过重担，并成立了池上乡文化艺术协会，负责大型活动关键事项的执行。在数年的学习和摸索中，池上乡民终于有了自主经营的能力，具有了获得发展的宝贵财富。经过池上乡民齐心协力的付出，池上稻米文化品牌终于走向成功，乡民也得以共享发展成果。

三、池上乡乡村旅游生态化开发的经验与启示

（一）节事带动，多样营销

池上乡乡村旅游目的地的建设历程生动地诠释了有效的营销手段对目的地品牌构建的重要作用。通过借助名人效应、节庆活动以及广泛的媒体传播等，池上乡的知名度大大提高，从众多平凡的乡村中脱颖而出，将最优美的乡村风光和稻田景观展示在消费者面前，形成了强大的吸引力。池上乡多样营销手段的运用成为目的地经济生态构建的关键，是这一农业乡镇实现产业融合发展的重要举措。在目的地竞争日趋激烈的今天，我们必须开展积极的营销活动，通过影视营销、艺术营销、展会营销、节庆营销等多元化方式和手段，借助名人效应、网络传播等多种渠道，将乡村的优质景观和自然环境展示给潜在消费者，提升乡村旅游目的地的知名度、美誉度和影响力。

（二）深挖文化，提升体验

乡村文化的挖掘和塑造始终是乡村旅游目的地应当关注的突出问题。池上乡以深厚的米文化资源为基础，在深度和广度上进行拓展。一方面，深挖米文化，进行米文化产品开发和米文化故事讲述，丰富了游客的旅游体验；另一方面，池上乡在广度上进行拓展，将米文化与音乐节、钢琴会等相结合，打造出了别具一格的稻田音乐会、池上四季节庆活动，地方特色文化与外来文化的有效融合形成了目的地的特色文化生态，赋予乡村旅游目的地强大的竞争力。因而，在当前乡村旅游目的地建设轻文化开发、重实体建设的不平衡理念下，应当紧抓乡村文化生态建设，在挖掘地方特色文化的基础上，吸收外来优秀文化形式和文化活动，形成乡村文化的创新产品。但要防止脱离地方特色文化的盲目引进和借鉴行为，避免乡村文化投资成为重复性文化景观，难以融入乡村整体文化，导致乡村旅游文化生态的破坏。

（三）发展依农，发展为农

农民始终是乡村发展的主体，池上乡不论是作为重要的稻米产区，还是作为乡村旅游目的地，其成功都离不开勤恳奉献的地方居民。因而任何乡村的发展，都要始终坚持农民主体地位，做到发展依农、发展为农。池上乡在发展乡村旅游过程中，十分重视村民的参与和村民独立经营能力的提升。在推动乡村旅游目的地建设的实践中，政府和外来公益组织以地方居民为主体，而非站在强势者的地位上替代农民进行乡村建设和产业经营，促进乡村旅游目的地社会生态的建立和完善。而针对当前乡村旅游开发中存在的政府或企业主导、居民参与“边缘化”问题，应当转变帮扶思路，政府作为产业政策制定者不应参与乡村旅游的实际经营活动，更不能以开发乡村旅游之名，要求村民集体搬迁，或者丧失乡村旅游的参与机会。这种脱离乡村、忽视村民的开发模式打破了乡村固有的社会生态，使得乡村旅游的可持续发展受到挑战。因而，应当站在坚持村民主体地位的角度上，保证村民的利益，构建完善的乡村社会生态。

（四）多元协同，共塑品牌

乡村旅游生态化开发要求以经济生态建设、文化生态培育、环境生态保护和社会生态塑造为手段，采用系统思维，发挥协同优势，在建设健康完善的乡村旅游生态体系这一目标的引领下，推动乡村产业兴旺、生态宜居、乡风文明、治理有效、生活富裕，实现乡村振兴。对乡村旅游目的地而言，健康的乡村旅游生态体系，表现在乡村旅游目的地品牌塑造上。只有旅游产品、文化开发、生态环境、乡村社会等各要素共同作用，满足游客的休闲和体验需求，提供优质的接待服务时，才会在消费者心目中留下良好的形象，才能真正实现目的地品牌塑造。

池上乡立足当地自然资源禀赋和历史文化优势，充分挖掘利用当地的特色资源，围绕乡村旅游者的多元需求，因地制宜打造多样化的乡村旅游产品，开发出了米蛋糕、米冰激凌等以“米”为主题的特色旅游产品，并深入挖掘米文化内涵，设立互动体验式饭包文化故事博物馆等，充分调动地方村民的参与积极性。通过看米、听米、吃米、玩米、买米等系列稻米体验活动，不断吸引游客前来，带动了当地乡村旅游产业的持续发展，打造出独特的乡村旅游目的地形象，形成了较为完善的乡村旅游开发生态体系，在整体目标引领下，旅游产业、文化开发、村民参与等要素协作发展、协同进化，推动池上乡乡村旅游生态体系的完善，成功打造出了以“米”为核心的乡村旅游目的地品牌。

（撰稿人：郭连文）

日本水上町——“农村公园”从理想到现实

产业兴旺是实现乡村振兴的基础，但我国乡村经济建设的长期实践业已证明，乡村产业的发展并非易事。城乡发展差距持续拉大，导致包含农村精英人才在内的青壮年劳动力大量流入城市，乡村产业发展人才资源短缺，加剧了交通、资源、资金、技术水平等要素配置不足产生的发展障碍。同时，传统乡村产业发展理念存在的局限性也一定程度上制约了乡村产业前进的步伐，乡村产业处在相对孤立的发展状态，缺乏对乡村文化、社会等方面的带动性，没有形成相互促进、协同进化的产业发展模式，使得乡村产业缺乏带动性，持续发展潜力受限，难以形成乡村产业兴旺的良好局面。对乡村旅游产业而言，其所内生的综合性使得产业发展更应关注乡村整体发展，着眼于乡村现有资源的充分利用，推动乡村农业和旅游的高效融合，形成旅游产业和乡村其他产业、各类要素共同促进的发展体系，以整体化视角推动乡村旅游生态系统趋向完善。

相对我国而言，日本等发达国家乡村旅游起步早，产业化程度高，已经发展出了一系列值得我国借鉴的产业模式和经营理念。位于日本本州岛东部的水上町，面对乡村人口流失、产业凋敝、传统农业式微等典型的乡村问题，提出了建设“农村公园”的构想，并积极付诸实践，以开放式、整体化理念指导乡村旅游发展，将全体村域视为一个有机的整体，充分利用种植、养殖、渔业等农业资源，推动农业与旅游业高度融合，将步入发展困境的传统农业作为发展旅游业的基础，最大化开发地方观光旅游资源。并深入挖掘地方文化资源，为乡村手工艺等非物质文化遗产提供发展平台，吸引周边地区擅长工艺制作的匠人前来开展经营活动，促进了乡村文化和旅游产业融合发展，增加了乡村留守群体的收入，形成了产业融合发展、乡村各要素资源集聚的良性乡村旅游产业生态，成功地将建设“农村公园”的理想变为了现实。因而，水上町乡村旅游目的地建设和生态化开发的实践经验十分值得我国借鉴。

一、水上町乡村旅游发展简介

町是日本与村、市同级的行政区划，其面积一般介于村和市之间，依面积和规模大小，与中国的乡镇行政区或街道级区划相当，是日本的基层行政单位。水上町位于日本本州岛中部，隶属于群马县，占地面积约为 350 公顷，下辖四个村落，是关东平原西北部丘陵地区，有着较为丰富的温泉资源。水上町距东京约 160 公里，国道 17 号和国道 291 号以及高速公路直接与东京相连，交通较为便利，其所在的群马县是日本最大的都市圈之一东京都市圈的组成部分。巨大的市场潜力使得以山地丘陵为主，不适宜普通粮食作物种植的群马县十分重视经济作物和蔬菜种植，成为日本重要的经济作物基地和畜产养殖中心。在日本乡村振兴法令和政策的指引下，部分乡村也另辟蹊径，充分突出资源优势，打造“一村一品”，凭借着便利的交通、丰富的温泉资源和优越的山地原生态自然环境，积极对接东京都市圈这一庞大市场，发展休闲农业和观光旅游，水上町就是其中的典型代表。

但水上町乡村旅游发展之路并非坦途，其创新发展方式，探索独特发展道路的动力来源于当时乡村经济的衰落和社会的凋零。自第二次世界大战结束以来，日本为振兴国家整体经济，颁布了一系列促进乡村经济秩序恢复和基础设施建设的法令，规范了战后农村土地利用秩序，为乡村产业发展奠定了坚实的基础。并以优惠的产业政策促进日本农业规模化和整合化，提高农业机械化水平，使得农村发展环境大大改善。但城乡之间的发展差距仍广泛存在，农村产业结构单一、农业收入水平较低等问题仍然困扰着广大日本乡村。特别是对水上町等靠近东京都市圈的乡村来说，城乡发展差距使得大量农民放弃农业经营，纷纷流入城市，追求城市化带来的便利和效益。使得乡村面临严重的人才流失、产业凋敝，以及人口老龄化等困境，亟待寻求新的乡村发展之道。

20 世纪 70 年代末，为推动城乡均衡发展，以城市发展红利助推乡村振兴，日本开展了极具影响力的“造村运动”，在中央和地方各级政府支持下，各村庄纷纷开展新农村建设的实践，挖掘本土资源，发挥特色产品作用，打造“一村一品”，建设有着鲜明地方特征的优势产业。20 世纪 90 年代，日本政府先后颁布了《关于为搞活特定农村、山村的农林业、促进健全相关基础设施的法律》（1993）、《农山渔村余暇法》（1994）、《农山渔村宿型休闲活动促进法》（1995）、《关于促进建设优良田园住宅的法律》（1998）等法律，对鼓励和规范乡村旅游产业发展起到了显著作用。乡村旅游和休闲农业就是在这样的情况下在日本乡村逐渐扎根发展，并日益成为提振乡村经济的新引擎。值此契机，水上町政府提出了建设“农村公园”的构想，把乡村视作一个没有边界的公园，充分利用乡村的一切农业和休闲资源，以农助旅，以旅促农，推动农业和旅游业融合发展，实现水上町乡村产业发展和社会繁荣。其后，为进一步提升乡村旅游目的地吸引力，水上町不断创新旅游产品形态，发展地方文化特色，形成了集美食、休闲、娱乐、住宿等多元体验于一体的完善产品形态，成为极具吸引力的乡村旅游目的地。快速发展的乡村旅游业吸引了大量城市游客前往水上町，为当地带来了可观的收入。据统计，仅作为水上町旅游板块之一的“工匠之家”每年游客总数就突破了 50 万人次，旅游总收入达 3116 亿日元。

二、水上町乡村旅游生态化开发举措

（一）经济生态化

乡村旅游发展的首要目的在于实现经济效益，促进当地经济发展。但乡村旅游经济增长模式和路径具有多样性，乡村旅游目的地开发与保护限度的选择、对目标市场需求的迎合程度等都决定着其产业发展路径，最终决定着乡村旅游经济效益的实现程度。依据可持续发展理论，产业的可持续发展需要平衡当前利益与长远利益，以不损害后代福祉为限进行当前资源的开发和利用。乡村旅游产业的可持续发展亦需遵从这一内在规律，只有坚持清洁生产、生态开发，才能最大限度减少乡村旅游发展对乡村自然环境和生态系统的破坏，促进乡村旅游赖以发展的资源长期存续，保证乡村旅游产业可持续发展。

在打造“农村公园”理念的指引下，水上町形成了特色的资源开发与利用模式，打造出完善的乡村旅游产业生态。一方面，水上町坚持因地制宜，尽可能减少对原有环境的改造，利用特殊的山地、丘陵、峡谷等地理条件，迎合市场需求，发力户外体验，打造出独具魅力的滑雪、漂流、蹦极、露营等旅游产品，极大地丰富了乡村旅游目的地的产品类型，赋予游客以多元旅游体验。另一方面，水上町以得天独厚的温泉资源为抓手，将养生、休闲理念贯穿其中，实现温泉的休闲功能和养生功能的结合，把温泉打造为乡村旅游的“拳头”产品。同时，为提高温泉产品的吸引力，水上町不断提高温泉服务水平，并设置了不同的主题温泉，供游客依据自身偏好选择。通过最大化本地资源利用，既减少了大规模投资开发所需的资金投入，也保证了乡村景观的原真性，防止大规模建设对乡村生态环境和景观环境的破坏，以最低程度的开发带来最大的旅游体验和乐趣，有利于实现乡村旅游可持续发展。

（二）环境生态化

良好的自然环境、完善的接待设施和美丽的乡村风貌是发展乡村旅游的前置性条件。水上町在进行乡村旅游开发伊始，就在地方政府主导下，开展了乡村环境整治和接待设施建设等一系列重要活动。为加强乡村环境治理，水上町设立了专门性机关“农村环境改善中心”，投入大量资金，对乡村自然环境和整体风貌进行改善，彻底改变了过去因为乡村人口流失导致的乡村破败状况。同时，水上町开展了接待设施升级工程，对既有的接待设施进行改造升级，提高其利用率，并结合乡村旅游发展需要，筹建了若干适用于休闲旅游市场的基础设施，大大提高了乡村旅游接待能力，并为未来乡村旅游的升级和提高留下了充足空间。

同时，水上町注重乡村旅游经济效益与环境保护的平衡，在近 30 年的乡村旅游发展历程中，始终将生态环境放在突出位置，选择低污染、破坏小的旅游项目，开发环保型旅游产品。并充分挖掘当地建筑特色，选择原生态的建材，打造地方特色、景观相融的旅游建筑，不仅减少了对环境的损害，而且成为开展旅游活动的重要设施和展示当地民俗文化的重要窗口。

（三）文化生态化

乡村文化是乡村旅游活动的灵魂，是乡村旅游吸引力的内核。水上町乡村旅游发展的重要部分，是乡村文化的有形化和乡村旅游产品开发。其中，最知名的项目莫过于“工匠之乡”。水上町根据当地特征，对旅游项目进行划分，将展示乡村文化、传承乡村传统工艺的旅游体验区统一起来，打造出了“工匠之乡”，继承和发扬当地传统手工艺文化，建立了胡桃雕刻彩绘、草编、木织、陶艺等20余个传统手工艺作坊，形成了“人偶之家”“面具之家”“竹编之家”“茶壶之家”“陶艺之家”等特色手工艺品牌之家。在“工匠之乡”，游客不仅可以观看传统艺术产品的制作，而且可以现场动手体验，在工坊技师的指导下创作完成地方特色工艺产品，极大地提高了游客的参与感，丰富了游客的乡村旅游体验。“体验农村文化”已经成为提高游客满意度，增加乡村旅游收入的重要渠道。此外，为保存乡村历史遗迹，传承乡村文化和民俗，“工匠之乡”还建设了地方文化资料馆，用以保护当地的特色历史文物，记录和传承民间工艺和技艺。通过深入挖掘地方文化，并以有效的手段转化为游客体验，“工匠之乡”以其非凡吸引力，业已成为水上町乡村旅游一张亮丽的名片。

（四）社会生态化

乡村旅游的发展，为水上町带来了希望和变革。曾经被快速城市化进程冲击的乡村，通过发展旅游业，实现农业和旅游业的产业融合分享了城市化的红利，使得乡村旧貌换新颜，乡村传统社会结构走向重构。首先，乡村旅游发展一定程度上解决了困扰水上町，乃至整个日本社会的老龄化难题，通过开发特色的民间艺术、乡村民俗旅游产品，为有着丰富经验的老年工匠和村民提供了再就业渠道，增加了老年人口的收入，提高了其生活水平。其次，乡村旅游发展使得水上町从人口流出转向人才流入。在乡村旅游发展初期，为支持特色旅游板块“工匠之家”的发展，水上町地方政府投入大量资金用于吸引工匠入驻，在每一间工匠建设的前三年，由地方政府给予每人每天5000日元左右的补贴，并在后期通过财政补助等形式给予支持。政府的大力支持不仅使得本地居民纷纷入驻，也吸引了大量外来优秀人才在水上町长期定居。最后，乡村旅游发展带动基础设施日益完善，提高了当地居民的生活水平和福祉，使得当地居民能够享受旅游发展红利。

三、水上町乡村旅游生态化开发特色

水上町在发展乡村旅游过程中，注重乡村自然环境的保护和本土特色文化的挖掘，打造出了多样的户外运动、温泉休闲和文化旅游产品，超越了传统的乡村旅游产品存在形式，没有停留在简单的乡村旅游观光和采摘活动，而是打造高品质的旅游产品和创新的旅游业态，瞄准东京大都市圈这一广大的市场发力，吸引了大量旅游者来到目的地开展乡村旅游和休闲活动。可以说，水上町乡村旅游在经济生态、环境生态、社会生态和文化生态等方面都创造出了良好的模式，代表着日本乡村旅游较高的发展水平。但在环境保护、文化开发和产品塑造等方面的突出成就并非偶然，水上町以地方政府为主导的“农村公园”理念和实践是其突出的乡村旅游目的地建设成就的保证，是水上町乡村旅游生态化开发最具特色的经验。

水上町“农村公园”的实践有着突出的创新性，一方面，不同于普通公园建设理念，水上町的“农村公园”构想把整个水上町乡村看成全域公园，而非划定特定区域形成专用性质的公园，这使得乡村得以作为整体旅游目的地，促进各类资源充分利用；另一方面，以公园的建设理念和标准指导乡村，为乡村整体风貌和环境改善提供了科学指南，也使得乡村资源保护性开发成为基本原则，奠定了乡村旅游生态化开发的基础。

水上町将“农村公园”的构想付诸实践，需要在全域范围中形成景观、文化和人才等资源以及利用与管理上的合力。对强有力的乡村旅游发展领导机构提出了必然要求。决定着水上町地方政府在“农村公园”建设和乡村旅游发展中应当发挥领导全局、提供支持等重要作用。

首先，水上町地方政府为乡村旅游发展提供了重要的资源和支持。在乡村旅游发展初期，乡村基础设施薄弱，接待设施落后，难以满足游客的需求，而发展滞后的乡村缺乏足够的资金和能力进行乡村环境改善和基础设施建设，因而只能借助外来主体的支持。但乡村基础设施建设和旅游开发投资大、见效慢、周期长等特性使得民间资本缺乏进入积极性，故水上町乡村旅游的初始发展对地方政府的支持有着较高的依赖性。得益于政府的大量资金支持，水上町迅速实现村容村貌改善，以及文化产品创新和开发，具备了较高的接待能力。

其次，水上町地方政府总领全局，形成全域乡村旅游产品和业态的合理布局。在地方政府的规划指引下，水上町因地制宜，形成了若干个特色旅游片区，从户外运动到文化体验，再到休闲度假，合理的规划布局和产品组合能够满足消费者的休闲度假需求，大大提高了水上町乡村旅游的吸引力。在地方政府的领导下，水上町走上了“规划发展拉动旅游”的良性道路。

最后，水上町地方政府发挥乡村旅游产业的指导和监管作用。一方面，地方政府对村民的经营活动提供指导，给予必要的经营技术培训和市场信息指导，帮助村民提高经营效益，并正确决策旅游经营投资方向，以保证全域范围内乡村旅游产品和经营设施的平衡。同时，地方政府也建设了村营温泉中心、农林渔业体验实习馆、农产品加工所等经营性乡村旅游设施，为村民的经营活动提供示范。另一方面，地方政府对村民的经营活动进行监管，发挥对目的地整体品牌和乡村自然景观环境的保护作用。规范经营活动，防止乡村旅游经营者的示范经营行为损害旅游者体验，对目的地整体形象造成损害。同时，对经营者的环境保护、资源开发利用等行为进行监管，确保乡村旅游开发的持续性。

四、水上町乡村旅游生态化开发的经验与启示

（一）贯彻整体观念，构建旅游生态

水上町“农村公园”的构想和建设实践，业已证明了乡村旅游目的地生态开发应当具备整体的、系统的思维，将乡村旅游目的地视为一个整体，将旅游产业、乡村文化、基层组织、生态环境等纳入一个系统，协调各要素关系，合理配置资源，促进协同进化，形成发展合力。对我国乡村旅游目的地而言，应当立足长远，以构建循环有序、动

态发展的产业生态为目标，实现整个目的地的协调和联动。同时，目的地资源的利用应当目标化、系统化，最终形成符合市场需求的旅游产品板块。这需要推进制定村级发展规划，整合村级土地利用、产业发展，形成稳定的、延续的乡村产业发展体系，以村级规划引领乡村旅游产品开发、文化挖掘、市场开拓等多个环节，促进目的地形象塑造，助推乡村旅游品牌竞争力提升。

（二）坚持因地制宜，活化乡村资源

水上町通过发展乡村旅游，实现了乡村整体竞争力的大幅提升，从落后的山村转变为炙手可热的乡村旅游目的地，展现出乡村旅游对乡村社会的巨大影响，也为普通乡村充分开发利用现有资源，实现产业兴旺和乡村振兴提供了可以借鉴的范本。水上町在发展乡村旅游，建设“农村公园”的实践中，充分发挥现有资源优势，因地制宜，结合市场需求，采用创新的开发方式将山川峡谷、乡村文化等资源加以活化利用，成为满足游客休闲、运动、体验等多重需求的产品组合，将普通资源的价值最大化。因而，目的地在发展乡村旅游，进行旅游产品开发中，应当始终坚持因地制宜，在适合发展乡村旅游的地域，结合市场需求，以创新、多样化的开发方式，形成满足游客需求的旅游产品和组合。切忌贪大求功，盲目模仿成功经验，上马大项目，进行大开发，防止过度开发带来的环境污染、景观破坏、资源浪费，以及因缺乏吸引力而导致投资难以收回，阻碍目的地乡村旅游发展进程。

（三）建设基层组织，强化集体作用

水上町在建设“农村公园”，推动乡村旅游生态系统构建中，地方政府发挥了不可替代的作用。在乡村旅游目的地建设中，亦应充分发挥地方政府的作用，以政府支持为乡村旅游目的地发展提供保障。同时，村集体等乡村基层组织在发展乡村旅游中具有重要作用，其作为基层管理组织发挥村级公共事务的管理和领导作用，因而应当加强乡村旅游目的地基层组织建设，充分激活村集体活力，发挥领导、协调和示范作用。要制定科学合理的政策，吸引优秀外来人才进入村级组织，选拔先进集体组织成员，畅通人才流动渠道，提高农村基层组织成员知识水平和专业能力，为乡村旅游发展提供人才保障；要加大对基层组织的扶持力度，给予基层组织必要的资金、技术支持，并严格落实基层组织民主监督和制度建设，推动基层组织事务民主化、公开化，保障乡村旅游发展中村民的利益。

（撰稿人：郭连文）

日本屋久岛：构筑生态型海岛①

20世纪80年代，人们逐渐意识到旅游活动对目的地环境会造成一定的破坏，充分利用自然旅游资源的绿色旅游开始受到游客的关注。日本农业旅游以观光农场和农业公园为主要模式，日本乡村的田园风光和具有特色的传统文化吸引了世界各地的游客，农业观光旅游迅速发展，旅游生态化发展日趋成熟。2003年11月，日本政府主持召开旅游生态化开发推进会，并提出从制定宪章、信息化建设、定期举行景区评选活动、发布指导手册、建立示范区五方面加快旅游生态化发展。2004年，继续召开两次旅游生态化开发会议，进一步明确了旅游生态化开发过程中各利益相关者间的博弈关系与协调对策。2007年，日本政府发布《生态旅游推进法》，强调"注重自然环境保护、推进旅游振兴、助力区域振兴、加强自然环境教育"四大发展理念，为旅游活动的生态化发展提供了法律保障。

日本旅游生态化发展是旅游各利益相关者共同努力的结果。在行业管理方面，生态旅游协会制定相关准则和制度，以协调行业内部矛盾，规范旅游行业运行秩序。协会通过举办全国性会议，对旅游生态活动进行评估和认证，在普及旅游生态化发展理念的同时，调动旅游管理者和从业者开展旅游生态化发展的积极性。在企业经营管理方面，不仅接受行业协会的管理和指导，而且善于将当地居民对旅游生态化开发的意见纳入旅游项目的设计中，使旅游活动的展开能够顺利进行。在旅游目的地居民方面，居民通过对当地旅游活动开展建言献策，深化了自身对旅游生态化发展的认识，进一步地改变了自身非生态化行为，甚至积极地感染游客，以促进游客低碳旅游的思想观念和意识的提高。

一、屋久岛简介

屋久岛位于日本九州大隅半岛南端，面积约503平方公里，居民约有14万人。其年降水量为4000~10000毫米，植被类型丰富，形成了独特的森林景观，并为一些濒临灭绝的鸟类提供了栖息地，于1993年10月被列入世界自然遗产名录。屋久岛主要产业为果树种植、渔业加工、工艺品制造及化工生产等。在20世纪80年代，日本大力发展生态农业，并以屋久岛为例开展了海岛可持续发展模式相关研究工作，在构筑生态型海岛方面积累了丰富的实践经验。20世纪90年代以来，为建设循环型社会，日本重点推行海岛"零排放"战略，最终将屋久岛打造为世界著名的"零排放"海岛。

① 李彬．屋久岛：日本生态旅游的一个成功案例［J］．东北亚学刊，2017（4）：55-59.

在旅游资源方面，受到气候和地形的影响，丰富的降水量与高低不同的海拔温差，养育了多种珍稀动植物物种。如屋久杉作为屋久岛的本地杉，树龄均长于1000年，在生物学和生物形态学方面具有显著的价值。同时，独特的自然环境，造就了“白谷云水峡”“平内海中温泉”“大川瀑布”等自然景点，吸引了众多游客。

二、屋久岛旅游生态化开发举措

（一）经济生态化

屋久岛通过调整产业结构，使产业重心由第一产业向第三产业转移，延长了农业产业链，提升了产品附加值。屋久岛具有产业腹地小、劳动力短缺、运输成本高等特点，政府通过制定可持续发展规划，有效利用特殊地域资源，大力开发特色农业地理资源、特色农产品、特色旅游项目等活动，逐步降低农、林等第一产业比重，产业结构得到调整。如家庭农场联合企业，采用先进的现代化技术，对农产品进行深加工，原料损耗进一步减少，产品营养得到提升，新鲜感保存较好。通过改善交通设施和公共服务设施，如兴建道路和桥梁，修整港口和海湾，以提高岛内著名景点的通达性和联系性，以增强对旅游业的支持。

同时，屋久岛秉承可持续发展原则，通过开展海岛层面的物质流分析，跟踪研究和严格管控岛内经济系统的资源输入、使用和废物排放情况，有效提高了资源利用效率，最大限度地减少了污染物的排放。

（二）环境生态化

政府高度重视旅游发展中的环境保护。2007 年日本政府颁布《生态旅游推进法》，2008 年对其进行补充，颁布了《生态旅游推进基本方针》，为屋久岛旅游生态化发展提供了法律保障。同时，构筑闭环式物质循环型海岛。屋久岛对岛上垃圾进行精细分类与回收利用，除部分可再生原料统一运出岛外循环利用外，其余 95% 的垃圾都实现岛上就地处理与利用。利用农业废物和牛粪尿进行堆肥，并还原于农田、林地，使废料资源化并节约了废料处理成本。猪粪尿和废纸盒则采用干式发酵方法进行沼气化处理，年产沼气可达 4.05×10^5 Nm^3。其余的可燃物与林业废物全部进行焚烧处理，焚烧残渣一部分与堆肥残渣混合后进行碳化处理，另一部分与厨余垃圾等废物混合后进行二次堆肥，两部分产物可加工成有机肥料 1487 吨。同时，屋久岛逐年完善可再生能源利用设施，其中风力发电每年可达 3×10^9 千瓦 / 小时，太阳能发电可达 1.91×10^8 千瓦 / 小时，利用林业废物也可产生 1.81×10^{11} 千焦生物质能。可再生能源在岛上公用设施及私人住宅的广泛应用，使化石燃料使用量同比削减了近 60%。屋久岛坚持在生态优先的基础上进行旅游景观开发，成为世界各国学习的典范。

此外，屋久岛还设有生态旅游推进协会和老年志愿者协会，前者负责每年向国家环境省等部门上报海岛生态旅游及自然资源保护等项目计划，以获取国家资助，后者负责定期组织开展环境教育、文化宣传、垃圾分类指导等活动，为海岛文化传播营造良好氛围，为海岛生态旅游产业的发展发挥余热。随着游客的增多带来一些生态环境问题，每年登岛游客产生的 687 吨废物所需处理费用达 2 亿日元，屋久岛以“协力金”的方式对登岛游客收取一定生态保护费用，废物处理工作则主要由海岛居民负责。

（三）文化生态化

1992 年，“屋久岛环境文化村构想”被列为日本鹿儿岛综合基本计划中心战略项目之一，主要指以屋久岛为基地，开展一系列文化知识学习、教育等活动。如建设屋久杉自然博物馆，不仅发挥了传统博物馆展示文化遗产、艺术品等作用，且将当地的自然环境、社会环境、文化环境的发展过程进行培育和展示，将本土文化和遗产较好地融入博物馆建设中。同时，以小学为中心创立区域科学馆联盟，组织中小学生大规模地开展学习环境保护知识活动。由此，屋久杉自然博物馆也成为研学旅游的目的地之一，帮助中小学生学习户外环境知识，并开展野外宿营拓展训练等。此外，成立了屋久岛环境文化研修中心，并开展了集参观、观察、体验、研讨于一体的旅游活动，帮助游览者学习当地的自然环境知识和了解当地文化。此外，屋久岛通过举办屋久谷山节，包括铜管乐队表演、宫山舞蹈、屋久鼓、烟花表演等在内的诸多活动形式，传承屋久岛传统文化。

三、屋久岛旅游生态化开发经验与启示

结合日本农业旅游和屋久岛旅游生态化的发展，为我国乡村旅游生态化发展提供了重要的启示：

（一）完善相关法律、法规制度

日本在环境政策方面已经形成了较为完善的法律体系，《生态旅游推进法》《生物多样性保护国家战略 2012—2020》，为乡村地区旅游发展提供了有力的保障。生态文明教育涉及环保、教育、旅游等多个领域，需要政府以立法为基础推动环境保护教育的法制化，为乡村生态旅游的发展提供政策支撑。并结合地区实际情况，因地制宜地制定地方性政策法规，请专业人员进行指导和监督，保证政策的可实施性。

（二）明确多主体的角色定位与协同机制

乡村旅游生态化发展过程中需要政府、企业、当地居民以及旅游者多方力量的配合，才能促进乡村旅游绿色、生态、永续发展。屋久岛旅游生态化发展过程中，政府、企业、当地居民具有较高的环保意识和自觉性，并各自采取实际行动保护生态。其中，政府在乡村旅游生态化开发中发挥着重要作用。旅游企业以追求经济利益为主，政府需要从政策方面对旅游企业经营者和旅游者进行生态化引导。如从税收和土地审批等政策方面入手，对不同污染程度的企业实行分层级课税，对废物回收利用的企业予以政策优惠或奖金鼓励。

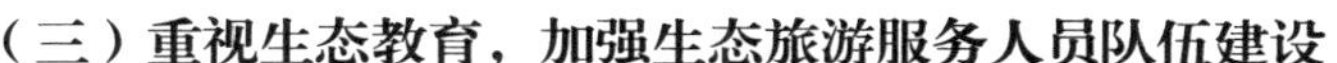

（三）重视生态教育，加强生态旅游服务人员队伍建设

知识讲解与体验活动相结合，使人们深入理解生物多样性的重要作用。屋久岛的导游在旅游生态化发展中扮演着重要角色。导游承担着对屋久岛的环境和文化进行保护、管理和传播的重要功能。在中国的乡村旅游发展中，也应该重视对乡村旅游企业服务人才的培养。首先，要提高包括导游在内的旅游业从业人员的生态道德修养，强调尊重和保护当地旅游生态系统的完整性和稳定性，这是一个长期潜移默化的结果，并非几次简单的培训所能达到的。其次，充实旅游业服务人员的生态学知识，如植物生态学、动物生态学、文化生态学等，使其在旅游服务过程中能够自觉尊重客观规律，将旅游生态化发展自然渗透在旅游服务过程中。通过服务人员自身对建设生态文明的觉醒，在日常生活中注意自身行为，保护和发展好乡村旅游的环境、文化和乡风文明，并向游客传播和引导生态化消费理念和行为。此外，学校通过开展“生态保护”进课堂、“到目的地学习生态知识”等活动进行启蒙教育，树立青少年的生态保护意识，培养未来旅游者的生态文明理念。

（撰稿人：张妍）

英国布莱肯堡农场：构建乡村旅游融合发展格局

英国是现代乡村旅游的发源地之一，也是世界著名的乡村旅游目的地，其湿润的温带海洋性气候和平原、丘陵为主的地形地势，共同造就了英国乡村绵延起伏的草地、广阔无垠的牧场和自然质朴的田园风光，孕育出乡村旅游发展的自然环境和人文景观基础。英国的畜牧业相对其他农业产业较为发达，因此，农场成为英国乡村农业产业的基本组织单元，乡村旅游经营模式以农场主自主经营为主。在政府宏观政策指导、行业协会自我监督管理，以及社区村民的共建参与下，英国乡村旅游长期稳定发展，涌现出一批风景优美、环境友好、产业兴旺的乡村生态农场。

英国布莱肯堡农场自2007年建成以来，始终以“用最天然的田园风光接待往来游客”为理念，保留农场最原始的景观风貌和生产方式，为游客提供亲近自然、向自然学习的体验空间。农场紧抓亲子游客市场，寓教于乐，让孩子们在玩中学习农业知识；将历史建筑改造成高端民宿，活化文化遗产，提供“超五星级”的高质量住宿服务；延长农业产业链，使游客在购买新鲜农产品的同时，体验农产品加工过程、享用绿色农业加工品；积极发展乡村经济，吸引年轻人返乡工作，为乡村发展注入新鲜血液等。这些举措都为服务区域经济发展、乡村旅游生态化开发和英国乡村振兴做出了突出贡献。

当今，乡村发展是各国经济社会发展的重要支柱，乡村振兴也成为全球性的发展议题，布莱肯堡农场在长期发展过程中所形成的先进开发经验和特色发展道路，对解决我国乡村旅游发展基础薄弱、产业特色不够鲜明、动力潜能不足等问题具有较强的借鉴和推广意义。

一、布莱肯堡农场乡村旅游发展简介

布莱肯堡农场（Brackenborough Hall Farm）位于英国林肯郡，东邻英国东海岸，西靠林肯郡郊野，毗邻风景如画的劳斯小镇，占地面积800英亩（约4860亩）。农场风景优美、环境宜人，植被覆盖率达到95%，保留了原始的田园风光和传统农业生产方式，具有发展乡村旅游的自然资源条件；同时，农场地理位置优越，距离集市、商业区等便利的生活基础设施仅2英里，距离林肯郡海滩、自然保护区、博物馆、文化遗址等旅游景区景点10英里，既满足了自助游客的交通通达性要求，又有效服务于游客的多样化观光体验需要。以粮仓、马厩改造而成的民宿为核心卖点，农场自2007年建成以来，不断吸引来自世界各地的旅游者前来住宿、用餐、体验农事活动，逐渐成为林肯郡乃至全英乡村旅游的典范，获得2013年英国《卫报》评选的“英国10个最佳度假式农场”称号，屡次荣获旅游经营管理、绿色环境、商业服务等各领域奖项。

历史悠久的布莱肯堡始建于18世纪，最早作为马厩使用，后在一楼增建粮仓用于存放谷物。20世纪，受到两次工业革命浪潮的冲击，马匹在交通运输业中的地位逐渐下降，直到80年代后期，布莱肯堡农场马厩完全废弃，房屋被改造成储物室和办公室。为提升房屋利用效率、提高经济收益、发展多样化产业，2004年，农场主对房屋进行了精心维护和装修，2007年5月，布莱肯堡“马车”主题民宿正式开业，古老的建筑重新焕发出生机与活力，富有历史感的客房广受游客欢迎。

随着马车主题民宿的开业，游客开展乡村旅游体验活动的需要逐渐受到重视。农场充分利用土地资源，将650英亩土地用于种植小麦、大麦、油菜和豆类，夏天，游客可以登上拖拉机和联合收割机，体验谷物的收割和运输过程。农场还建有广阔的牧场，游客能够欣赏到青青草原、与牛群近距离接触、观看牛犊的出生过程。此外，布莱肯堡农场中还坐落着一座中世纪邸园，经过简易修缮后，废弃的邸园焕然一新，成为游客体验中世纪文化氛围的休闲场所。

二、布莱肯堡农场乡村旅游生态化开发举措

（一）经济生态化

布莱肯堡农场作为乡村生态农场的倡导者和实践者，始终坚持清洁生产、高效生产，以绿色、健康的方式种植农作物，尊重植物的自然生长规律，使用有机农药和生物肥料，从源头控制污染物；创新农作物种植模式，综合采用间作和套种方法，科学管理土地资源。农场将清洁生产理念贯穿作物种植、牲畜养殖、旅游经营全过程，提高了资源利用效率，能够有效预防污染、保护土壤和水资源，减轻环境污染对游客和周边村民的伤害。

此外，布莱肯堡农场还不断调整产品结构，延长产业链，促进一、二、三产融合发展，打造乡村旅游全过程、长链条、多产业经济生态。以传统种植业和畜牧业为基础，布莱肯堡一方面对游客直接销售绿色农产品，传播绿色、健康的生活理念；另一方面对农作物进行深度加工，邀请游客观看甚至参与农牧产品加工过程，拓展游客体验维度。布莱肯堡农场还面向多种类型的游客群体，提供有针对性的旅游体验活动，如为亲子游和家庭游游客提供儿童游乐场、烧烤架和自然主题的徒步旅行，为体育爱好者提供足球、板球、网球和乒乓球运动场地，为自行车发烧友提供专业的自行车道和停车位，为团队游客提供统一用餐和开展集体活动的公共空间等，丰富了乡村旅游模式和业态，有利于其经济生态化、产业生态化健康发展。

（二）环境生态化

作为布莱肯堡农场的所有者和经营者，贝内特家族是农场的原住民，已在林肯郡生活超过一个世纪，对当地自然环境的情感依赖较深，因而具有较强的主人翁意识和生态保护观念。农场主积极与客人分享农场的自然之美、环境之美，引导客人将生态文明理

念贯穿乡村旅游全过程，同时承担环保责任、践行生态承诺，不仅成功打造出高环境质量的乡村旅游目的地，更为提升区域环境形象、传播生态保护理念做出贡献。

为节约能源、提高空气质量，布莱肯农场尽可能使用低能耗灯泡和可再生清洁能源，于 2007 年安装高燃烧效率的生物质锅炉，以满足客房和大厅的供暖和热水需要；2015 年 12 月，农场在新农舍的屋顶上安装了 120 块太阳能电池板，为农场和周边地区提供电力。在土地资源利用方面，农场不使用任何化学农药和肥料，注重以可持续的方式管理林地和农作物，不仅为游客和村民提供了绿色的时令蔬菜、水果，还为麋鹿、秃鹰等野生动植物提供田间地带作为栖息地，实现了人与自然、传统农作物与野生动植物的和谐共生。为使当地居民和子孙后代满足和实现其需要，布莱肯堡农场自主制订了《环境保护行动计划》，在农场经营、管理、顾客服务等各环节采取有效的生态化开发举措，并对游客在乡村旅游的过程中可能采取的环保行为提出建议，部分行动措施如表 1 所示。

表 1　布莱肯堡农场《环境保护行动计划》（节选）

农场经营管理生态化举措	（1）使用木屑燃烧器和生物质锅炉供暖； （2）通过太阳能电池板供电； （3）在夜间和寒冷的天气关闭大门以保存热量； （4）尽可能使用低能耗或 LED 灯泡； （5）使用环保清洁的洗漱产品； （6）回收打印墨盒、玻璃、塑料、纸张和易拉罐等； （7）用雨水浇灌花园； （8）制订农场环境计划，预留野生动植物生存的区域； （9）遵守环境法律法规； （10）为未乘坐私家车抵达的客人提供奖励（赠送布莱肯堡相关书籍）。
游客旅游行为生态化建议	（1）使用回收设施，尽量减少浪费； （2）给房间加热时关闭门窗； （3）使用散热器上的恒温器，在夜间调低暖气温度； （4）在不使用灯光或电视时，及时关闭； （5）使用晾衣绳代替滚筒式烘干机； （6）以淋浴代替泡澡； （7）减少汽车的使用，乘坐公共交通工具或骑自行车； （8）享受野生动物，如獾熊、野兔、鸟类、昆虫等。

资料来源：布莱肯堡农场官网，网址：https：//www.brackenboroughhall.com/environment。

（三）文化生态化

乡村文化是乡村旅游活的灵魂，展示了乡村区别于其他旅游目的地的独特精神内核和独有品格风貌。布莱肯堡历史悠久、文化氛围浓郁，其农场和建筑本身即是文化遗产活化的重要体现：民宿客房由马厩和粮仓改造而成，能够带给游客复古的住宿体验；农场内的钟楼已保存 2 个多世纪，营造出独特的历史氛围；农场保留了最原始的干草架、马槽和人字形砖地，帮助来自城市的游客了解农牧业历史，带给游客深度的文化体验。

另外，乡村文化并不是自发显现和独立存在的，需要依靠经营者在乡村旅游开发和

建设过程中逐步挖掘、培育、宣传，因此，找准物质载体，突出文化特色成为乡村旅游生态化开发的关键。布莱肯堡不拘泥于现有的历史文化资源，而是在改造和利用文化遗产的基础上，积极挖掘当地非物质文化遗产、总结梳理布莱肯堡乡土故事，把握文化生态化开发方向，促进文化和旅游融合。农场主通过回忆和收集布莱肯堡自然风光、动物植物、历史故事、人物传说等，撰写了书籍《布莱肯堡，一个庄园的故事》，并放置在客房中供游客阅读。这些举措不仅提升了布莱肯堡乡村旅游的文化魅力，增强了游客惊喜和体验感，更有效保存了当地农牧业传统文化，对布莱肯堡乃至英国文化和自然遗产的保护与开发具有示范效应。

（四）社会生态化

布莱肯堡农场对乡村旅游社会生态环境的营造主要包括与游客的关系和与当地居民的关系两个层次。在与游客互动方面，农场始终将游客体验作为提供产品和服务的出发点和落脚点，从细节处给予游客最高层次的人文关怀。例如，针对有视觉、听觉和行动障碍的游客，农场提供了便捷通道和辅助设施，帮助游客更好地适应陌生环境，体验乡村旅游的温馨和乐趣。在与当地居民互动方面，布莱肯堡农场长期与周边地区农场开展合作，与当地居民和其他相关产业经营者保持密切联系。农场主人会鼓励游客前往劳斯镇集市感受本土化的农贸市场，体验周边特色的餐厅、咖啡馆和酒吧，探索英国最具特色的古董交易中心，这些举措不仅使布莱肯堡农场成为乡村旅游社会生态化开发的标杆，更为社区注入了新的经济增长活力，促进了区域多种产业的共同发展。

三、布莱肯堡农场乡村旅游生态化开发特色

相较于传统以观光、享乐为主的旅游方式，生态旅游、绿色旅游可能对部分游客的旅游体验产生一定程度的负面影响。为解决这一问题，乡村旅游生态化开发应注重丰富旅游业态、拓展旅游产品类型、增加旅游体验方式，从而满足人们多样化的旅游需求。研究发现，布莱肯堡农场乡村旅游生态化开发的突出特色在于贯彻落实融合发展理念，从文旅融合、产业融合、城乡融合三个方面着手，推进乡村旅游供给侧的结构性优化，以积极、主动、创新的方式构建乡村振兴融合发展格局，进而提高乡村旅游综合效益在乡村振兴中的贡献。

（一）文旅融合：以遗产活化推动文化生态化

在乡村旅游文化生态系统构建方面，布莱肯堡农场具有优越的先天条件，同时通过建筑改造和旅游经营，增强遗产活化利用，对文化遗产的当代价值做出诠释。例如，农场内的民宿由具有200多年历史的马厩和粮仓改造而成，放置了大量富有年代感的日用品和装饰物，营造出沉浸式的历史文化氛围；牧牛场坐落于中世纪留存下来的古村落中，以贴近人们休闲生活的场所和方式，形成了古老的城市花园与当今的旅游目的地的空间和意义耦合；农场所在的劳斯小镇具有悠久的历史和丰富的文化遗产，游客可前往

周边博物馆、独立商店、传统市集、教堂尖塔和公园等处进行参观游览。通过文化遗产活化，布莱肯堡农场及其周边的文化遗产不只具有观赏价值、研究价值和教育意义，而是以贴近人们生活的方式，增强了遗产的体验价值和享乐意义，拓展了遗产与人沟通的能力，并进一步促进了传统农业文化与现代工业文明的融合和平衡，有利于构架活泼、和谐、可持续的乡村文化生态环境。

（二）产业融合：以业态创新推动经济生态化

布莱肯堡农场开发旅游业以来，始终将一二三产融合和旅游业态创新作为可持续发展的动力和保障，具体有如下发展举措：一是将农业与旅游业相结合，面向亲子游市场尤其是青少年儿童，开发农耕旅游体验产品，定制乡野之旅体验课程，利用锄草机、收割机、拖拉机等传统农业生产机器，搭建起人与农作物、人与乡村的沟通渠道，开展乡土教育和农耕文化教育，使青少年儿童认识自然、亲近自然、热爱自然。二是将制造业与旅游业相结合，让游客加入农产品的加工生产过程中，切实体会“从土地到餐桌”的农业价值创造方式，同时向游客销售现场采摘、加工的绿色农产品，为游客创造可以带走的长期怀恋，并增强乡村旅游的经济效益。通过打通一二三产业、串联农业上下游、丰富旅游产品形态和产业业态等多种举措，布莱肯堡形成了动力充足、运转良好、发展有序、前景乐观的经济生态，创造了乡村旅游的价值增量。

（三）城乡融合：以区域联动推动社会生态化

布莱肯堡农场的乡村旅游发展成就不仅依靠乡村内部动能，更受到了城乡融合、区域联动、顶层规划的合力影响。其中，农场所在地林肯郡的旅游管理部门充分考量当地资源特色，主打自然、生态、绿色旅游品牌，策划多条自行车越野和徒步旅行精品线路，串联各个旅游景点和住宿、餐饮设施，吸引了大批热爱自然、渴望探险的旅游者。同时，林肯郡建设了统一的宣传和营销平台，介绍当地旅游景点、节庆活动、民宿餐厅等，为游客提供迅捷的一站式信息服务平台，对郡域乡村旅游的整体发展起到了重要的推动作用。此外，布莱肯堡农场也积极服务于区域旅游业发展，与劳斯小镇和周边农场的旅游经营者建立起良好的合作关系，经常推荐游客前往周边城镇参观游览，打破了传统乡村旅游目的地之间的边界，促进了城乡之间、区域之间旅游者的流动和旅游资源的整合，建立起生态化的和谐旅游社区。

四、布莱肯堡农场乡村旅游生态化开发经验与启示

（一）保存自然风貌，还原乡村“本色”

乡村的自然风貌和田园风光是乡村文化的载体和根基，也是乡村旅游的核心建设资源和基础发展条件，因此，乡村旅游开发不能离开自然生态环境搞建设，使乡村旅游成为无源之水、无本之木。布莱肯堡农场紧密围绕历史悠久的庄园、牧场、村舍等，以

乡村原始风貌为依托，以旅游设施产品为牵引，实现了旅游业与英国乡土文化的高度融合。目前，我国乡村旅游发展强调高质量、高标准，但容易陷入城市文化入侵、产品特色不强、乡村本色缺失等误区，例如在乡村民宿中建设KTV、棋牌室，以破坏自然环境的方式建设停车场等旅游设施，不利于乡村旅游生态化开发战略的实施。为此，我国乡村旅游目的地发展应挖掘和保留自身特色，尤其是相较城市景观具有特殊性的乡村自然风貌，如植物景观、种植方式、劳作场景等，以差异化竞争手段吸引旅游者。

（二）挖掘文化纵深，促进遗产活化

在保留乡村原始风貌的基础上，挖掘乡村文化特色、开发具有文化内涵和历史底蕴的旅游产品，有利于拓展乡村旅游生态化开发的文化意义，打造集经济效益与文化功能于一体的乡村旅游产业。由布莱肯堡农场的案例可知，文化遗产活化是挖掘乡村文化纵深的重要举措，通过对传统村舍、农业设施和文物遗存进行开发与利用，布莱肯堡农场在提供标准化旅游产品的基础上形成了文化价值加成和特色竞争优势。在我国乡村旅游同质化现象严重、文化内涵普遍缺乏的当下，布莱克堡农场对文化遗产的利用方式具有较强的借鉴意义。为挖掘乡村历史、展示乡村文化，我国乡村旅游经营者应与当地村民和乡村能人建立良好的沟通交流渠道，发挥文化传承中“人”的作用，充分了解乡村可供开发和推广的历史建筑、风物传说、文物遗迹等，为乡村旅游文化生态化开发创造坚实的资源基础和富有活力的发展氛围。

（三）加速产业融合，创造深度体验

乡村旅游融合发展的关键在于产业融合，唯有通过一二三产融合推动产业兴旺，才能够促进旅游者幸福感提升、村民生活质量改善、乡村整体环境美化，进而实现乡村振兴战略目标。布莱肯堡农场能够成为区域乡村旅游生态化开发的标杆、带动周边地区旅游产业和社会经济发展，其经营特色和成就的关键在于以产业融合带动旅游产品与服务创新，营造真实的农业场景和乡土氛围，从而增强游客参与感和体验感。我国乡村旅游发展的硬件条件充足，但创新、开拓、探索的软环境缺失严重，不利于乡村旅游的长期经营和可持续发展。为此，企业和个体经营者应从基础旅游产品开发着手，努力强化质量、特色，打造游客体验好、产业发展好、生态环境好的融合式旅游产业发展布局。

（撰稿人：郭昕悦　刘红旭）

红砂村——赏诗影成都，品芙蓉会茶

一、简介

成都的“三圣花乡”坐落于四川省成都市锦江区三圣街道办事处，因其种植精美花束闻名，被称为“中国花木之乡”。三圣花乡总共种植面积约15000亩，种植村庄覆盖了幸福村、驸马村、红砂村以及江家堰村和万福村。“三圣花乡”的乡村转型展，由农业带动村落脱贫，成为社会主义新农村建设的最典型的示范。在这五大种植村落中，红砂村的乡村旅游业发展最为成功。“三圣花乡”以乡村农业为基础，结合休闲观光模式，在此基础上，建设以休闲度假为主题的配套基础设施，大力发展生态休闲度假旅游。在2004年，“三圣花乡”获得“全国首批农业旅游示范点”称号；2005年，“三圣花乡”被建设部评为“中国人居环境范例奖”；紧接着，2006年，“三圣花乡”获得了ISO 9000质量认证和ISO 14000环境管理体系认证，被评为“国家4A级旅游区”，并被文化部授予全国首批“国家文化示范基地”。

红砂村位于成都的东南方，与城中心相距较近，有着优越的区位条件。红砂村以花卉种植为核心，被誉为乡村旅游发展的典范。红砂村素有“花乡农居”之称，种植海棠、一品红、罗汉松、紫薇等各种花卉，并将花卉分为不同的品种，比如川派盆景花卉、精品盆花、苗木种植、鲜切花等。

二、红砂村发展历程

红砂村村民历来以种花为生，是我国西南地区最早开始发展花卉种植业的村落之一，被视为新农村建设的榜样，红砂村成功地凭借花卉种植业，带动乡村脱贫致富，推进乡村旅游发展进程。历经十多年的演进，红砂村现在已经成为全国花卉种植产业重要示范基地。红砂村曾荣获“全国闻名社区镇”“国家级生态社区”“中国人居环境范例奖”等荣誉。但在过去，红砂村还是成都的一个贫困村。早先红砂村基础设施非常落后，物质资源匮乏，生产模式为单家独户的生产，生产效益很低，带来的经济收益无法满足村民的日常需求，因此，早先，红砂村一直是锦江区的贫困村之一。红砂村的酸性土质是造成其经济窘境的重要原因之一。红砂村的土不仅含酸量较高，而且土质蓬松，水资源匮乏，根本不适合种植水稻，村民种植的水稻，经常没有收成，白白消耗了劳动力和金钱。因此，对于红砂村来说，走传统的农业种植发展道路，根本无法满足红砂村居民的基本需求，是一件不切实际的事情。无独有偶，艰难的条件总不止一个，红砂村地理位置的特殊性，还被成都市列为城东的通风口和绿化用地，因此，红砂村无法发展工业，不能在绿化用地上搞建设，这让红砂村的脱贫致富之路变得异常艰难。但后来，村里人发现种植花卉也许是一条行得通的路，紧接着，红砂村迎来了巨大的发展契机。在2003年，四川省成功地举办了花博会，以花博会为依托，政府提出了全力打造红砂村花卉种植业的计划。由此，红砂村开始引进花卉种植，紧随政府工作步伐，以花卉种植为基础，发展精品农业，并将乡村农业与乡村观光旅游结合在一起，大力发展乡村旅游。在此发展契机下，红砂村成功摘掉贫困村帽子，凭借花卉种植业和观光农业，成为全国、省、市推进城乡一体化工作的典型示范村。随着花卉种植业的发展，红砂村发现，单独的生产模式，即各自为营、各自种花的模式，无法为红砂村带来更大的经济效益，无法形成产业优势。红砂村各家各户必须集中起来，统一进行规划运营，建设成熟的花卉种植业链条，更高效地带动全村脱贫致富。因此，结合当下城市居民偏好前往农村休闲度假这一趋势，红砂村结合当地花卉文化，以乡村农业为主，带动乡村旅游经济发展，通过旅游高质量地脱贫致富。在此战略导向下，红砂村组建了土地流转中心，用来集中规划村民委托的土地使用权。土地流转中心主要负责将土地承包给专业的花卉公司，由专业人才规划，实现规模经济。原先红砂村的旧房子、破房子变成了耕地，区政府以提供补贴的形式，将这片耕地统一进行规划建设，以四川民居特色为基础，修建具有当地乡村气息的房屋，这在一定程度上促进了后续农家乐的发展。因此，在政府和专业花卉公司的帮助下，红砂村大力发展“花香＋农居”的乡村发展模式，以花卉种植业为核心，打造食、住、游、购、娱为一体的原生态商业模式。并建设一批具有川西特色的农家乐，开发建设了茉莉园、玫瑰风情园等花卉观赏景点，辅助以精致的服务，吸引游客来此休闲度假，拉动乡村经济发展。红砂村发展花卉乡村旅游之路，使其摆脱了贫困，带领村民共同致富，用实践证明了这条路的可行。因此，三圣街道办在红砂村的实践经验上，同样以花卉种植为核心，采用多样化的花卉产业模式，在红砂村周围，打造了幸福海林、江家菜地、东篱菊园、荷塘月色景点，与红砂村共同被称为“五朵金花”。打造花卉产业效应，带动区域内乡村旅游发展。

三、红砂村乡村生态旅游发展举措

（一）经济生态化

在以市场为导向的前提下，积极调整产业结构，以求能够发挥红砂村发展乡村旅游农业，即花卉种植产业的强大优势，引入产业化经营模式，通过与具有良好农业发展经验的企业合作，将红砂村的传统农业转化至都市农业。借助市场上具有很好品牌效应的项目，大力宣传红砂村花卉产业，比如引入具有“全国十大重点花卉批发市场”称号的高店子花卉交易市场，实施“成都国际花卉产业园”项目，学习引进“前店后厂”的产业发展模式，将花卉产业一步步引入高端市场，不断提高花卉的品质，为品牌提档升级。单打独斗的力量毕竟是弱小的，红砂村深谙此理，由此，红砂村结合周边具有潜力的发展市场，并积极与国际花卉市场联系，力求打造全国乃至世界知名的花卉市场，再由花卉品牌效应，带动农产品的发展与销售。力求扩大花卉市场和农产品市场的覆盖面和市场份额。同时，传统的农业不足以满足多元化市场的需求，经济技术的发展为农业发展带来了新的契机，红砂村率先引进现代信息技术和农业发展技术，改变传统的农业耕作方式和市场交易方式，建立专属的花卉网络交易平台，并进一步发展电子商务技术和建设完善的花卉物流体系，力求业务基本能够实现网上交易，同时，花卉物流配送需要较严格的条件，因此，红砂村还组建了春天花卉的物流配送基地，力求高效率地完成交易，提高满意度和增强口碑。另外，对于国际市场拓展，红砂村以成都—阿姆斯特丹直航航线的开通为基础，逐渐构建起了自己的“国际花卉空中走廊”。2011 年，区域内的花卉交易市场主要集中在成都高店子花卉，在此期间，年交易额达到了 4.5 亿元，约占全市鲜切花交易额的 82%，占全省鲜切花交易额的 80%，因此，高店子花卉交易市场成功跻身全国第四大花卉集散地，农业产业化带动的农户面高达 60%。

（二）环境生态化

2003 年，红砂村利用首届花博会的契机，走上了发展花卉产业的脱贫致富道路。在发展之初，红砂村社区计划打造景区化的“花乡农居”，大力推进乡村旅游业的发展。

红砂村社区便对“花乡农居”进行了景区化的打造，并大力发展乡村旅游业。一是改造农村房屋。红砂村以“宜散则散、宜聚则聚”为基础原则进行农房改造，主要采用就地改造的方式，倡导“农户出资、政府补贴”的发展路径，按照川西民居的风格，对农村用房进行改造，以塑造统一的农村风格。二是基础设施的改进。红砂村的乡村旅游，以城市为依托，按照整体规划，以城市的生活设施标准进行基础设施建设，比如如何建设道路、处理污水，以及天然气的普及使用。力求让居民共享城市基础设施建设的成果。三是改进配套设施服务。红砂村按照社区卫生服务中心建设的标准，严格进行社区配套设施建设，总共建成了 200 平方米的社区卫生服务中心，实现了户户通光纤。四是打造景观生态化文明。保护农村用地的可持续性发展，保护原生态植被，修建微水治旱工程，建设牛王庙，以花卉种植作为基础，大力发展绿色农业，实现农业的生态化发展，从多方面建设生态旅游乡村。如今的红砂社区，自然环境优美，道路宽敞整洁。王家花园、茉莉园、牛王庙等众多景点和以精品盆花、鲜切花等为主要内容的六大花卉片区交错在川西民居建筑群之间，形成了“绿荫葱茏掩竹篱，花香悠然入院墙；堂前品茶听鸟叫，水榭荷边赏月光”的田园美景和优美的人居环境，突出了人和自然和谐相融的生态主题。成都的市民更是把这里作为一个休闲旅游的好地方，在这里不仅可以观花赏景、品茗休憩，还可以充分感受天然氧吧的清新空气，陶醉于花卉家园的缤纷色彩，享受和风与阳光带来的愉悦心情。

（三）文化生态化

红砂社区还依托与周边地区形成的“五朵金花”，用现有花卉旅游资源举办多种多样的花卉活动，通过一年一度的“花卉时节”活动，吸引花商和企业参展，推动社区旅游的发展。同时红砂村以花卉文化为基础，集中文化创意，推进许燎原博物馆建设，丰富花卉种植产业内涵，促进区域内的可持续发展。举办各种各样的花卉时节、“美食旅游节”“激情红砂之夜”等节会活动，来吸引人气、传承文化，塑造优美的人文自然景观，营造优美的生态环境。红砂村严格践行以品质打造品牌这一理念，凭借申报国家4A级旅游景区和承办中国首届“乡村旅游节”这一契机，并按照政府制定地统一标准给予居民适当的补贴，积极引导景区内的村民和相关经营者对住房、厨房、餐厅、厕所等基础设施进行改善，对景区内的所有经营场所进行全面系统的规范，使其与景区的自然环境、文化特色相协调。另外，通过红砂村当地文化来提升花卉产业发展。红砂村把景区的协同发展和错位互补作为开端，加强对特色文化创意产业的扶持力度。通过引进“许燎原设计艺术博物馆”，红砂村积极打造文化创意产业示范基地，吸引相关艺术家扎根于红砂村社区，让花卉产业景区成为艺术家的聚集区，打造艺术加工厂、艺术大卖场以及艺术大堂会等概念，带动居民融入当地的文化产业链。

（四）社会生态化

成都市还大力推进城乡一体化战略，在成都市大力发展城乡一体化战略的政策引导下，红砂社区也开始建设自己的社区。为了避免同质化、低成本的竞争发展状况，红砂社区将产业因素和文化因素相结合，目的在于提升乡村社区品质，从而使其服务于乡村旅游的生态化发展。红砂村通过采用“走出去、请进来”“干部入户，文明到家”和“部门包村、干部包户”等发展模式，来促进经营者遵循生态化的经营理念和管理模式，使红砂村摆脱传统意义上的低水平经营，能够真正地体现红砂村乡村文化的品牌形象。通过乡村旅游发展来带动农民致富，红砂村大力鼓励观光道路附近的住户，以改造后的农房为基础，可选择自主经营的方式，与他人联营或出租给有实力的企业等方式，参与到乡村旅游发展热潮当中，鼓励各家各户推出休闲、赏花、体验等多种多样的旅游体验形式，从“食、住、行、游、购、娱”六大旅游基本要素入手，满足游客的多元化需求，提高目的地的影响力。如今，红砂社区建有农家乐90余家，餐饮经济收入可达6000多万元。

红砂村社区还建有综合性强、功能齐全的社区服务中心和公共服务站，在红砂村社区内建立了现代信息网络体系，即ADS企业信使业务、网络空间以及全国基层文化信息资源共享工程，还开发建立了社区论坛、网站、微信等网络平台，供居民通过社会综合信息平台了解最新的消息，及时把握花卉市场的变化，以及增强社区居民间的互联互通。另外，社区居民还可以更便捷地利用网络信息平台进行宣传、维权、培训、办证、就业等活动，拉进群众间的关系，使社区居民共同享受信息化发展所带来的便捷。同时，为提高社区居民的整体素质，红砂村还建设了文化活动室、增添基本的硬件器材，比如电脑、放映机和投影仪。增设健身房、读书吧、图书苑、网络多功能厅等，帮助村民在政治理论、餐饮经营管理、花卉栽种、网络技术等方面及时学习新的理念，还可以丰富业余生活，通过各种各样的地文化活动，提升居民素质。另外，红砂村还成立了社区党组织、居民委员会、社区公共服务站及新型集体经济组织体系，规定这四大组织体系之间需要各司其职并相互配合，做好权责统一工作，四大组织体系的领导核心是社区党组织，领导主体是社区居民委员会和社区居民代表会议，社区公共服务站作为公共服务平台，社会组织参与服务作为补充，共同建立红砂村社区治理的新格局。红砂村大力建立健全各项规章制度，为更好地保护群众的知情权、选举权和监督权，红砂村开展社区党总支书记“两荐一选”和居委会主任的海选活动，并定期公开透明党务居务，以加强村级公共服务，推进社会管理改革工作和产权制度改革，促进了整个社区的和谐发展。社区为居民提供社保和医保，给予居民土地确权证。村民变成了公司的股东，自己成立农家乐，更好地享受乡村旅游发展带来的成果，同时，还拥有租金、薪金、股金和保障金等收益，共享红砂村脱贫致富之路的成果。

四、红砂村乡村旅游生态化开发经验与启示

乡村旅游的生态化发展主要从以下四个维度展开：经济生态化、环境生态化、文化生态化、社会生态化。在经济生态化方面，促进乡村农业产业化发展，引入专业的运营企业，结合乡村农业条件，采用因地制宜的经营管理模式，此外信息技术的发展对经济生态化发展具有重要的促进作用，利用好信息技术带来的积极效应，促进乡村旅游经济生态化发展。在环境生态化方面，在开发建设乡村旅游的过程中，注重保护当地的原生态自然景观，打造景观生态化文明乡村，大力发展绿色农业，注重乡村环境建设。不断地完善乡村基础设施建设和服务体系，为乡村旅游环境生态化发展提供必要的支持。在文化生态化方面，立足于当地文化特色，举办有特色的文化演艺节目，将文化内涵外显于旅游产品中，让游客能够切身体验乡村旅游文化氛围，同时乡村住宿、农家院、餐厅、厕所等设施要与当地的自然环境相适应，于细微处散发乡村文化气息，提高游客的沉浸式体验效果。在社会生态化方面，成立乡村社区服务中心，完善社区领导班子建设，让居民能够参与到乡村旅游建设当中，共享乡村旅游发展成果。要加强居民对本村文化的了解程度，提高居民的整体素质，同时，丰富村内活动形式，提高居民精神生活和物质生活的丰富程度。乡村旅游生态化发展，离不开上述四个维度的生态化发展，离不开各利益相关方的相互配合，同时这也是一个比较漫长的过程，需要不断地探索，不断地改进。

（撰稿人：王玉婷）

梅县雁南飞茶田度假村——“茶田风光，旅游胜地”

一、简介

梅县雁南飞茶田度假村属于国家5A级旅游景区，坐落于广东省梅州市梅县雁洋镇内，广东宝丽华集团在1995年1月对梅县进行了投资开发，度假村于1997年10月8日正式对外营业。雁南飞茶田度假村占地面积约为453公顷，是一个以茶文化为主题的度假村，集茶叶生产、茶叶加工和旅游度假于一体。先后获得了“国家5A级旅游景区”“全国三高农业标准化示范区”与“全国农业旅游示范点”等荣誉。雁南飞茶田度假村周围群山环绕，是典型的丘陵地貌，全年降水量丰富、土质资源肥沃。雁南飞茶田度假村的度假旅游业，始终遵循“茶田风光，旅游胜地”这一发展理念，将旅游发展与“三高农业”紧密结合，以茶农业为基础，大力发展茶文化及相关产品。雁南飞茶田度假村有着优质的生态旅游资源，实现了茶叶的标准化生产，在发展乡村旅游过程中，以尊重自然、融于自然为生态理念，致力于打造生态宜居、完美绿色的旅游度假胜地。雁南飞茶田堪称中国山区“三高”农业的典范。

雁南飞有四大特色景点。一是游客中心和以茶为主体的旅游产品。游客中心为游客提供休息、咨询和免费品茶的地方，以及提供各色各样的以茶为基础的特色旅游产品，茶产品有雁南飞金桂兰乌龙茶、金单丛乌龙茶等十大系列茗茶。另外还提供各式茶具、茶用品等旅游纪念品和特产。二是特色茶艺表演。茶艺表演分为传统工夫茶和现代工夫茶两类，总共有18道茶饮工序，其中，前12道由专业的茶艺小姐表演冲泡流程，后6道主要为品饮，让游客能够在优美的绿水青山间细品茶香，体验独特的茶文化。三是围龙大酒店。以反围龙式结构建造的客家围龙屋，楼高6层，建筑面积达12000多平方米，分为传统的标准房、套房和单间，最特别的是，每个房间都有一个特别设置的阳台，顾客可以通过阳台，尽情地观赏雁南飞茶田度假村的美妙景色。四是围龙食府。围龙食府内设有宴会大厅和歌舞表演台，可以接待各种大型宴会，每天的午饭或晚饭时间，都会有当地的雁南飞山歌艺术团带来极具浓郁客家特色的歌舞表演，并为游客提供当地特色的美食。

二、茶田度假村发展历程

茶田度假村创建于1995年，把“绿色生态旅游”和“茶文化”作为“雁南飞”品牌概念，曾经接待过党和国家领导人的多次视察。雁南飞茶田度假村集茶叶生产、加工制作、品尝和旅游于一体，实现了山区农业的高效益发展。在发展生态农业过程中，雁南飞将自身的山区绿色环境资源优势与当地浓郁的文化结合在一起，将茶叶生产进行标准化，极大促进了产业效益。在发展乡村旅游方面，由于雁南飞属于丘陵地势，有着优质的绿化资源，在发展乡村旅游过程中，雁南飞逐步建设了16幢度假别墅、茶艺馆以及住宿、娱乐、饮食等能够满足旅游需求的基本设施。在开发建设过程中，以当地的产业发展为基础，让社区与企业相融合，通过引进人才，大力推进乡村旅游业的发展。雁南飞茶田度假村致力于打造“世外桃源”式的度假村，通过古香古色的别墅、清澈的泉水、丘陵独特的花草，再融合当地的“三高”农业，让游客身处其中。茶文化作为当地的特色文化，是一大旅游特色，雁南飞以茶文化为核心，开展多项饮茶、泡茶活动，从传统工夫茶和现代工夫茶两大茶文化出发，由当地专业的茶艺小姐表演冲泡流程，游客也可以参与制作，通过参与其中来真实地体会茶文化的博大精深。

三、雁南飞乡村旅游生态化开发举措

（一）经济生态化

雁南飞茶田成功的重要因素之一便是生态旅游与产业发展并举，通过农业来带动乡村旅游发展。雁南飞茶田将茶叶种植、采摘、生产、加工及销售包装成“一条龙”服务。雁南飞以“公司 + 基地 + 农户”商业管理模式作为发展方向，大力推进旅游农业产业化发展，开拓旅游及茶叶市场，促进新农村建设。当旅游度假成为游客旅游的主流，雁南飞准确把握住了市场需求，从市场需求角度出发，着力打造高端乡村旅居的特色度假村。雁南飞采用“服务 + 环境 + 出品 = 竞争力”的管理模式，引入细节管理与人性化管理方式，用制度约束员工，在生活中，加强员工关怀，从而提高员工的工作效率和积极性。从创业之初到现在，雁南飞强有力地带动了雁洋镇整片旅游景点，将周围景点连接在一点，形成了连同效应，为建设广东省文化旅游特色区和发展休闲旅游产业做出了重大贡献。雁南飞从贫困落后的山村发展为现今的高端旅游度假村，离不开宝丽华集团的努力。在1995年，宝丽华集团与雁洋镇村委会共同签署了联合发展生态农业和旅游产业的协议，一起建设雁南飞茶田景区。在2000年，雁南飞凭借农村土地经营制度改革政策这一发展契机，将全村的山林和旱地全部租赁给了宝丽华集团，全力支持雁南飞乡村生态农业发展和旅游产业发展。当然，为了回馈村民，从业人员90%是当地的居民。当地农民也在被租赁的土地上以“企业 + 农户”的运营方式种植茶叶，由公司引进台湾金萱、黄金桂等名贵品种，由农民负责管理。宝丽华集团深知发展乡村旅游需依靠当地居民，在2006年，宝丽华集团继续加大投入，注重文化经济的发展，建设“客家文化”新村，以清一色的“围龙屋”为建筑样式，具体装修材料和风格均与当地雁南飞相匹配，另外，房屋建成后，公司将首期新房无偿提供给当地居民，廉价销售，所得房款作为村社区的发展基金，对村落进行各项绿化、美化工作，改进基础设施，焕新风貌。

（二）环境生态化

雁南飞乡村旅游发展理念为：立足现有的自然基础，要重视保护丘陵原始地貌，保护原生态自然植被，在此基础上，为游客提供更好的山野情趣与田野风光。首先，雁南飞本身有着优质的生态环境，属丘陵地貌，有天然的山峦和生态林区。其次，雁南飞将优越的自然生态景观资源和茶叶种植的标准化相结合，树立了“珍爱自然、融于自然”的生态发展理念，建设“精益求精、人文关怀”的企业文化，以此建立了“雁南飞”这一精品名牌。雁南飞大道两边分别种植凤凰木和小叶榕树，并伴随着每季不同的鲜花和溪石，通过科学合理的规划种植花草树木，保护生态环境。雁南飞以自身优异的地形地貌和自然气候，发展生态宜居的乡村旅游，天然的丘陵地貌使得茶叶种植成为当地主要耕作物，天然的生态植被赋予了雁南飞发展生态旅游良好的自然基础。同时，在生态农业和乡村旅游发展过程中，雁南飞始终遵循开发一片地，绿化一片地的模式，把环境的生态化作为开发建设度假村的前提，这也是雁南飞茶田度假村项目取得目前成就的重要原因之一。

（三）文化生态化

茶文化作为雁南飞乡村旅游的重要依托，是雁南飞文化宣传的重要基准。首先，以茶制作工艺为基础，分为传统工夫茶和现代工夫茶，由18道工序组成，由专业茶艺小姐表演冲泡流程。游客可以参与其中，亲身体验茶文化。雁南飞邀请著名书画家陈景舒先生为宴会大厅题词，每天中饭、晚饭时间，由雁南飞山歌艺术团表演当地的歌舞曲目，让顾客充分感受雁南飞文化。因此，雁南飞把乡村旅游变成了“文化旅游”，游客可以从每一个角度充分感受不同的客家文化、茶文化和饮食文化。其次，游客参与性强是雁南飞茶田度假村的一大特色，游客可以在农业区参与茶叶生产过程，可以亲手制作食品和礼品。雁南飞会为有兴趣的游客提供农场和个性化的游憩活动，并开展农业知识科普活动，让参与农业生产过程当中的游客更加了解“三高”农业，更具有保护环境、热爱乡村自然文化、热爱生活的意识。

当提到“雁南飞”，游客便会想到“茶中情”，这是雁南飞乡村旅游宣传的品牌效应，雁南飞有着良好的旅游形象，其中，雁南飞重点宣传其茶文化，将茶文化的各个细节、流程渗透进乡村内的各个角落，可以说，来到此处的游客便进入了“茶世界”。整个度假村配置了3个形态别致的茶壶雕塑，还有供游客观赏和选购的各式茶具和各种茶叶，多处建筑楼阁以“茶”命名，配以茶艺表演，比如仙茶阁和望茶亭。酒店的各式用品均以茶汤色为底色，各处角落无一不体现茶文化的内涵。如果适逢茶叶采摘的季节，景区还会组织游客进行采茶活动，通过提供专业讲解，使游客进一步了解茶文化，另外，雁南飞茶叶加工厂外形也是“T”形。雁南飞将现代的建筑美学融合进了传统的客家建筑，建设所采用的颜色以“红”为主调，与周围的风景相得益彰，尽情展现客家文化。从建筑到周围的园林艺术，雁南飞将此处打造成了一所“世外桃源”，步道两旁的花草树木相互衬托，并辅助以自然石头，追求最大的文化生态化效益。

（四）社会生态化

雁南飞茶田在发展过程中，力求带动全村共同致富。将企业与社区结合，面向省内外招聘专业人才，同时将当地的农民转化成生产力，参与到茶叶种植生产过程中来。雁南飞从业人员绝大多数是当地的村民，凭借集体的力量，很好地带动了村民共同致富。在管理上，雁南飞社区鼓励各家各户因地制宜，选择合适的茶树种植地，以点带面，最后形成大面积的、标准化的生产方式。这种管理模式，不仅改善了传统农业的产业链，而且在一定程度上很好地解决了乡村旅游发展与居民之间的利益关系，让居民成为利益参与方，共建共享乡村旅游发展成果。宝丽华集团在村里成立了老年人福利金和奖学金，在 2016 年，每月为 60 岁以上老人发放 100~250 元不等的福利金，主动为老年人上农村养老保险。对村内考上大学的学子们，给予每年 2000~5000 元的奖学金；每年出资 10 万元作为小学的奖教金；对老干部、残疾困难户每月给予补助，可以说，宝丽华集团在建设乡村生态旅游的同时，注重回馈当地居民，实现乡村旅游发展过程中的“双赢”局面。

四、雁南飞乡村旅游生态化开发经验与启示

（一）生态旅游与产业发展并举

雁南飞以“公司 + 基地 + 农户”商业管理模式作为发展方向，大力推进旅游农业产业化发展。雁南飞乡村旅游发展理念为：立足现有的自然基础，重视保护丘陵原始地貌，保护原生态自然植被，在此基础上，为游客提供更好的山野情趣与田野风光。在生态农业和乡村旅游发展过程中，雁南飞始终遵循开发一片地，绿化一片地的模式，把环境的生态化作为开发建设度假村的前提。生态化发展是乡村旅游发展的重要前提，旅游资源的易损性和独特性，使得每个村落有各自的发展优势和发展路径，无论采用何种发展模式，乡村旅游发展都要以保护当地环境，实现可持续发展为前提，继而通过科学的管理手段，实现旅游产业的繁荣发展。

（二）取之于民与用之于民并举

宝丽华集团在雁南飞茶田度假村的发展中起到了至关重要的作用，集中居民用地用以建设茶田度假村，同时为了回馈村民，从业人员 90% 是当地的居民。当地农民也在被租赁的土地上以“企业 + 农户”的运营方式种植茶叶。宝丽华集团建设了“客家文化”新村，并将首期新房无偿提供给当地居民，廉价销售，所得房款作为村社区的发展基金，对村落进行各项绿化、美化工作，改进基础设施，焕新风貌。宝丽华集团在村里还成立了老年人福利金和奖学金，保障老年人的生活质量。乡村旅游生态化发展离不开当地村民的大力支持和参与，当地的文化内涵在一定程度上，体现在与当地居民的互动过程中，然而，主客互动关系一直是旅游研究中的热点话题，游客与土著居民之间也会

存在着种种矛盾，这势必会为乡村旅游发展带来一定的阻碍。因此，在乡村生态旅游发展过程中，如何加强居民参与度和提高居民素质也是一个必修的课题，宝丽华集团在雁南飞建设茶田度假村的策略，很值得学习借鉴，即取之于民、用之于民，要让村民享受到旅游发展带来的成果，提高村民的文化认同度和整体素养，建设和谐文明的乡村社区，协调好各利益相关方的关系，多方面促进乡村旅游生态化发展。

（撰稿人：王玉婷）

云南雨崩村：社区参与共谱生态旅游交响曲

一、雨崩村简介

雨崩村属云南省迪庆藏族自治州德钦县云岭乡管辖，位于“三江并流”核心地带，自然景观壮丽独特而又生态环境脆弱。雨崩村位于梅里雪山东麓，地处群山环绕之中，闭塞的环境一方面阻碍经济开发，另一方面也保护了当地原生生态系统。

该村分为雨崩上村和雨崩下村，雨崩上村处于地势较高的缓坡上，海拔 3228 米；雨崩下村地处五冠佛峰前地势较低的平地，海拔 3054 米。上、下两村相距 1.6 公里，水流湍急的雨崩河流经两村，两村之间由山间小径勾连，路况不佳，车辆难以通行，交通工具主要依靠摩托。据统计雨崩村现有 40 余户人家，村民不足 200 人，人烟稀少，村民生活方式对当地自然环境有较强依赖。在旅游开发前，村民主要依靠原始农耕与畜牧维持生计，其中牧业收入为全村主要收入，夏季村民进山采挖的冬虫夏草、藏红花和松茸等山珍是村民收入的重要补充。村民受教育程度较低，汉语使用状况欠佳，大多数村民只能很生疏地使用汉语与外来人简单沟通。

雨崩村属藏族文化圈，背靠宗教圣地梅里雪山，村名源于藏传佛教典籍，关于“雨崩”的含义有两种普遍说法：一种是指经书堆放之地，另一种是指绿松石堆放之地。经书和绿松石都是藏传佛教中重要的圣物，可见该村蕴含着重要的宗教象征意义。

就旅游资源而论，雨崩村自然景观资源品质突出、种类丰富，涵盖雪山冰川、森林岩洞、飞瀑湖泊等各种高山旅游资源，自然风景壮美震撼。此外，当地文化所具有难以替代的神圣性和神秘性，文化价值珍贵。

二、雨崩村旅游发展历程

雨崩村首次走入大众视野源自 20 世纪 90 年代中日联合登山队在其附近建立登山大本营，当时雨崩村尚无任何严格意义上可划分为旅游从业的设施和服务。中日登山队结束攀登念青卡瓦格博峰后，雨崩村在徒步行者、背包客等探险型游客圈内开始为人所知，少量先行者进入雨崩村，为该村带来开发旅游业的萌芽和源头。在该阶段，一些村民开始在自住房中为探险游客提供食宿，随着游客增多，村内出现了自发形成的民族村寨游，但雨崩村一直没有系统性地进行旅游开发，只将食宿接待作为村民闲暇时的生计补充。

进入 21 世纪，随着国内旅游业渐趋腾飞、互联网发展促使信息传播效率提高，地方政府逐渐有意识地进行旅游开发和推介活动。2003 年，德钦县主办的梅里雪山文化

年活动推动雨崩村知名度提升，雪山脚下美丽圣洁的雨崩村开始走入大众视野。加之山路条件改善，大众游客逐渐造访雨崩村。2005 年雨崩村约接待游客 1.1 万人次，至 2014 年 10 年之间已增长到 3.2 万人次，游客以自驾散客为主。在这一阶段，政府和旅游企业开始介入雨崩村旅游开发，村寨旅游发展规划日渐明确系统。目前旅游业已成为雨崩村主导生计方式，为村民带来了远较农牧业丰厚的经济收益。

三、雨崩村旅游开发对环境的影响

（一）旅游开发对自然环境的影响

雨崩村所属雪山草甸生态系统脆弱，十分容易受到外界干扰而产生难以消除的破坏，大量外来游客涌入最直观的影响即体现在自然环境。在旅游开发前，由于村民环境保护意识较强以及尊奉山神的文化传统规范，村民自我规范、自我约束行为落实严格，当地森林资源保护状况良好，极少出现盗伐或过度伐木等破坏森林的现象。土地资源利用上，全村共有不足 50 公顷土地可用于耕种，主要种植青稞、小麦等适应力强的作物。宅基地在全村土地资源总量中所占比重较小，且增长趋势缓慢，耕地扩张也不明显。雨崩村土地资源使用处在合理利用的良性区间内。在草场资源利用上，村民畜养牲畜很少使用饲料，基本使用天然草场放牧，放牧中长期坚持转场轮休等制度，草场承载压力较大但自我恢复能力可以得到保证。雨崩村主要在山珍资源利用上存在较为突出的问题，相关管理部门对村民自发的进山采挖行为难以管控，村民也缺乏自律，更兼珍稀藏药价格不断上涨，由此导致野生山珍数量和品质锐减，原生植物系统受到很强的干扰。

雨崩村进行旅游开发后，住宿接待业对自然环境的影响程度最为强烈。由于游客量日益增大，村民自有住宅已无法满足游客需求，近年雨崩村新建的商用民宿、客栈均使用村集体宅基地，与此同时，专业的旅游运营公司进驻雨崩村，许多村民将原有的民宿出租给运营公司以获取租金，村民为增加房租收入纷纷兴建民宿，大大增加了村寨土地使用量。雨崩村民宿为保持原生态真实性，建筑材料以就地取材的木料为主，木料需求量陡然增大，而受地形限制，雨崩村从外界运输大量的建材颇为不便，因此盗伐滥伐现象近年有抬头趋势。游客食宿产生的大量生活垃圾远远超出雨崩村消化能力，往往需要长时间等待垃圾转运至上一级处理中心。由于梅里雪山在藏文化中的“神山”地位，垃圾随意就地掩埋或焚烧的处理方式比较少见，取而代之的是超出存放站承载力而露天存放的问题。雨崩村常年多风，垃圾临时存放地点条件简陋，很容易造成白色污染。

除食宿接待外，旅游产品的开发也增加了雨崩村自然环境压力，其中最为明显的是对草场资源的破坏。在山路交通不便和游客体验地方生活需求的两方面作用下，村民畜养骡马等代步工具的数量大幅增加，草场转场轮休期越发难以满足恢复植被所需的时间，部分草场出现过度放牧带来的草场退化问题。此外，骑马代步是雨崩村主要的旅游活动之一，供游客使用的马匹经常啃食放牧草场以外的草地，也加剧了草场资源破坏。

（二）旅游开发对社会环境的影响

雨崩村从人均年收入1000元左右发展成为几乎家家有客栈，每家客栈年收入至少10万元的村寨，从国家级贫困村到摘掉贫困帽，旅游开发带来的巨大经济利益不言而喻。随着经济收入增加、生活水平提高，村民精神文化生活日益丰富，乡风建设和社区活动也得到了充足的资金支持。旅游开发为雨崩村社会环境和生活环境带来了翻天覆地般的改变和提高。

旅游发展带来积极作用的同时，也对当地社会文化产生了不可忽视的冲击。首先，除朝圣者外，绝大多数游客都将村民世代信奉崇拜的“神山”“神湖”视为一般旅游吸引物，加之旅游活动的异地性削弱了社会规范对游客的约束力，游客在旅游中经常出现失范行为，这些或破坏自然环境或有碍观瞻的行为举止在村民看来，无疑是对神灵的冒犯。游客在无意间冒犯了当地的文化传统和信仰，因而造成村民和游客的主要矛盾点。其次，雨崩村以藏民为主，村寨中藏文化特性浓厚。到访该村的游客总量不大，但远远超出本地村民数量，另外游客和村民以客栈民宿为平台进行深入的接触和互动。近年来络绎不绝的游客一方面促进主客文化交流，另一方面也使得本地的藏文化从强势文化日渐转向弱势文化。

为尽量减小旅游开发对当地自然和社会环境的负面影响，最大化积极效益，雨崩村近年来采取了诸多针对性措施，当前以往旅游活动所造成的各项负面后果均已得到显著改善。

四、雨崩村旅游生态化开发经验与启示

（一）共同参与，利益均沾

雨崩村人口稀少，大量游客的到来为村民自愿参与旅游带来了市场推动力，由此自然形成雨崩村村民全员参与乡村旅游开发的局面。然而全民参与也带来了村内竞争问题，逐渐形成“强益强、弱益弱”的市场格局。市场自发形成的竞争性格局，固然对经济效益好、经营能力强的商户有很强的激励作用，但由于雨崩村经济基础薄弱、村民原本生活贫困的现实情况，激烈市场竞争带来的价格战和市场淘汰对维护稳定雨崩村社会环境不利。因而雨崩村实行了“轮值户制”，以此进行经济效益的村内再次分配，使村民收入在按劳所得的基础上不致出现过大差异。

“轮值户制”的本质是在全村范围内进行旅游红利分配，即村内的住宿接待户向当期轮值户返还每位游客纯住宿费用的50%。住宿接待户和轮值户定期轮换，保证村内每一户享受分红的时长分配和淡旺季分配基本一致。除住宿接待外，雨崩村在骑马登山这一当地代表性旅游体验活动中也采用了“轮值户制”。村委会规定全村以户为单位轮流为游客提供骑马服务，即按照一个村民共同商议决定的固定顺序，每轮每户出一人一匹骡马服务一位游客，完成本次服务后，必须等其余村民都完成该轮次服务，他才能接待

下一位游客。平衡收益之余也减少了骡马的蓄养量，帮助草场轮休恢复。

（二）村民共商，集体决策

雨崩村村民凝聚力强，形成了互帮互助、邻里和睦的和谐乡风，这为落实村民自治打下了良好的社会基础。雨崩村在乡村事务的决策和管理中倾向于由村民集体协商，尤其在涉及全体村民和村寨未来发展等重大事项上体现出明显的集体决策性质。

该村实行的“轮值户制”即是在村委会牵头下，由全体村民协商一致确立的，在实行中，也结合村民反馈和建议不断加以修正。村民全程参与决策、落实决策、监督执行，村民参与度深、参与面广，因此有很强的自律意识。此外雨崩村重视发挥村内长老的作用，在村内德高望重的村民带头下，有效避免了议而不决、有规不行等问题。

（三）环保为先，责任到人

雨崩村所处生态系统脆弱，容易受到外界搅扰破坏，当前基本处于环境问题显现初期阶段，尚未造成严重的不可逆性损害，一旦得不到治理和保护，极易造成无法补救的后果。为缓解旅游发展给当地资源环境带来的巨大压力，雨崩村制定了针对本村的系统化资源环境管理制度，严格规定每户宅基地数量、规模和使用方式，划定严格的森林禁伐区域，包干负责划定卫生责任区，以经济手段鼓励游客将不易降解垃圾带出村寨。

生活垃圾处理是旅游目的地面临的共性难题，对此雨崩村多管齐下治理固体废弃物。一方面严格控制村民随地倾倒，另一方面提升扩建村内临时存放站。由于所处环境闭塞，村内不具备建设中型或大型集中处理点的条件，因此加强垃圾存放治理。以划分卫生责任区的方式让每户人家负责附近环境卫生，随时清理路面或森林草地中丢弃暴露的固体垃圾。尤其重视河道清理，严禁村民或游客向河道倾倒垃圾，并有专人负责打捞被风吹入河流的塑料袋等废物。经过严格的综合治理，雨崩村垃圾丢弃现象得到了明显改善。

（四）弘扬传统，保护民俗

雨崩村素有敬畏自然、保护环境的文化传统，对经济利益的追求使这一优秀价值观在村民生活中渐趋失去主导地位。雨崩村对村民进行环保意识教育的同时，邀请村内老人以村史和民间传说强调传承至今的和谐人地关系，以村民对生活环境的认同感和自豪感促进其环保行为。

保护当地文化的原真性从经济角度可以维持特色文化环境对游客的吸引力，从社会角度可以维系村民对自身文化的认同及族群认同。而更为强势的外来文化随游客到来而涌入，对本地文化产生冲击，久而久之易导致村民的身份迷失和自我否定。因此雨崩村在保护文化原真性、传承民俗传统方面积极作为。

对传统民俗活动形式的保存主要表现在客栈建设、活动设计上。首先村民在修建客栈时，内外装潢都需要保持藏族传统建筑风格；在旅游活动设计上，提供如骑马转山等与藏族传统和生活方式相关的活动，也没有将传统节庆活动常态化，以避免文化传统商业化。

雨崩村乡村旅游开发缘起于村民自发行为，并非在政府部门统筹规划、外来投资者资本投入的作用下起步，因而在旅游开发之初即带有强烈的村民自治自决色彩，在旅游发展过程中也注重发挥村民的自觉性和积极性，以集体决策共同参与的方式推进旅游发展。村民既是旅游政策的制定者也是执行者，同时还是监督者、获利者，由此保证了社区参与的有效性，最终保障了乡村旅游生态化开发。

（撰稿人：郭昕悦　刘红旭）

浙江诸葛八卦村：古为今用活化旅游之魂

一、诸葛八卦村简介

诸葛八卦村地处浙江省中部、兰溪市西部。村落始建于元末，至今保留大量明清古建筑，建筑格局按照“八阵图”排列，是诸葛亮后裔最大的聚居地，因此得名“诸葛八卦村”。五代时期，核心地带处于浙江省中部的吴越国因远离战乱不止的中原，而获得长足发展，逐渐发展成地富民丰、文化昌明的沃土。至明清时期，这一地带更是以繁荣的手工业和商业闻名遐迩，现今隶属兰溪的永昌镇、游埠镇和诸葛八卦村逐渐发展成该地商业中心，由此形成了诸葛八卦村独特的市民文化色彩。

顾名思义，诸葛八卦村最大的特点在于村内建筑独一无二的布局方式。浙江保存完整的古村落数目较多，主要集中在浙江东北部、南部和中西部三个区域。浙江古村落布局形态以沿河线形布局的水乡村镇为主。此外浙江宗族文化昌盛，因此以祠堂为核心的片状布局也较为常见，诸葛八卦村就是其中的典型代表之一。加之诸葛八卦村原住民绝大多数为诸葛氏后代，村落格局不仅依阴阳五行而建，更依相传为诸葛亮所创的八阵图排布，形成了该村特色鲜明、别无他例的建筑风格。

造就诸葛八卦村建筑布局形态的一个重要因素是宗族文化的影响。村内依据血缘关系远近聚群而局，逐渐形成亲疏有别、错落有致的团块式聚居区。而出于商业发展的需求，需要连通团块之间的边界地带，因此各个相对自我封闭的聚居区被纵横发达的村内巷路勾连。

宗族文化也使得诸葛八卦村村民对传统节日颇为重视，在漫长的发展过程中形成了许多彰显家族凝聚力和诗书传家家风的特色习俗。如春节拜年时，长辈对在学的晚辈要送上“读书戴顶”的祝福；如果拜访关系比较疏远的长辈，晚辈可以将拜年贴塞入门缝中而不必亲自登门。

江浙地域文化与世代相承的家族文化共同构成了诸葛八卦村的文化底蕴，也成为该村发展乡村旅游所依托的基石。

二、诸葛八卦村旅游发展历程

诸葛八卦村依托村内保留完好的古建筑和以家族文化为底色的文化资源，在 20 世纪 90 年代开始发展乡村旅游，是金华市诸多乡村旅游村中开发时间较早、发展速度较快的一个。

1994 年，该村在“保护古村落，开发旅游，发展经济”的原则下，采用村民入股的方式筹集初始资金，以滚动开发的发展模式逐渐对村内的古建筑修复开放。在旅游开发初期，村内以古建筑为核心点，带动所在片区发展旅游；随资本积累，修复开放的古建筑日益增多，由此形成连点成线、连片成面的全村开发态势。2002 年，由诸葛八卦村村集体为原始股东成立了诸葛旅游发展有限公司，专业负责景区的经营运作，公司资产归村集体所有；村委会则具有景区的行政管理权，并不负责日常经营工作。

诸葛八卦村 2004 年获评国家 4A 级景区，2019 年入选首批全国乡村旅游重点村名单。近年来在浙江省政府的规划和牵头下，串联省内精品景区打造多条主题线路，发挥各景区联动优势，诸葛八卦村被纳入以千岛湖为核心吸引物的旅游专线之中，景区知名度提升、客源市场也进一步扩展。

三、诸葛八卦村旅游开发问题

诸葛八卦村乡村旅游发展势态迅猛，但在开发过程中也遇到了许多问题，大致可以总结为吸引物、基础设施、产品设计、人员素质等几方面。

（一）游客难以产生景观真实性

诸葛八卦村始建于元末，现存古建筑涵盖明、清、民国等时代江南民居主要形制，堪称“江南建筑博物馆”。但由于建筑类景观对游客欣赏能力和专业知识的要求较高，加之诸葛八卦村建筑布局以八卦为基准，对于游客的传统文化素养要求更高，普通游客很难从中收获深刻的旅游体验和回忆。此外，村内大部分向游客开放的古建筑都在 20 世纪 90 年代之后经历过修缮。当时受资金和村民保护意识限制，除少数挂牌认定的重要保护文物单位外，大部分建筑的修缮都没有聘请专业古建筑修复团队，由此造成建筑外观有明显的现代方法修缮痕迹，影响了游客的临场真实性体验。

（二）村内基础设施建设不当

诸葛八卦村内部道路四通八达且街巷狭窄，不适宜大量汽车通行，因此需在村外建设停车场。随着自驾游的兴起和本地居民汽车保有量增加，现有停车场容量饱和，本地居民私家车和游客暂停车混杂在同一个停车场内，也为双方出行带来不便。村内发达的道路网本可作为增添游客体验的辅助手段，然而由于缺少引导标志、村内地图等服务，自由行散客在村内迷路、绕路的现象屡见不鲜，而有导游引导的游客也只遵循导游规划的既定路线，大大削弱了随意而行探访古镇的趣味性。

（三）旅游活动较为单一

到访游客主要旅游活动以简单观光为主，村内的食宿接待设施在内外装潢上也缺乏特色，尤其在饮食提供上，村内的民宿饭店等菜谱缺少本村特色。大部分民宿提供的餐饮以比较著名的浙江本帮菜经典菜品为主，这些知名度和消费者接受度都较高的菜品，不单在浙江本地及江南一带，在全国范围内的大中型城市也比较常见。旅游活动和食宿

服务设计的单调使游客难以对诸葛八卦村的文化在短时内有具象认知。

（四）从业人员服务素质不高

诸葛八卦村的从业人员绝大多数是本地村民，村民服务能力和素养普遍不高，没有受过正规、系统的岗位培训，在待人接物、服务游客中缺乏经验和素养，外聘的管理层与服务人员之间也存在代沟，人员培训体系有待完善。

四、诸葛八卦村旅游生态化开发经验与启示

该村在近年发展中已经意识到了繁荣景象下掩盖的问题，并采取针对措施加以解决。诸葛八卦村所面临的问题也是同类型景区难以避免的共性问题，因此该村的措施和经验颇具借鉴意义。

（一）古为今用，良性循环

1. 加强教育，统一认识

在20世纪80年代末期，诸葛八卦村村内存在着许多因年久失修濒临倒塌衰败的古建筑。该村首先对损坏严重的大公堂进行修缮，由此拉开了该村修复古建的序幕。为了筹措修缮所用资金、提高村民保护意识，村委会开展一系列村民教育活动，将诸葛八卦村古建筑保护的重要性与旅游开发经济价值、世代相承的家族文脉相连，使全村村民形成了“把老祖宗留下的遗产完整地保下来、传下去”的统一认识。

诸葛八卦村最初用于修缮古建筑的资金大部分来源于村民集资，随着乡村旅游不断发展，已经从旅游所得中划出专项资金用以建筑修复保护，形成了以文物为旅游发展之基、以旅游反哺文物保护的良性循环。

2. 因地制宜，制定村规

随着旅游开发规模扩大、程度加深，诸葛八卦村越发重视保护村内古建筑的重要性。除在村内通过宣传栏、宣传册等途径大力宣传《文物保护法》外，根据本村实际情况制定了具体的保护措施和村规民约。在村民大会、村民代表大会上对村规加以修改和落实情况的监管，经过几次修改，村规内容也已涵盖保护得当奖励措施、毁坏惩戒措施和带动游客行为规范鼓励等各方面内容，系统性地保护村内古建筑。

3. 落地为本，切实执行

诸葛八卦村在实践中不断探索，严格实施既定保护措施和村规，尤其在旧房翻新改造中严控随意拆毁改造，避免破坏村落结构完整性和统一性。并且对民居生活设施进行改造，改建自来水、污水处理系统，建造公厕，绿化植树，保护建筑风貌的同时提高居民生活水准。

该村十分重视村民与村落之间的和谐关系，发动全体村民参与到本村文化保护与环境治理的行动中。村委会与文保单位定期对村内古建筑进行一次彻底摸底排查，给古建筑按照保护等级挂牌，并同居住在内的村民签订保护责任书。每年经常性检查，对保护

范围、建设控制地带划界，明确每户村民责任范围。

除保护物质文化外，诸葛八卦村更是注重非物质文化遗产的传承。宗教文化、农耕文化、医药文化都在诸葛八卦村的历史上被有序传承，形成了独具特色的一方文脉。该村将集中展现本村文化的民俗活动作为重点保护对象，恢复了传统的后裔祭祖、元宵板凳龙等活动，民俗风情成为村庄一大亮点。目前诸葛八卦村古村落营造技艺和诸葛后裔祭祖仪式已被列入国家级非物质文化遗产。

（二）术业专攻，对症下药

1. 修旧如旧，村民讲解

诸葛八卦村近年在古建筑修缮时日益重视修旧如旧原则，使用部分旅游红利建立专项维修资金，用以聘请委托专业的文物修复团队。居民自住房屋需要维修提升时，由村委会负责委托第三方评估改建方案，控制私搭乱建；村民也可向村委会申请使用维修资金对自家所有的失修古建筑进行修缮，村委会与村民分担保护和维护费用。

针对游客缺少建筑和村史知识，村委会鼓励村民担任讲解志愿者，并辅以经济奖励。村民讲解员以生动鲜活的语言将地方特色和相关知识传递给游客，游客得以沉浸在古村落悠远的历史长河之中。

2. 曲径通幽，调配资源

村民讲解员的设立也有益于开发村庄内特色线路，游客在村民的引领下穿行于村内四通八达的小路之中，沿着不同的小路通往目的地，新鲜的线路和无意间见证的村民生活大大增强了游客体验感。诸葛八卦村在村内重要路口都设置了导览手册取用栏，导览手册中标明了该村规划的主要游览线路，辅助游客在最短时间内以最短路径游览全村，并且增设路标引导游客分散。为解决游客和居民停车难，诸葛八卦村新建停车场并将游客和居民车辆加以区别停放。在旺季时期，以停车价格差避免居民将私家车停入游客为主使用的停车场；白天是本地居民停车场较闲置的时间，如遇游客停车场饱和，由工作人员引导不过夜的游客至居民停车场暂停；由此通过分类引导实现停车场的调配和疏导。

3. 丰富旅游活动，强调地域特色

诸葛八卦村增添了水车、走桩等体验活动，并且鼓励村内经营民宿的村民在食宿服务上突出地方特色。首先结合当地年菜和糕点，推出了“诸葛八卦宴”，借助具有代表性的中医药文化和当地食材推出药膳、饮品等。在纪念品开发上，与文化企业合作推出定制孔明锁、孔明灯等纪念品，并且鼓励沿街商铺售卖特色的土特产品、手工制品，差异化竞争。

4. 加强人员培训，提升综合素质

诸葛八卦村除定期对从事旅游业的村民进行服务素养和专业技能的培训外，还组织各类精神文化、种植养殖等其他方面的讲座培训，将各类培训纳入村集体文化建设活动中，丰富村民精神文化生活，同时提升村民综合素质。

（撰稿人：郭昕悦　刘红旭）

安吉模式：乡村旅游生态化发展的实践与创新[①]

一、安吉县简介

安吉，为浙江省湖州市下辖县。地势西南高、东北低，呈东北开口的“畚箕形”盆地地形。气候为亚热带海洋性季风气候，森林覆盖率为75%，素有“中国竹子看浙江，浙江竹子看安吉”之说。经济植物、矿产资源、水资源丰富，为经济发展提供了良好的自然条件。据《2018年安吉县国民经济和社会发展统计公报》数据显示，2018年全县生产总值达404.32亿元，比2017年增长8.3%。近年来，全县实施农业园向休闲园转型发展。2018年年末，拥有山水灵峰休闲农业园、鲁家家庭农场集聚区、溪龙安吉白茶产业园3个农业园区；建成休闲农业园区25个。2017年，成为首批全国农村社区建设示范单位。2018年，荣获第二批国家生态文明建设示范县。2019年9月，入选首批国家全域旅游示范区。2005年8月，时任中共浙江省委书记的习近平同志在安吉余村考察时，提出了“绿水青山就是金山银山”的重要论述，为安吉的生态文明发展指明了方向。

二、安吉旅游发展历程

自20世纪90年代以来，历经近30年的发展，安吉乡村旅游从无到有，从有到精，不断发展壮大，为我国乡村旅游的发展提供了示范作用。20世纪90年代初，安吉县开始发展一些高技术、污染小的产业，文化产业开始起步。1994年，安吉县成立县旅游公司，作为全县旅游开发与管理的机构。此阶段，开发了竹种园、吴昌硕纪念馆、灵峰寺、龙王山等旅游景点。1998年，提出“将旅游业发展作为经济发展的新增长点”，并将安吉打造为富有竹乡特色的旅游目的地。经过十余年的发展，旅游的食、住、行、游、购、娱基本要素体系在安吉逐步形成。同时，安吉注意到生态保护的重要性，将乡村旅游向生态化发展方向引导。

2001年，安吉县政府提出了“生态立县”重要发展战略，为安吉的乡村旅游带来新的发展机遇。县旅游局对农家乐的承办条件、服务质量、服务标准等方面进行了明确规定，并对其进行质量监管。2005年，“两山”科学论断，更加坚定了安吉县“生态立县”的信心和决心。随后，县政府制定了《农家乐服务质量通用要求》《安吉县农家乐

① 资料来源：浙江省旅游发展研究中心，浙江旅游职业学院.乡村旅游的安吉模式［M］.北京：中国旅游出版社，2017.

管理办法》，农家乐发展更加规范化，既保护了乡村的原生态环境，也提高了乡村旅游的服务质量，从事旅游的农户收入也大大提高。

在“绿水青山就是金山银山”的指导下，安吉以乡村旅游社区为单位，向游客提供旅游服务，即旅游经济在乡村经济发展中占较大比重，且大多数乡村居民在不同程度上参与旅游经营。安吉的上墅乡、天荒坪镇、山川乡、报福镇等乡镇建立了乡村旅游社区，服务于当地旅游业的发展。随着新型城镇化的发展，2008 年 2 月，安吉县发布《建设“中国美丽乡村”行动纲领》，积极探索乡村旅游的经营模式和机制。

近年来，在“美丽乡村”“全域旅游”建设的基础上，更加重视生态、文化等元素。2013 年，被原国家旅游局列为“国家乡村旅游度假实验区”。2015 年 1 月，安吉山川乡获批成为国家 4A 级旅游景区。2015 年，高家堂景区与安吉交银村镇银行开展合作，推出“以储养游”模式，成为乡村旅游营销的新举措。在乡村打造乡村高端度假、特色农庄、特色休闲文化度假区等项目，安吉由“区域性乡村旅游目的地”向“国际乡村度假区”转变。

三、安吉乡村旅游生态化开发举措

（一）经济生态化

2013 年 9 月，安吉县政府出台《安吉县循环经济发展中长期规划》，以促进循环经济在县内的发展。安吉县乡村旅游经济生态化主要体现在以下两方面：一是发展现代生态农业。依托县内竹业、茶业、蚕桑等优质资源，建设现代农业园区，促进绿色食品安全生产，并形成品牌优势。二是发展绿色低碳工业。大力引进无污染或者污染小的高新技术产业，如电子信息、绿色食品等，积极发展生态型循环经济，建立绿色生态产业园区，清洁生产企业。如推广“畜禽—有机肥—作物”、竹（林）养鸡、稻虾种养轮作、桑枝循环利用等一批生态农业发展模式，构建了生态循环农业产业体系。同时，推广清洁能源利用，如道路、居民区及广场等公共场所的太阳能路灯等覆盖率逐步提高；推广应用杀虫灯和厌氧沼气处理技术，生活污水清洁处理率显著提高。

（二）环境生态化

乡村的自然环境是旅游者开展旅游活动的物质空间，对旅游者感官体验起着重要作用。安吉县编制《安吉县城乡环境保护发展规划》，健全和完善城乡一体的环保体系建设，为乡村旅游生态化发展提供了政策支持。自然环境生态化主要体现在对大气污染、水污染、垃圾分类处理等方面的治理措施。在治理大气污染方面，对工业废气的排放进行实时监测、有效治理，并淘汰废气排放量大的企业。同时，改变以燃煤和柴草为主的能源获取方式，大力推广小水电、太阳能、沼气、天然气等清洁能源。在水资源保护方面，运用阿克曼、氧化沟、生态湿地、沼气处理和太阳能微动力等先进技术建设污水处理设施，并且所有工业园区均集中建设污水处理厂，对无法处理污水的企业强制予以关

停。在垃圾处理方面，建立和完善“户集村收，乡镇中转，县统一处置”的垃圾处理体系，同步配套推进集污管网改扩建与供水、供电、供气、信息通道建设。同时，开展农业面源污染治理，严格控制化肥和农药使用，清洁农业生产技术覆盖率达 90%。

（三）文化生态化

旅游者的旅游活动在一定的自然环境和社会文化环境中进行，不仅在自然环境方面需要生态化发展，文化环境生态化发展也同等重要，都会对旅游者体验和旅游可持续发展产生影响。在乡村旅游生态化发展过程中，乡村文化能够得以保护和传承。在文化背景方面，安吉县乡村旅游根植于当地的乡土之中。在乡村旅游度假实验区建设过程中，坚持内容原真、形式多样，注重营造原汁原味的乡村氛围。在文化功能方面，利用现有资源，裂变出新的文化元素，发展文化创意产业，将具有当地特色的文化资源转化为旅游产品，发挥文化资源的经济价值。如依托安吉竹子、茶叶、蚕桑等资源，促进农业转型升级，推动现代农产品深加工，进一步转化为带有地方文化特征的旅游商品，带动当地经济的发展。在文化传播方面，竹乐、竹叶龙艺术表演成为长三角地区具有影响力的艺术表演形式，竹叶龙艺术表演曾亮相 2008 年北京奥运会，展示出安吉乡村的风采。此外，安吉生态博物馆被认定为我国东部地区生态博物馆建设的示范点。在文化保障方面，在农村建立多个民间文化展示馆，为留住乡村历史、收藏村落记忆提供了重要平台。值得注意的是，许多乡村百姓义务投入到场馆建设和无偿捐赠馆藏展品活动中，既有效地保护了乡村文化遗产，也增强了村民的地方认同感和保护地方文化的使命感。

（四）社会生态化

安吉乡村旅游的发展，促进了当地社会和谐。一方面，随着建设“美丽乡村”战略的实施，安吉乡村在经济、社会文化、自然环境等方面有了显著的发展，此举缩小了城乡差距，促进了城乡统筹发展。另一方面，通过发展乡村旅游，实现民生工程主客共享。在提升旅游公共服务，满足游客个性化旅游需求的同时，为当地居民的生活提供了便利。如安吉县旅游精品村设有旅游综合服务中心，当地居民可以通过全县联网的信息系统，了解有关劳动保障的信息。在房屋建筑方面，推广利用泥土和木材建造冬暖夏凉、节能环保的生态民居。村民通过参与旅游发展，自觉节约资源，减少污染排放，实行垃圾分类，提高了生态保护意识。通过积极参与建设“美丽乡村”，获得物质和精神的双丰收，增强了居民的幸福感。

四、安吉乡村旅游生态化开发经验与启示

（一）树立“生态优先”理念

安吉县践行“绿水青山就是金山银山”理论，不仅注重保护自然环境，而且将生态农业、生态工业、生态旅游、生态文化、生态人居结合在一起，建设安吉生态文明。在

早期“生态立县”战略的基础上，融合“美丽乡村”建设，大力发展乡村旅游。通过发展低碳产业、循环经济，引导游客的绿色消费。通过繁荣乡土文化、传播乡风文明，提升乡村的精神文明。通过提升旅游公共服务，整治村容村貌，提高居民的人居环境。在乡村旅游及服务配套设施发展的方方面面，将生态摆在发展的突出位置，集中聚集农村的经济要素、文化魅力和自然环境，加强县乡村旅游在一、二、三产业的融合发展，延伸产业链，增强旅游产品附加值，使一、二、三产业协调发展，将乡村旅游的特色化与现代文明紧密结合，打造特色鲜明的乡村旅游。

（二）旅游生态本土化发展

中国传统文化“天人合一”的价值观，强调人与自然和谐相处。安吉县立足自身实际，依托现有资源，如中国大竹海、中南百草园等打造休闲观光景区，建设为集生态教育、生态实践、生态科技、生态体验于一体的度假区。利用深厚的文化底蕴，安吉县为吴楚文化、邮驿文化、昌硕文化、孝子文化等特色文化的交错地带，开展文化节事活动。基于舞狮、花灯、竹刻、戏曲、书画等艺术表演传承安吉非物质文化遗产。由此，乡村旅游生态化发展需要依据各地区、各省市、乡镇特色，因地制宜，保护乡村旅游的差异性。根据乡村旅游资质情况，制定内容不同的认定标准。结合地方特色和客源市场状况，开发旅游产品，积极探索具有中国特色、具有地方差异性的乡村旅游发展路径。

（三）主客共享，引导居民积极参与乡村旅游发展

一方面，乡村旅游生态化发展需要增强居民的地方认同感，使居民积极投身于乡村旅游生态化发展与建设中。居民参与是乡村旅游生态化得以健康发展的关键要素。居民参与，指在乡村旅游开发、旅游活动经营、自然环境保护、社会文化传承与传播、居民素质培训与监督等方面，尊重乡村居民的建议与意见，确保乡村居民具有知情权、参与权、表达权、决策权和监督权。另一方面，乡村旅游以乡村性为核心内容，乡村居民是旅游生态化发展中重要的参与主体。需要统筹城乡资源，加强对乡村旅游从业人员的培训教育，结合“市民素质培训”和“现代市民教育”等工程，为居民普及生态知识，引导绿色的生活方式，形成勤俭节约和生态保护的价值理念。同时，基于主客共享理念，推进城乡公共服务设施建设、改造村镇景观风貌、培育生态环境、促进资源保护。

（撰稿人：张妍）

海南什寒村：留住乡愁　黎苗风采

近年来，“望得见山，看得见水，记得住乡愁”的乡村旅游在全国各地的发展方兴未艾。海南作为国际旅游岛，旅游资源丰富，既拥有独特的自然景观资源，如琼北火山地貌、保亭黎族苗族自治县的奇石仙洞、神秘的海底草原、神奇的海底村庄等地质地貌景观，海滨、河湖泉瀑等水体景观，丰富的动植物资源；也拥有多元的人文景观资源，如村社公庙场所、历史遗址遗迹景观、现代休闲场所、地方建筑与街区景观等。海南省乡村旅游自20世纪90年代以农家乐为主的乡村旅游“1.0版本”逐渐发展为以“一村一品”为主体的乡村旅游“2.0版本”，到现在升级为以乡村度假村和乡村旅游主题公园等新业态为主的“3.0版本”。随着乡村旅游的迅速发展，旅游已成为实现乡村振兴的重要途径之一。据统计，2018年，海南省接待乡村游客1024.64万人次，同比增长7.7%，实现乡村旅游收入32.16亿元，同比增长12.6%。2014年，海南省旅游发展委员会出台了《海南省乡村旅游点（区）等级的划分与评定》，对乡村旅游中涉及的“食、住、行、游、购、娱”等方面进行定量评价，一定程度上破解了乡村旅游经营管理粗放等问题。2015年5月，海南省乡村旅游联盟成立，以期将海南省的乡村旅游相关企业联合起来，整合资源优势，实现互联互动、互惠互利、共享资源，创新海南省乡村旅游产业，挖掘乡村旅游发展潜力。

建设国际旅游岛是海南转变经济发展方式、构建具有海南特色的经济结构的重要途径。2018年6月，海南省人民政府发布《海南省深化生态环境六大专项整治行动计划（2018—2020年）》，强调持续深化整治违法用地和违法建筑、城乡环境综合整治、城镇内河（湖）水污染治理、大气污染防治、土壤环境综合治理、林区生态修复和湿地保护“六大专项整治”，着力解决生态破坏和环境污染突出问题，推进美丽乡村建设。随着海南旅游生态化发展及游客生态文明的觉醒，海南省旅游正在由“3S（Sun、Sea、Sand）”向“3N（Nature、Nostalgia、Nirvana）”转变，沉浸于大自然中，寻找乡愁，从而使人们的精神达到畅爽体验，正成为21世纪旅游发展新趋势。乡村旅游是推动乡村振兴的重要抓手，海南省乡村旅游的发展为其他地区乡村旅游生态化发展提供了重要借鉴。

一、什寒村简介

什寒村位于海南省琼中黎族苗族自治县红毛镇，是省内海拔最高的村庄之一，有着“天上什寒”的美誉。该村是苗族和黎族混居村庄，居住着黎苗同胞522人（104户）。其中，有苗族340人，黎族182人。2011年，琼中县政府牵头，打造什寒村“奔格内”

（黎语，“来这里”的意思）乡村旅游项目，对乡村的基础设施进行修缮，对农家乐建设和管理进行升级。2012 年对外开放，吸引了全国众多游客。2013 年，什寒村荣获“最美中国乡村”称号。2015 年，获得“中国最美乡愁旅游村寨”称号。2017 年 11 月，被评为第五届全国文明村镇。2018 年什寒村旅游接待达 12.9 万人次，其中过夜 9303 人，实现旅游收入 1419.7 万元，发展农家乐 38 家，小卖部 20 家。农民人均收入由 2009 年不足 1000 元增至 15000 元，乡村旅游发展有效带动了什寒村农民群众脱贫致富。2019 年，被认定为全国乡村旅游重点村。

二、什寒村旅游生态化开发举措

（一）经济生态化：产业融合

由于偏僻的地理位置和脆弱的气候环境，什寒村曾为琼中县最为贫困的乡村之一。在未开发乡村旅游之前，什寒村以传统的种植业和养殖业为主。在“奔格内”乡村旅游项目实施后，什寒村形成了农业、农副产品加工业和服务业三产融合的局面，极大提高了资源利用率，延长了旅游产业链，增加了农业产品的附加值，乡村经济运行向生态化、低碳化、循环化的绿色生产方式转变。如“旅游 + 农业”模式，对传统农业、种植业、养殖业进行升级改造，拓展观光休闲、涉溪唱歌、农事体验等服务功能。结合美丽乡村建设，对农村进行风貌改造，发展以农家乐为载体的乡村旅游。大力发展林下经济，推广林下种植南药药林、种植灵芝林下养蜂等立体复合种养经营模式，培育什寒村山地特色绿色经济。“旅游 + 工业”模式，在传统农副产品加工的基础上，发展诸如椰雕、贝雕、织锦等旅游工艺品。“旅游 + 文化”模式，以旅游业为核心吸引力，通过对黎族、苗族等传统文化资源的挖掘，发展与旅游业密切相关的文化创意产业、修建主题鲜明的文化创意产业园区，吸引游客参与体验。“旅游 + 互联网”模式，扩大什寒村旅游发展的宣传力度及当地土特产品的销售渠道，提高当地居民的经济收入，培养了现代服务业的旅游人才。通过产业融合发展，整合了乡村资源，形成了产业联动效应，促进了居民致富及乡村经济发展。

（二）环境生态化

通过建设最美乡村，什寒村生活方式由不注重生态环境保护的生活习惯向注重形成绿色健康的生活理念转变。什寒村在现有资源的基础上，坚持原住民居住在乡村不动摇，尽可能减少环境污染和生态破坏，最大限度地保留村庄原有的田园风光和黎苗文化。加强了排水沟、挡土墙、户户通建设，进一步完善什寒村的基础设施建设。同时，积极开展厕所革命，按照“不湿、不臭、不挤”的要求，对乡村内的公共厕所进行升级改造，并加强公共厕所的长效管理机制，推动公共厕所的精细化管理。在垃圾处理方面，采取“户集—村收—乡镇运—县处理”方式，集中处理农村生活垃圾。

（三）文化生态化：文化传承

什寒村民俗资源丰富，其独特的饮食文化、建筑文化、节庆活动、婚嫁形式、工艺美术等，具有较好的观赏性与参与性。将当地传统文化渗透到旅游的基础要素“食、住、行、游、购、娱”活动中，使当地文化在乡村旅游发展过程中得以传承和弘扬。在饮食方面，2010 年 7 月，国家工商总局在海口发布《国家工商行政管理总局关于支持海南国际旅游岛建设的若干意见》，鼓励海南居民在具有地方民俗文化特色的农庄村落，开展“农家乐”，发展乡村特色旅游餐饮业。什寒村旅游餐饮以绿色、原生态和健康为主题。如在饮食方面，什寒村农家乐服务人员会着黎族服装，为游客带来特色菜“南杀”、苗族三色饭和五色饭等。在建筑文化方面，在符合海南岛制定的“旅游饭店”标准下，加入地方特色。如黎族的干栏式民居、船形茅屋、竹墙屋；苗族的吊脚楼，具有象征意义的苗绣花纹和白色牛角，都传递出什寒村的少数民族特色。在民间艺术方面，有纺织、刺绣、印染、雕刻等，文化内涵丰富，形式多样。节庆活动方面，以“三月三”“奔格内山盟婚庆节”为代表的丰富多彩的黎族和苗族节庆活动，如唱山歌、饮山兰米酒、跳竹竿舞，还有众多神话传说表演、民族体育项目活动等，为游客深入了解黎族和苗族少数民族文化内涵和海南的风土人情提供了载体，也使得充满神秘色彩的苗、黎族传统文化得以传承和创新发展。

（四）社会生态化

在生态文明建设方面，由政府主导向政府、市场和民众共同参与转变。努力构建“政府主导、企业实施、市场驱动、公众参与”的生态文明治理体系，形成社会共治格局，广泛开展生态发展理念，引领绿色生活，积极引导公众参与和社会监督。创建了“政府 + 公司 + 农户 + 基地”的乡村旅游发展模式。县政府不定期邀请养蜂、南药种植等方面的专家为农户讲授种植知识和理念，并发放技术资料，或将专家邀请到田地里进行现场指导和讲解，为当地居民树立了正确的发展理念，促进了南药和蜂蜜的优质生产。在发展理念和技术方面指导居民，把居民变为现代化农业生产链条中的一环，使其分享到市场经济的红利。一方面，能够通过销售旅游土特产品增加居民收入，调动了居民的参与性和主人翁意识。另一方面，增强了居民的自我发展能力和发展自信。此外，什寒村通过基础设施建设和人居环境改造，村容村貌焕然一新，居民的环保意识也大大提高，个人卫生情况也有了明显改善。通过旅游发展，居民改变了生活环境、陈规陋习、生活方式和思想观念。随着乡村旅游的发展，村主任通过对各户的走访调查，了解居民的需求，不断完善乡规民约，改进旅游企业星级评定方案。通过乡村旅游企业主组成的旅游协会推动星级评定方案的实施，不断提高旅游经营者的文化素质水平和管理能力。通过改进村规民约，改变了村里乱收红包等陋习。

三、什寒村旅游开发存在的问题

（一）旅游商品开发缺乏本地特色

目前，什寒村较具代表性的旅游商品主要有椰子系列、贝雕系列、“岛服”等，产品设计创意不足和缺乏本地特色等问题，阻碍了什寒村乡村旅游的发展。如椰雕、贝壳工艺品等，在设计上大同小异，无法与海南省三亚、海口等旅游城市相比取得竞争优势。旅游活动强调异地体验性，只有开展具有本地特色的旅游活动，才能增强旅游吸引力，充分发挥旅游业的带动作用，促进旅游业的可持续发展。

（二）未形成品牌效应，旅游营销碎片化

旅游活动处于一个追求个性化、差异化的新时代，固守传统的服务模式和营销模式将在体验时代难以生存。什寒村旅游营销缺乏品牌意识，旅游产品未形成规模化经营。什寒村拥有独特的黎苗族传统文化资源和生物土特产品，当地的铁皮石斛、野生蜂蜜、南药药材和野生灵芝等受到游客的欢迎，但产品包装较为粗糙，包装材质千篇一律，未形成自己的品牌符号，商品包装缺乏文化内涵且不注重环保价值，影响了游客的体验与自身文化的传播。并且旅游营销呈现零散化、碎片化特点，从而未能在游客心中形成一个完整的品牌。

（三）旅游监管不到位

什寒村乡村旅游发展处于初级发展阶段，旅游配套体系建设未能跟上乡村旅游的发展步伐。旅游商品销售较为零散，由于监管不到位，出现一些违规经营、宰客等不良现象。乡村内大部分的旅游接待服务由本村居民负责，存在文化水平较低、服务水平较差的问题，如什寒村部分民宿服务人员按照当地人的作息时间，白天上班，晚上下班，使游客在夜里遇到问题时无法得到及时解决，乡村旅游的经营主体有待进一步规范。同时，部分旅游企业缺乏诚信意识，诚信道德缺失，旅游企业主之间存在恶性竞争现象，影响了该村旅游服务质量。

四、什寒村旅游生态化开发经验与启示

（一）挖掘地方资源，突出地方特色

深度挖掘区域林地生物医药资源价值。依托山区丰富的南药资源优势，支持林区建立益智仁等南药种植基地。同时，什寒村森林茂密，具有浓度较强的“空气维生素”负氧离子，是一个天然氧吧。结合什寒村南药资源，建设黎、苗族康养基地，突出医药治疗和健身养老功能，开发灵芝等保健品，吸引“银发旅游”游客市场。将什寒村医药资源与乡村旅游相结合，实现黎药遗产保护，进一步推动居民脱贫致富。在民俗文化方

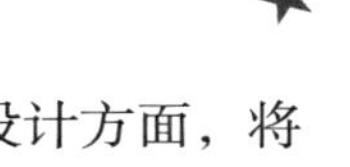

面，重点突出民族特色型与地域差异性，体现本地的文化内涵。旅游商品设计方面，将当地符号融入手工艺品、布艺装饰中，尽可能于当地取材，选择无污染或污染较小的工艺流程，将生态发展理念贯穿于旅游商品中，对游客起到一定的环保教育作用。

（二）树立品牌意识，整合营销推广

在激烈的市场竞争中，乡村旅游企业要树立品牌意识和责任意识，对旅游产品的设计与包装换代升级。结合地方特色，改进工艺流程，延长产业链条，研发具有本地特色的旅游产品，进行生态认证，并创建自己的品牌标志。随着信息科技的发展，网络时代带来的巨大变革，使营销思维也产生巨大变化。微博、微信、论坛、社区、短视频等新媒体彻底颠覆了传统媒体的营销模式，受到旅游者的青睐。新媒体营销方式具有参与互动性强、传播速度快、营销精准度高、营销成本较低、效果实时反馈等优点，及时传播旅游相关信息，挖掘和培育其他潜在旅游者，有利于提升旅游目的地的吸引力和竞争力，但零散的新媒体传播并不能有效地提升旅游竞争力。新时代，需要科学、系统地整合旅游营销传播。通过统一传播口径，向旅游者传播一致的旅游信息，建立旅游者与旅游目的地品牌之间持久的联系，塑造积极的乡村旅游目的地形象。在培育本土旅游商品的基础上，借助国际旅游岛建设的平台，依托互联网，引进国际品牌，输出本土品牌商品，达成国际合作与交流，促进旅游产品创新发展。

（三）加强市场监管

一方面，加强乡村旅游市场监管，规范乡村旅游的市场秩序。通过出台相关法规政策，建立监管的长效机制，为旅游市场的监管提供制度保障。加强乡村旅游数字化生态支撑系统建设，依托物联网、互联网、人工智能等信息技术，打造智慧化生态环保体系、智慧化旅游服务系统、智慧化生态便民服务等。对于违规行为要重拳出击，加大惩罚力度，从乡村旅游发展的初级阶段加强行业监管。另一方面，通过开展生态教育，评选出典型旅游发展活动或模式，引导乡村旅游的有序、规范化发展。依托什寒村黎母山等国家级森林公园，建设生态文明教育示范基地，开展观鸟节、野生动植物保护月等活动，传播生态文化，弘扬生态文明，积极引导乡村旅游企业生态化发展。

（撰稿人：张妍）

塔元庄村：党建引领　集体发展

一、塔元庄村简介

塔元庄村位于正定县城以西 1.5 公里处，紧邻省会石家庄市区。全村共 500 户，2030 人，其中共产党员 96 名，村民代表 43 名。该村坐落在滹沱河北岸，拥有耕地面积 760 亩，沙滩地面积 3000 亩。2013 年 7 月 11 日，习近平总书记在调研指导河北省第一批党的群众路线教育实践活动时，再次来到塔元庄村考察，并寄语塔元庄村“把农业做成产业化，养老做成市场化，旅游做成规范化，在全国率先建成小康”。2018 年，塔元庄村集体收入达到 1100 万元，村民人均可支配收入达到 2.1 万元。塔元庄村被评为“全国基层先进党组织”“全国文明村”“国家环境卫生示范村”“农村新民居建设示范村”“河北省文明生态先进村”“中国最美休闲乡村”。习近平总书记多次考察为塔元庄休闲乡村发展指明了道路。

近年来，塔元庄村在村“两委”班子的带领下，摆脱传统粗放式的发展道路，大力发展村办企业，深入挖掘农业潜力，因地制宜制订了“旅游 + 美丽乡村升级版”行动计划，整合特色旅游资源，着力探索农旅融合、城乡一体的旅游发展新模式。塔元庄村通过优化旅游环境，完善旅游基础设施，大力发展乡村旅游和电子商务，让更多的游客吃在村里、住在村里，以旅游产业发展助力乡村振兴。目前，大型水上嘉年华项目、木屋小镇旅游民宿项目、农业生态园等先后落户塔元庄，构成食、住、行、游、购、娱于一体的旅游产业链。2018 年，塔元庄接待旅游人数 30 万人次，实现了良好开端。2019 年，塔元庄村围绕村委会、“初心”党群教育活动基地、塔元庄生态园、梦乡小镇、木屋民宿小镇、塔元昇格航空综合服务基地等景点，推出基础路线和发展路线，满足不同游客需求。2019 年 7 月 12 日，塔元庄村入选第一批全国乡村旅游重点村名单。塔元庄村倡导“发展与自然共生、产业与文化共鸣”的建设理念，彰显了建设美丽乡村的态度。他们要建的，不只是一座只重视经济发展的乡村，而是环境优美、风景独特的生态花园。

二、塔元庄生态开发特色

（一）经济生态化

塔元庄村是通过发展集体经济带动村民增收致富的一个标杆村。从 2002 年起，利用国家退耕还林优惠政策，由林业部门提供树苗，塔元庄村民出工，先后造起滹沱河绿化带生态林 2000 亩，其中由集体经营 1000 亩。如今这些林地每亩每年可获 500 元补贴收入。同时，塔元庄推动特色城郊农业发展，瞄准城市“菜篮子”，成立林果蔬菜种植专业合作社，吸引200余户村民入社，让村民做股东，流转土地500余亩，合资建成河北天一蔬菜加工公司、生态产业园。蔬菜以温室大棚的形式，采用立体栽培模式，相较于传统种植模式既节约了空间，又增加了效益。同时，蔬菜种植采用无土栽培技术，避免了传统土地种植中化肥和农药使用的残留物，从而为城市居民提供健康安全的食材。进一步地，通过“互联网＋农业”发展模式，循着“半城郊型”经济发展思路，塔元庄村依托河北慧聪“互联网＋产业”电商服务平台，将建立河北省县域特色商品展示平台、面向全世界交易的智能导购平台和河北商品报价系统平台，搭建商品综合体系即溯源体系，真正践行“生态、绿色、有机、健康、养生”等理念。依靠网络销售渠道，塔元庄的小米、香油、牛蒡酒等农产品销售到京、津、冀、鲁、晋、豫等多个省市。2015年，以塔元庄村为龙头，把周围5个村庄打造成“一村一品”的农业科技项目，各村种植自己的优势经济作物，由塔元庄村收购包销，利用“塔元庄品牌”推向全国。

（二）环境生态化

2016年以来，河北省大力开展美丽乡村建设活动，大力推进“四美五改”（改房、改水、改路、改厕、改厨，做到环境美、产业美、精神美、生态美），以实现农村布局优化、民居美化、道路硬化、村庄绿化、饮水净化、卫生洁化、路灯亮化、服务强化为目标，不断提升农民生活品质，促进农村经济发展、农民素质提高。塔元庄村紧紧抓住建设美丽乡村的契机，不断修编完善村庄规划，注重应用新技术、新材料、新装备、新样式，提倡使用新型结构体系，达到了经济、适用、美观、节能、抗震的效果，满足了村民现代生活的需要。塔元庄村实现了垃圾分类清理，每天专人定时处理垃圾。此外，该村对杂物、残垣断壁、路障等全部拆除，大街小巷干净畅通，房前屋后整齐清洁，无积存垃圾、乱堆杂物。在生态住宿方面，塔元庄木屋民宿小镇位于塔元庄南侧，紧邻滹沱河北岸，地处沿河景观区，成为生态住宿的典型代表。北欧的芬兰度假木屋已经成为世界级的旅游品牌，其将自然生态的木元素和木艺术品结合起来以区别传统酒店，形成木屋民宿的特色。木屋存在的芬多精与负氧离子比钢筋混凝土房屋高出几百倍，能够有效地杀死空气中的细菌，增强游客免疫力，满足现代游客对于环保、养生的追求。

厕所是衡量文明的重要标志，改善厕所卫生状况直接关系到乡村居民的健康和环境状况。早在1984年，正定县委工作大纲中就提出积极改造连茅圈。2000年塔元庄完成了厕所卫生改建。2008年新民居改造，实现了家家户户使用抽水式马桶，解决了乡村厕所脏、乱、差、偏、少等如厕难问题，这与近年来的“厕所革命”一脉相承。旱厕改为水厕，小厕所、大民生，厕所卫生条件的改善体现了农村厕所的城市化、现代化和人性化。

（三）社会生态化

随着经济的发展，基层民主、村民的精神风貌、邻里关系、文化素养也得到不断提升。发挥党员的先锋模范作用，尊重群众意见是开展基层工作的重要基础。在社会主义新农村建设初期，塔元庄村两委通过对多地进行学习、考察，制订出了“平改楼”的发展方案。拆房时村两委班子先从自家拆，分房时按先村民、后党员、再“两委”干部的顺序来。对“恋旧”的6户，每户预留了一套单元房，什么时候想搬就什么时候搬，充分尊重群众意愿。

党的十八大以来，习近平总书记高度重视村规民约在社会治理中的重要作用。塔元庄村规民约中多处倡导勤俭节约，如“提倡节约用水、用电，不用水时水管要关闭，出门要关闭电磁炉、天然气、关闭电源”等。另有村规民约关于道德风貌、文明礼貌的规定，如“村民要坚决执行党的方针政策，团结友爱、文明礼貌，爱护公物和花草，人人争当新农村建设的模范”等。此外，村规民约中强调人与人之间以礼相待、和睦相处。如“破旧俗立新风，尊老爱幼，搞好邻里关系、妯娌关系、婆媳关系”等。塔元庄村历来十分重视村民的道德教育，每年开展“文明家庭”“善行好人”“好媳妇、好婆婆”“说说我的家风家训”“晒晒我的美丽庭院”等活动，大力倡导尊老爱幼、邻里和睦、团结互助的家庭美德教育。现在塔元庄村已经形成了一种“人人争做好村民，家家争当文明户”的良好氛围。以村规民约推动乡村移风易俗，传承优秀文化。

塔元庄为进一步完善服务保障功能，将创新医疗与养老进行深度融合，前院就医，后院养老，服务理念超前。并为每位老人建立了健康档案，尤其是65岁以上人群，为他们免费建立健康档案，对于常见病、多发病免费上门医治。医中有养，养中有医，实现了疾病发作期进入住院治疗状态，病情稳定转入修养期。塔元庄村还成立了“塔元庄社区居家养老服务中心”，为周围老年人群提供多元化的上门服务，并定期为老年人举办养生保健知识讲座，提高老年人自我养生保健能力。劲松老年公寓是一所集托老、养老、养生、保健、医疗、康复等综合性为老年服务的医养结合机构。塔元庄村在农村养老方面真正实现了养老机构规范化、服务功能标准化、服务队伍专业化、服务质量公开化，真正地塑造出了“安全、诚信、优质”的“塔元劲松”养老品牌项目。

三、塔元庄生态化开发未来展望

塔元庄坚持经济与民生共举、生态与人文同步，着力以新生活传承新文明，在美丽乡村建设中已经做了大量工作。共3000亩地的塔元庄，有2000多亩是河滩地，不适合种植庄稼。立足实际，因地制宜地探索乡村旅游是促进区域经济发展的重要途径。未来塔元庄旅游生态发展可以从以下两方面展开：

（一）积极打造田园综合体，着力推进乡村振兴

田园综合体指发生在广大乡村土地上的诗意化的乡村风光和舒适的生活方式。一方面，依托农业生态园，以产业链条为核心，构建生产、加工、销售、推广的农业产业链条，推进集约化、标准化和规模化生产，形成线上线下互动融合的发展模式，在全国打造“塔元庄”品牌，打造集约型农旅一体化产业集群。另一方面，随着我国老龄化情况日益严重，乡村田园养老度假成为一种新的养老模式。利用乡村自然环境和利于康复身

心的人文环境，打造一种集田园生态休闲、绿色健康饮食、良好社会氛围于一体的新型养老模式。

（二）加强生态文明宣传教育，增强人们的生态意识

建设美丽乡村，促进乡村旅游生态发展，必须要在不断培育人们生态意识的基础上进行。定期对本村居民开展生态文明教育活动，实行生态意识的全民化和社会化。进而培养乡村居民的自然生态保护、生态道德、生态审美意识，以乡规民约推动居民的消费观念和消费行为趋于生态化、科学化、健康化，达到为游客增强环境保护意识的良好示范作用。游客是旅游活动产生的主体，增强对游客的引导作用是乡村旅游生态化发展的重要途径。完善环境保护、行为规范等相关标志、标牌，以提醒和引导游客；完善旅游生态解说系统，营造乡村旅游生态文明的浓厚氛围。

四、塔元庄村旅游生态化开发经验与启示

虽然塔元庄在地理位置、资源禀赋、产业基础等方面与我国大部分农村地区发展情况不尽相同，但是其成功经验对我国广大乡村地区旅游生态化发展，助力乡村振兴战略的实施具有很好的借鉴意义。纵观其休闲乡村发展历程，将从以下几方面总结启示：

（一）发挥党建工作的引领，完善基层治理体系

党的十九大报告指出，加强社会治理制度建设，完善党委领导、政府负责、社会协同、公众参与、法治保障的社会治理体制，提高社会治理社会化、法治化、智能化、专业化水平。而党建引领是提升基层社会治理能力的根本途径，是乡村旅游生态化发展的重要路径选择。塔元庄村两委实施顶层设计、科学谋划，在美丽乡村建设的基础上，提升乡村生态宜居品质，融入休闲度假功能，壮大集体经济，带动全村居民增收致富。区域应结合自身实际情况，探索符合自身发展的体系，发挥党员的先锋模范作用，建立党员干部和企业、村民之间良好的沟通协调机制，确保乡村旅游生态化发展既充满活力又井然有序。

（二）制定完善的村规民约，推动乡村旅游社会生态化发展

村规民约是实现乡村振兴战略的重要抓手，在乡村旅游生态化发展中发挥着重要作用。充分发挥村规民约的作用是乡村旅游在新时代下适应乡村旅游发展新常态的必然要求，更是社会治理能力的重要体现。村规民约具有较长的历史传统和深厚的社会基础，在乡土社会具有较强的生命力。村规民约，在推进乡村移风易俗，倡导勤俭节约，树立社会正气，传承优秀文化方面发挥着积极的作用。乡土性是乡村旅游发展中的重要组成部分，只有抓好家训家风建设，树立好新时代社会新风，运用体现公序良俗的村规村约，提高农村文明程度和村民精神风貌，推动乡村旅游社会生态化发展，乡村旅游才能深入人心，促使游客重返寻找“乡愁”。

（三）挖掘特色的旅游商品，促进旅游生态本土化发展

鼓励有条件的村镇成立旅游商品生产互助合作组织，推进区域土特产品地理标志产品保护、原产地标志认定和绿色有机农产品认定工作。促进制造业、旅游业与商贸流通业的融合，加大乡村特色产业与旅游购物的渠道对接力度，形成旅游商品制造业与流通业产业集群。挖掘本土特色餐饮资源，培育地方文化餐饮。鼓励餐饮企业采购本村镇的农产品，建立和完善农产品信息中心和物流配送渠道。在中心旅游乡镇、旅游集散地，逐步建立特色美食街、农家美食店、乡村客栈风味餐厅等，扶持地方传统饮食发展，鼓励本地村镇居民经营特色旅游餐饮，培育本土餐饮连锁品牌。

（撰稿人：张妍）

四、政策汇编篇

第一部分　党中央国务院有关政策文件

党的十九大报告（摘要）

三、新时代中国特色社会主义思想和基本方略

（九）坚持人与自然和谐共生。建设生态文明是中华民族永续发展的千年大计。必须树立和践行绿水青山就是金山银山的理念，坚持节约资源和保护环境的基本国策，像对待生命一样对待生态环境，统筹山水林田湖草系统治理，实行最严格的生态环境保护制度，形成绿色发展方式和生活方式，坚定走生产发展、生活富裕、生态良好的文明发展道路，建设美丽中国，为人民创造良好生产生活环境，为全球生态安全作出贡献。

五、贯彻新发展理念，建设现代化经济体系

（三）实施乡村振兴战略。农业农村农民问题是关系国计民生的根本性问题，必须始终把解决好“三农”问题作为全党工作重中之重。要坚持农业农村优先发展，按照产业兴旺、生态宜居、乡风文明、治理有效、生活富裕的总要求，建立健全城乡融合发展体制机制和政策体系，加快推进农业农村现代化。巩固和完善农村基本经营制度，深化农村土地制度改革，完善承包地“三权”分置制度。保持土地承包关系稳定并长久不变，第二轮土地承包到期后再延长三十年。深化农村集体产权制度改革，保障农民财产权益，壮大集体经济。确保国家粮食安全，把中国人的饭碗牢牢端在自己手中。构建现代农业产业体系、生产体系、经营体系，完善农业支持保护制度，发展多种形式适度规模经营，培育新型农业经营主体，健全农业社会化服务体系，实现小农户和现代农业发展有机衔接。促进农村一二三产业融合发展，支持和鼓励农民就业创业，拓宽增收渠道。加强农村基层基础工作，健全自治、法治、德治相结合的乡村治理体系。培养造就一支懂农业、爱农村、爱农民的“三农”工作队伍。

九、加快生态文明体制改革，建设美丽中国

人与自然是生命共同体，人类必须尊重自然、顺应自然、保护自然。人类只有遵循自然规律才能有效防止在开发利用自然上走弯路，人类对大自然的伤害最终会伤及人类自身，这是无法抗拒的规律。

我们要建设的现代化是人与自然和谐共生的现代化，既要创造更多物质财富和精神财富以满足人民日益增长的美好生活需要，也要提供更多优质生态产品以满足人民日益增长的优美生态环境需要。必须坚持节约优先、保护优先、自然恢复为主的方针，形成节约资源和保护环境的空间格局、产业结构、生产方式、生活方式，还自然以宁静、和谐、美丽。

（一）推进绿色发展。加快建立绿色生产和消费的法律制度和政策导向，建立健全绿色低碳循环发展的经济体系。构建市场导向的绿色技术创新体系，发展绿色金融，壮大节能环保产业、清洁生产产业、清洁能源产业。推进能源生产和消费革命，构建清洁低碳、安全高效的能源体系。推进资源全面节约和循环利用，实施国家节水行动，降低能耗、物耗，实现生产系统和生活系统循环链接。倡导简约适度、绿色低碳的生活方式，反对奢侈浪费和不合理消费，开展创建节约型机关、绿色家庭、绿色学校、绿色社区和绿色出行等行动。

（二）着力解决突出环境问题。坚持全民共治、源头防治，持续实施大气污染防治行动，打赢蓝天保卫战。加快水污染防治，实施流域环境和近岸海域综合治理。强化土壤污染管控和修复，加强农业面源污染防治，开展农村人居环境整治行动。加强固体废弃物和垃圾处置。提高污染排放标准，强化排污者责任，健全环保信用评价、信息强制性披露、严惩重罚等制度。构建政府为主导、企业为主体、社会组织和公众共同参与的环境治理体系。积极参与全球环境治理，落实减排承诺。

（三）加大生态系统保护力度。实施重要生态系统保护和修复重大工程，优化生态安全屏障体系，构建生态廊道和生物多样性保护网络，提升生态系统质量和稳定性。完成生态保护红线、永久基本农田、城镇开发边界三条控制线划定工作。开展国土绿化行动，推进荒漠化、石漠化、水土流失综合治理，强化湿地保护和恢复，加强地质灾害防治。完善天然林保护制度，扩大退耕还林还草。严格保护耕地，扩大轮作休耕试点，健全耕地草原森林河流湖泊休养生息制度，建立市场化、多元化生态补偿机制。

（四）改革生态环境监管体制。加强对生态文明建设的总体设计和组织领导，设立国有自然资源资产管理和自然生态监管机构，完善生态环境管理制度，统一行使全民所有自然资源资产所有者职责，统一行使所有国土空间用途管制和生态保护修复职责，统一行使监管城乡各类污染排放和行政执法职责。构建国土空间开发保护制度，完善主体功能区配套政策，建立以国家公园为主体的自然保护地体系。坚决制止和惩处破坏生态环境行为。

2019 年政府工作报告（摘要）

要继续打好三大攻坚战，精准发力、务求实效。污染防治要聚焦打赢蓝天保卫战等重点任务，统筹兼顾、标本兼治，使生态环境质量持续改善。

（五）对标全面建成小康社会任务，扎实推进脱贫攻坚和乡村振兴。坚持农业农村优先发展，加强脱贫攻坚与乡村振兴统筹衔接，确保如期实现脱贫攻坚目标、农民生活达到全面小康水平。

（七）加强污染防治和生态建设，大力推动绿色发展。绿色发展是构建现代化经济体系的必然要求，是解决污染问题的根本之策。要改革完善相关制度，协同推动高质量发展与生态环境保护。

加强生态系统保护修复。推进山水林田湖草生态保护修复工程试点，持续抓好国土绿化，加强荒漠化、石漠化、水土流失治理。加大生物多样性保护力度。继续开展退耕还林还草还湿。深化国家公园体制改革。健全生态补偿机制。绿色发展人人有责，贵在行动、成在坚持。我们要共同努力，让人民群众享有美丽宜居环境。

2018 年政府工作报告（摘要）

（三）深化基础性关键领域改革。以改革开放 40 周年为重要契机，推动改革取得新突破，不断解放和发展社会生产力。

健全生态文明体制。改革完善生态环境管理制度，加强自然生态空间用途管制，推行生态环境损害赔偿制度，完善生态补偿机制，以更加有效的制度保护生态环境。

（四）坚决打好三大攻坚战。要围绕完成年度攻坚任务，明确各方责任，强化政策保障，把各项工作做实做好。

推进污染防治取得更大成效。巩固蓝天保卫战成果，今年二氧化硫、氮氧化物排放量要下降 3%，重点地区细颗粒物（PM2.5）浓度继续下降。推动钢铁等行业超低排放改造。提高污染排放标准，实行限期达标。大力发展清洁能源。开展柴油货车、船舶超标排放专项治理，继续淘汰老旧车。深入推进水、土壤污染防治，今年化学需氧量、氨氮排放量要下降 2%。实施重点流域和海域综合治理，全面整治黑臭水体。加大污水处理设施建设力度，完善收费政策。加强固体废弃物和垃圾分类处置，严禁“洋垃圾”入境。加强生态系统保护和修复，全面划定并严守生态保护红线，完成造林 1 亿亩以上，耕地轮作休耕试点面积增加到 3000 万亩，加强地下水保护和修复，扩大湿地保护和恢复范围，深化国家公园体制改革试点。严控填海造地。严格环境执法和问责。我们要携手行动，建设天蓝、地绿、水清的美丽中国。

（五）大力实施乡村振兴战略。科学制定规划，健全城乡融合发展体制机制，依靠改革创新壮大乡村发展新动能。

推进农业供给侧结构性改革。深入推进“互联网 + 农业”，多渠道增加农民收入，促进农村一二三产业融合发展。

推动农村各项事业全面发展。稳步开展农村人居环境整治三年行动，推进“厕所革命”和垃圾收集处理。

中共中央 国务院关于坚持农业农村优先发展做好“三农”工作的若干意见（摘要）

一、聚力精准施策，决战决胜脱贫攻坚

（三）着力解决突出问题。扎实推进生态扶贫，促进扶贫开发与生态保护相协调。坚持扶贫与扶志扶智相结合，加强贫困地区职业教育和技能培训，加强开发式扶贫与保障性扶贫统筹衔接，着力解决“一兜了之”和部分贫困人口等靠要问题，增强贫困群众内生动力和自我发展能力。

三、扎实推进乡村建设，加快补齐农村人居环境和公共服务短板

（四）加强农村污染治理和生态环境保护。统筹推进山水林田湖草系统治理，推动农业农村绿色发展。加大农业面源污染治理力度，开展农业节肥节药行动，实现化肥农药使用量负增长。发展生态循环农业，推进畜禽粪污、秸秆、农膜等农业废弃物资源化利用，实现畜牧养殖大县粪污资源化利用整县治理全覆盖，下大力气治理白色污染。扩大轮作休耕制度试点。创建农业绿色发展先行区。实施乡村绿化美化行动，建设一批森林乡村，保护古树名木，开展湿地生态效益补偿和退耕还湿。全面保护天然林。加强“三北”地区退化防护林修复。扩大退耕还林还草，稳步实施退牧还草。实施新一轮草原生态保护补助奖励政策。落实河长制、湖长制，推进农村水环境治理，严格乡村河湖水域岸线等水生态空间管理。

（五）强化乡村规划引领。把加强规划管理作为乡村振兴的基础性工作，实现规划管理全覆盖。以县为单位抓紧编制或修编村庄布局规划，县级党委和政府要统筹推进乡村规划工作。按照先规划后建设的原则，通盘考虑土地利用、产业发展、居民点建设、人居环境整治、生态保护和历史文化传承，注重保持乡土风貌，编制多规合一的实用性村庄规划。加强农村建房许可管理。

四、发展壮大乡村产业，拓宽农民增收渠道

（三）发展乡村新型服务业。支持供销、邮政、农业服务公司、农民合作社等开展农技推广、土地托管、代耕代种、统防统治、烘干收储等农业生产性服务。充分发挥乡村资源、生态和文化优势，发展适应城乡居民需要的休闲旅游、餐饮民宿、文化体验、健康养生、养老服务等产业。加强乡村旅游基础设施建设，改善卫生、交通、信息、邮政等公共服务设施。

五、全面深化农村改革，激发乡村发展活力

（二）深化农村土地制度改革。保持农村土地承包关系稳定并长久不变，研究出台配套政策，指导各地明确第二轮土地承包到期后延包的具体办法，确保政策衔接平稳过渡。完善落实集体所有权、稳定农户承包权、放活土地经营权的法律法规和政策体系。在基本完成承包地确权登记颁证工作基础上，开展“回头看”，做好收尾工作，妥善化解遗留问题，将土地承包经营权证书发放至农户手中。健全土地流转规范管理制度，发展多种形式农业适度规模经营，允许承包土地的经营权担保融资。总结好农村土地制度三项改革试点经验，巩固改革成果。坚持农村土地集体所有、不搞私有化，坚持农地农用、防止非农化，坚持保障农民土地权益、不得以退出承包地和宅基地作为农民进城落户条件，进一步深化农村土地制度改革。在修改相关法律的基础上，完善配套制度，全面推开农村土地征收制度改革和农村集体经营性建设用地入市改革，加快建立城乡统一的建设用地市场。加快推进宅基地使用权确权登记颁证工作，力争 2020 年基本完成。稳慎推进农村宅基地制度改革，拓展改革试点，丰富试点内容，完善制度设计。抓紧制定加强农村宅基地管理指导意见。研究起草农村宅基地使用条例。开展闲置宅基地复垦试点。允许在县域内开展全域乡村闲置校舍、厂房、废弃地等整治，盘活建设用地重点用于支持乡村新产业新业态和返乡下乡创业。严格农业设施用地管理，满足合理需求。巩固“大棚房”问题整治成果。按照“取之于农，主要用之于农”的要求，调整完善土地出让收入使用范围，提高农业农村投入比例，重点用于农村人居环境整治、村庄基础设施建设和高标准农田建设。扎实开展新增耕地指标和城乡建设用地增减挂钩节余指标跨省域调剂使用，调剂收益全部用于巩固脱贫攻坚成果和支持乡村振兴。加快修订土地管理法、物权法等法律法规。

中共中央　国务院关于实施乡村振兴战略的意见（摘要）

三、提升农业发展质量，培育乡村发展新动能

（三）构建农村一二三产业融合发展体系。实施休闲农业和乡村旅游精品工程，建设一批设施完备、功能多样的休闲观光园区、森林人家、康养基地、乡村民宿、特色小镇。对利用闲置农房发展民宿、养老等项目，研究出台消防、特种行业经营等领域便利市场准入、加强事中事后监管的管理办法。发展乡村共享经济、创意农业、特色文化产业。

四、推进乡村绿色发展，打造人与自然和谐共生发展新格局

乡村振兴，生态宜居是关键。良好生态环境是农村最大优势和宝贵财富。必须尊重自然、顺应自然、保护自然，推动乡村自然资本加快增值，实现百姓富、生态美的统一。

（一）统筹山水林田湖草系统治理。把山水林田湖草作为一个生命共同体，进行统一保护、统一修复。实施重要生态系统保护和修复工程。健全耕地草原森林河流湖泊休养生息制度，分类有序退出超载的边际产能。扩大耕地轮作休耕制度试点。科学划定江河湖海限捕、禁捕区域，健全水生生态保护修复制度。实行水资源消耗总量和强度双控行动。开展河湖水系连通和农村河塘清淤整治，全面推行河长制、湖长制。加大农业水价综合改革工作力度。开展国土绿化行动，推进荒漠化、石漠化、水土流失综合治理。强化湿地保护和恢复，继续开展退耕还湿。完善天然林保护制度，把所有天然林都纳入保护范围。扩大退耕还林还草、退牧还草，建立成果巩固长效机制。继续实施三北防护林体系建设等林业重点工程，实施森林质量精准提升工程。继续实施草原生态保护补助奖励政策。实施生物多样性保护重大工程，有效防范外来生物入侵。

（二）加强农村突出环境问题综合治理。加强农业面源污染防治，开展农业绿色发展行动，实现投入品减量化、生产清洁化、废弃物资源化、产业模式生态化。推进有机肥替代化肥、畜禽粪污处理、农作物秸秆综合利用、废弃农膜回收、病虫害绿色防控。加强农村水环境治理和农村饮用水水源保护，实施农村生态清洁小流域建设。扩大华北地下水超采区综合治理范围。推进重金属污染耕地防控和修复，开展土壤污染治理与修复技术应用试点，加大东北黑土地保护力度。实施流域环境和近岸海域综合治理。严禁工业和城镇污染向农业农村转移。加强农村环境监管能力建设，落实县乡两级农村环境保护主体责任。

（三）建立市场化多元化生态补偿机制。落实农业功能区制度，加大重点生态功能区转移支付力度，完善生态保护成效与资金分配挂钩的激励约束机制。鼓励地方在重点生态区位推行商品林赎买制度。健全地区间、流域上下游之间横向生态保护补偿机制，探索建立生态产品购买、森林碳汇等市场化补偿制度。建立长江流域重点水域禁捕补偿制度。推行生态建设和保护以工代赈做法，提供更多生态公益岗位。

（四）增加农业生态产品和服务供给。正确处理开发与保护的关系，运用现代科技和管理手段，将乡村生态优势转化为发展生态经济的优势，提供更多更好的绿色生态产品和服务，促进生态和经济良性循环。加快发展森林草原旅游、河湖湿地观光、冰雪海上运动、野生动物驯养观赏等产业，积极开发观光农业、游憩休闲、健康养生、生态教育等服务。创建一批特色生态旅游示范村镇和精品线路，打造绿色生态环保的乡村生态旅游产业链。

五、繁荣兴盛农村文化，焕发乡风文明新气象

（二）传承发展提升农村优秀传统文化。立足乡村文明，吸取城市文明及外来文化优秀成果，在保护传承的基础上，创造性转化、创新性发展，不断赋予时代内涵、丰富表现形式。切实保护好优秀农耕文化遗产，推动优秀农耕文化遗产合理适度利用。深入挖掘农耕文化蕴含的优秀思想观念、人文精神、道德规范，充分发挥其在凝聚人心、教化群众、淳化民风中的重要作用。划定乡村建设的历史文化保护线，保护好文物古迹、传统村落、民族村寨、传统建筑、农业遗迹、灌溉工程遗产。支持农村地区优秀戏曲曲艺、少数民族文化、民间文化等传承发展。

七、提高农村民生保障水平，塑造美丽乡村新风貌

（二）促进农村劳动力转移就业和农民增收。加强扶持引导服务，实施乡村就业创业促进行动，大力发展文化、科技、旅游、生态等乡村特色产业，振兴传统工艺。培育一批家庭工场、手工作坊、乡村车间，鼓励在乡村地区兴办环境友好型企业，实现乡村经济多元化，提供更多就业岗位。拓宽农民增收渠道，鼓励农民勤劳守法致富，增加农村低收入者收入，扩大农村中等收入群体，保持农村居民收入增速快于城镇居民。

（六）持续改善农村人居环境。实施农村人居环境整治三年行动计划，以农村垃圾、污水治理和村容村貌提升为主攻方向，整合各种资源，强化各种举措，稳步有序推进农村人居环境突出问题治理。坚持不懈推进农村“厕所革命”，大力开展农村户用卫生厕所建设和改造，同步实施粪污治理，加快实现农村无害化卫生厕所全覆盖，努力补齐影响农民群众生活品质的短板。总结推广适用不同地区的农村污水治理模式，加强技术支撑和指导。深入推进农村环境综合整治。推进北方地区农村散煤替代，有条件的地方有序推进煤改气、煤改电和新能源利用。逐步建立农村低收入群体安全住房保障机制。强化新建农房规划管控，加强“空心村”服务管理和改造。保护保留乡村风貌，开展田园建筑示范，培养乡村传统建筑名匠。实施乡村绿化行动，全面保护古树名木。持续推进宜居宜业的美丽乡村建设。

中共中央　国务院关于加快推进生态文明建设的意见（摘要）

加快推进生态文明建设是加快转变经济发展方式、提高发展质量和效益的内在要求，是坚持以人为本、促进社会和谐的必然选择，是全面建成小康社会、实现中华民族伟大复兴中国梦的时代抉择，是积极应对气候变化、维护全球生态安全的重大举措。要充分认识加快推进生态文明建设的极端重要性和紧迫性，切实增强责任感和使命感，牢固树立尊重自然、顺应自然、保护自然的理念，坚持绿水青山就是金山银山，动员全党、全社会积极行动、深入持久地推进生态文明建设，加快形成人与自然和谐发展的现代化建设新格局，开创社会主义生态文明新时代。

（六）加快美丽乡村建设。完善县域村庄规划，强化规划的科学性和约束力。加强农村基础设施建设，强化山水林田路综合治理，加快农村危旧房改造，支持农村环境集中连片整治，开展农村垃圾专项治理，加大农村污水处理和改厕力度。加快转变农业发展方式，推进农业结构调整，大力发展农业循环经济，治理农业污染，提升农产品质量安全水平。依托乡村生态资源，在保护生态环境的前提下，加快发展乡村旅游休闲业。引导农民在房前屋后、道路两旁植树护绿。加强农村精神文明建设，以环境整治和民风建设为重点，扎实推进文明村镇创建。

（十）发展绿色产业。大力发展节能环保产业，以推广节能环保产品拉动消费需求，以增强节能环保工程技术能力拉动投资增长，以完善政策机制释放市场潜在需求，推动节能环保技术、装备和服务水平显著提升，加快培育新的经济增长点。发展有机农业、生态农业，以及特色经济林、林下经济、森林旅游等林产业。

（十二）发展循环经济。按照减量化、再利用、资源化的原则，加快建立循环型工业、农业、服务业体系，提高全社会资源产出率。完善再生资源回收体系，实行垃圾分类回收，开发利用“城市矿产”，推进秸秆等农林废弃物以及建筑垃圾、餐厨废弃物资源化利用，发展再制造和再生利用产品，鼓励纺织品、汽车轮胎等废旧物品回收利用。推进煤矸石、矿渣等大宗固体废弃物综合利用。组织开展循环经济示范行动，大力推广循环经济典型模式。推进产业循环式组合，促进生产和生活系统的循环链接，构建覆盖全社会的资源循环利用体系。

（十五）全面推进污染防治。按照以人为本、防治结合、标本兼治、综合施策的原则，建立以保障人体健康为核心、以改善环境质量为目标、以防控环境风险为基线的环境管理体系，健全跨区域污染防治协调机制，加快解决人民群众反映强烈的大气、水、土壤污染等突出环境问题。继续落实大气污染防治行动计划，逐渐消除重污染天气，切实改善大气环境质量。实施水污染防治行动计划，严格饮用水源保护，全面推进涵养区、源头区等水源地环境整治，加强供水全过程管理，确保饮用水安全；加强重点流域、区域、近岸海域水污染防治和良好湖泊生态环境保护，控制和规范淡水养殖，严格入河（湖、海）排污管理；推进地下水污染防治。制订实施土壤污染防治行动计划，优先保护耕地土壤环境，强化工业污染场地治理，开展土壤污染治理与修复试点。加强农业面源污染防治，加大种养业特别是规模化畜禽养殖污染防治力度，科学施用化肥、农药，推广节能环保型炉灶，净化农产品产地和农村居民生活环境。加大城乡环境综合整治力度。推进重金属污染治理。开展矿山地质环境恢复和综合治理，推进尾矿安全、环保存放，妥善处理处置矿渣等大宗固体废物。建立健全化学品、持久性有机污染物、危险废物等环境风险防范与应急管理工作机制。

（二十一）严守资源环境生态红线。树立底线思维，设定并严守资源消耗上限、环境质量底线、生态保护红线，将各类开发活动限制在资源环境承载能力之内。合理设定资源消耗“天花板”，加强能源、水、土地等战略性资源管控，强化能源消耗强度控制，做好能源消费总量管理。继续实施水资源开发利用控制、用水效率控制、水功能区限制纳污三条红线管理。划定永久基本农田，严格实施永久保护，对新增建设用地占用耕地规模实行总量控制，落实耕地占补平衡，确保耕地数量不下降、质量不降低。严守环境质量底线，将大气、水、土壤等环境质量“只能更好、不能变坏”作为地方各级政府环保责任红线，相应确定污染物排放总量限值和环境风险防控措施。在重点生态功能区、生态环境敏感区和脆弱区等区域划定生态红线，确保生态功能不降低、面积不减少、性质不改变；科学划定森林、草原、湿地、海洋等领域生态红线，严格自然生态空间征（占）用管理，有效遏制生态系统退化的趋势。探索建立资源环境承载能力监测预警机制，对资源消耗和环境容量接近或超过承载能力的地区，及时采取区域限批等限制性措施。

中共中央　国务院关于打赢脱贫攻坚战三年行动的指导意见（摘要）

三、强化到村到户到人精准帮扶举措

（一）加大产业扶贫力度

深入实施贫困地区特色产业提升工程，因地制宜加快发展对贫困户增收带动作用明显的种植养殖业、林草业、农产品加工业、特色手工业、休闲农业和乡村旅游，积极培育和推广有市场、有品牌、有效益的特色产品。完善新型农业经营主体与贫困户联动发展的利益联结机制，推广股份合作、订单帮扶、生产托管等有效做法，实现贫困户与现代农业发展有机衔接。积极推动贫困地区农村资源变资产、资金变股金、农民变股东

改革，制订实施贫困地区集体经济薄弱村发展提升计划，通过盘活集体资源、入股或参股、量化资产收益等渠道增加集体经济收入。

（二）全力推进就业扶贫

实施就业扶贫行动计划，推动就业意愿、就业技能与就业岗位精准对接，提高劳务组织化程度和就业脱贫覆盖面。鼓励贫困地区发展生态友好型劳动密集型产业，通过岗位补贴、场租补贴、贷款支持等方式，扶持企业在贫困乡村发展一批扶贫车间，吸纳贫困家庭劳动力就近就业。

（四）加强生态扶贫

创新生态扶贫机制，加大贫困地区生态保护修复力度，实现生态改善和脱贫双赢。加大对贫困地区天然林保护工程建设支持力度。探索天然林、集体公益林托管，推广"合作社＋管护＋贫困户"模式，吸纳贫困人口参与管护。建设生态扶贫专业合作社（队），吸纳贫困人口参与防沙治沙、石漠化治理、防护林建设和储备林营造。推进贫困地区低产低效林提质增效工程。结合建立国家公园体制，多渠道筹措资金，对生态核心区内的居民实施生态搬迁，带动贫困群众脱贫。深化贫困地区集体林权制度改革，鼓励贫困人口将林地经营权入股造林合作社，增加贫困人口资产性收入。完善横向生态保护补偿机制，让保护生态的贫困县、贫困村、贫困户更多受益。鼓励纳入碳排放权交易市场的重点排放单位购买贫困地区林业碳汇。

四、加快补齐贫困地区基础设施短板

（一）加快实施交通扶贫行动

在贫困地区加快建成外通内联、通村畅乡、客车到村、安全便捷的交通运输网络。尽快实现具备条件的乡镇、建制村通硬化路。改造建设一批贫困乡村旅游路、产业路、资源路，优先改善自然人文、少数民族特色村寨和风情小镇等旅游景点景区交通设施。

（四）大力推进贫困地区农村人居环境整治

开展贫困地区农村人居环境整治三年行动，因地制宜确定贫困地区村庄人居环境整治目标，重点推进农村生活垃圾治理、卫生厕所改造。开展贫困地区农村生活垃圾治理专项行动，有条件的地方探索建立村庄保洁制度。因地制宜普及不同类型的卫生厕所，同步开展厕所粪污治理。有条件的地方逐步开展生活污水治理。加快推进通村组道路建设，基本解决村内道路泥泞、村民出行不便等问题。

中共中央　国务院关于全面加强生态环境保护坚决打好污染防治攻坚战的意见（摘要）

打好农业农村污染治理攻坚战。以建设美丽宜居村庄为导向，持续开展农村人居环境整治行动，实现全国行政村环境整治全覆盖。到 2020 年，农村人居环境明显改善，村庄环境基本干净整洁有序，东部地区、中西部城市近郊区等有基础、有条件的地区人居环境质量全面提升，管护长效机制初步建立；中西部有较好基础、基本具备条件的地区力争实现90%左右的村庄生活垃圾得到治理，卫生厕所普及率达到85%左右，生活污水乱排乱放得到管控。减少化肥农药使用量，制修订并严格执行化肥农药等农业投入品质量标准，严格控制高毒高风险农药使用，推进有机肥替代化肥、病虫害绿色防控替代化学防治和废弃农膜回收，完善废旧地膜和包装废弃物等回收处理制度。到2020年，化肥农药使用量实现零增长。坚持种植和养殖相结合，就地就近消纳利用畜禽养殖废弃物。合理布局水产养殖空间，深入推进水产健康养殖，开展重点江河湖库及重点近岸海域破坏生态环境的养殖方式综合整治。到2020年，全国畜禽粪污综合利用率达到75%以上，规模养殖场粪污处理设施装备配套率达到95%以上。

九、加快生态保护与修复

坚持自然恢复为主，统筹开展全国生态保护与修复，全面划定并严守生态保护红线，提升生态系统质量和稳定性。

（一）划定并严守生态保护红线。按照应保尽保、应划尽划的原则，将生态功能重要区域、生态环境敏感脆弱区域纳入生态保护红线。到2020年，全面完成全国生态保护红线划定、勘界定标，形成生态保护红线全国“一张图”，实现一条红线管控重要生态空间。制定实施生态保护红线管理办法、保护修复方案，建设国家生态保护红线监管平台，开展生态保护红线监测预警与评估考核。

（二）坚决查处生态破坏行为。2018年年底前，县级及以上地方政府全面排查违法违规挤占生态空间、破坏自然遗迹等行为，制订治理和修复计划并向社会公开。开展病危险尾矿库和“头顶库”专项整治。持续开展“绿盾”自然保护区监督检查专项行动，严肃查处各类违法违规行为，限期进行整治修复。

（三）建立以国家公园为主体的自然保护地体系。到2020年，完成全国自然保护区范围界限核准和勘界立标，整合设立一批国家公园，自然保护地相关法规和管理制度基本建立。对生态严重退化地区实行封禁管理，稳步实施退耕还林还草和退牧还草，扩大轮作休耕试点，全面推行草原禁牧休牧和草畜平衡制度。依法依规解决自然保护地内的矿业权合理退出问题。全面保护天然林，推进荒漠化、石漠化、水土流失综合治理，强化湿地保护和恢复。加强休渔禁渔管理，推进长江、渤海等重点水域禁捕限捕，加强海洋牧场建设，加大渔业资源增殖放流。推动耕地草原森林河流湖泊海洋休养生息。

国务院关于印发“十三五”旅游业发展规划的通知（摘要）

第三章　创新驱动　增强旅游业发展新动能

三、大力发展乡村旅游

坚持个性化、特色化、市场化发展方向，加大乡村旅游规划指导、市场推广和人才培训力度，促进乡村旅游健康发展。建立乡村旅游重点村名录，开展乡村旅游环境整治，推进“厕所革命”向乡村旅游延伸。实施乡村旅游后备箱行动，推动农副土特产品通过旅游渠道销售，增加农民收入。实施乡村旅游创客行动计划，支持旅游志愿者、艺术和科技工作者驻村帮扶、创业就业，推出一批乡村旅游创客基地和以乡情教育为特色的研学旅行示范基地。创新乡村旅游组织方式，推广乡村旅游合作社模式，使亿万农民通过乡村旅游受益。

第五章　绿色发展　提升旅游生态文明价值

第一节　倡导绿色旅游消费

践行绿色旅游消费观念，大力倡导绿色消费方式，发布绿色旅游消费指南。鼓励酒店实施客房价格与水电、低值易耗品消费量挂钩，逐步减少一次性用品的使用。引导旅游者低碳出行，鼓励旅游者在保证安全的前提下拼车出行。提高节能环保交通工具使用比例，大力推广公共交通、骑行或徒步等绿色生态出行方式。

第二节　实施绿色旅游开发

推动绿色旅游产品体系建设，打造生态体验精品线路，拓展绿色宜人的生态空间。开展绿色旅游景区建设，“十三五”期间，创建500家生态文明旅游景区。4A级以上旅游景区全部建成生态停车场，所有新修步道和80%以上的旅游厕所实现生态化。

实施全国生态旅游发展规划，加大生态资源富集区基础设施和生态旅游设施建设力度，推动生态旅游协作区、生态旅游目的地、生态旅游精品线路建设，提升生态旅游示范区发展水平。以水利风景区为重点，推出一批生态环境优美、文化品位较高的水利生态景区和旅游产品。

拓展森林旅游发展空间，以森林公园、湿地公园、沙漠公园、国有林场等为重点，完善森林旅游产品和设施，推出一批具备森林游憩、疗养、教育等功能的森林体验基地和森林养生基地。鼓励发展“森林人家”“森林小镇”，助推精准扶贫。加强森林旅游公益宣传，鼓励举办具有特色的森林旅游宣传推介活动。

加大对能源节约、资源循环利用、生态修复等重大生态旅游技术的研发和支持力度。推进生态旅游技术成果的转化与应用，推进旅游产业生态化、低碳化发展。推广运用厕所处理先进技术，开展以无害化处理为核心的全球人居示范工程。

第三节　加强旅游环境保护

严格遵守相关法律法规，坚持保护优先、开发服从保护的方针，对不同类型的旅游资源开发活动进行分类指导。发挥规划引领作用，强化环境影响评价约束作用，规范旅游开发行为。

推进旅游业节能减排。加强旅游企业用能计量管理，组织实施旅游业合同能源管理示范项目。实施旅游能效提升计划，降低资源消耗强度。开展旅游循环经济示范区建设。推广节能节水产品和技术，对酒店饭店、景点景区、乡村客栈等建筑进行节能和供热计量改造，建设节水型景区、酒店和旅游村镇。

第四节　创新绿色发展机制

实施绿色认证制度。建立健全以绿色景区、绿色饭店、绿色建筑、绿色交通为核心的绿色旅游标准体系，推行绿色旅游产品、绿色旅游企业认证制度，统一绿色旅游认证标识，开展绿色发展教育培训，引导企业执行绿色标准。

建立旅游环境监测预警机制。对资源消耗和环境容量达到最大承载力的旅游景区，实行预警提醒和限制性措施。完善旅游预约制度，建立景区游客流量控制与环境容量联动机制。

健全绿色发展监管制度。在生态保护区和生态脆弱区，对旅游项目实施类型限制、空间规制和强度管制，对生态旅游区实施生态环境审计和问责制度，完善旅游开发利用规划与建设项目环境影响评价信息公开机制。

国务院关于促进乡村产业振兴的指导意见（摘要）

一、总体要求

（二）基本原则

融合发展、联农带农。加快全产业链、全价值链建设，健全利益联结机制，把以农业农村资源为依托的二三产业尽量留在农村，把农业产业链的增值收益、就业岗位尽量留给农民。

绿色引领、创新驱动。践行绿水青山就是金山银山理念，严守耕地和生态保护红线，节约资源，保护环境，促进农村生产生活生态协调发展。推动科技、业态和模式创新，提高乡村产业质量效益。

二、突出优势特色，培育壮大乡村产业

（五）做精乡土特色产业。因地制宜发展小宗类、多样性特色种养，加强地方品种种质资源保护和开发。建设特色农产品优势区，推进特色农产品基地建设。支持建设规范化乡村工厂、生产车间，发展特色食品、制造、手工业和绿色建筑建材等乡土产业。充分挖掘农村各类非物质文化遗产资源，保护传统工艺，促进乡村特色文化产业发展。

（七）优化乡村休闲旅游业。实施休闲农业和乡村旅游精品工程，建设一批设施完备、功能多样的休闲观光园区、乡村民宿、森林人家和康养基地，培育一批美丽休闲乡村、乡村旅游重点村，建设一批休闲农业示范县。

四、促进产业融合发展，增强乡村产业聚合力

（十五）发展多类型融合业态。跨界配置农业和现代产业要素，促进产业深度交叉融合，形成“农业＋”多业态发展态势。推进规模种植与林牧渔融合，发展稻渔共生、林下种养等。推进农业与加工流通业融合，发展中央厨房、直供直销、会员农业等。推进农业与文化、旅游、教育、康养等产业融合，发展创意农业、功能农业等。推进农业与信息产业融合，发展数字农业、智慧农业等。

五、推进质量兴农绿色兴农，增强乡村产业持续增长力

（十八）健全绿色质量标准体系。实施国家质量兴农战略规划，制修订农业投入品、农产品加工业、农村新业态等方面的国家和行业标准，建立统一的绿色农产品市场准入标准。积极参与国际标准制修订，推进农产品认证结果互认。引导和鼓励农业企业获得国际通行的农产品认证，拓展国际市场。

（十九）大力推进标准化生产。引导各类农业经营主体建设标准化生产基地，在国家农产品质量安全县整县推进全程标准化生产。加强化肥、农药、兽药及饲料质量安全管理，推进废旧地膜和包装废弃物等回收处理，推行水产健康养殖。加快建立农产品质量分级及产地准出、市场准入制度，实现从田间到餐桌的全产业链监管。

（二十）培育提升农业品牌。实施农业品牌提升行动，建立农业品牌目录制度，加强农产品地理标志管理和农业品牌保护。鼓励地方培育品质优良、特色鲜明的区域公用品牌，引导企业与农户等共创企业品牌，培育一批“土字号”“乡字号”产品品牌。

（二十一）强化资源保护利用。大力发展节地节能节水等资源节约型产业。建设农业绿色发展先行区。国家明令淘汰的落后产能、列入国家禁止类产业目录的、污染环境的项目，不得进入乡村。推进种养循环一体化，支持秸秆和畜禽粪污资源化利用。推进加工副产物综合利用。

七、完善政策措施，优化乡村产业发展环境

（二十七）完善用地保障政策。耕地占补平衡以县域自行平衡为主，在安排土地利用年度计划时，加大对乡村产业发展用地的倾斜支持力度。探索针对乡村产业的省市县联动“点供”用地。推动制修订相关法律法规，完善配套制度，开展农村集体经营性建设用地入市改革，增加乡村产业用地供给。有序开展县域乡村闲置集体建设用地、闲置宅基地、村庄空闲地、厂矿废弃地、道路改线废弃地、农业生产与村庄建设复合用地及“四荒地”（荒山、荒沟、荒丘、荒滩）等土地综合整治，盘活建设用地重点用于乡村新产业新业态和返乡入乡创新创业。完善设施农业用地管理办法。

乡村振兴战略规划（2018—2022年）（摘要）

第四章　指导思想和基本原则

第二节　基本原则

——坚持乡村全面振兴。准确把握乡村振兴的科学内涵，挖掘乡村多种功能和价值，统筹谋划农村经济建设、政治建设、文化建设、社会建设、生态文明建设和党的建设，注重协同性、关联性，整体部署，协调推进。

——坚持人与自然和谐共生。牢固树立和践行绿水青山就是金山银山的理念，落实节约优先、保护优先、自然恢复为主的方针，统筹山水林田湖草系统治理，严守生态保护红线，以绿色发展引领乡村振兴。

——坚持因地制宜、循序渐进。科学把握乡村的差异性和发展走势分化特征，做好顶层设计，注重规划先行、因势利导，分类施策、突出重点，体现特色、丰富多彩。既尽力而为，又量力而行，不搞层层加码，不搞一刀切，不搞形式主义和形象工程，久久为功，扎实推进。

第七章　统筹城乡发展空间

第一节　强化空间用途管制

强化国土空间规划对各专项规划的指导约束作用，统筹自然资源开发利用、保护和修复，按照不同主体功能定位和陆海统筹原则，开展资源环境承载能力和国土空间开发适宜性评价，科学划定生态、农业、城镇等空间和生态保护红线、永久基本农田、城镇开发边界及海洋生物资源保护线、围填海控制线等主要控制线，推动主体功能区战略格局在市县层面精准落地，健全不同主体功能区差异化协同发展长效机制，实现山水林田湖草整体保护、系统修复、综合治理。

第二节　完善城乡布局结构

以城市群为主体构建大中小城市和小城镇协调发展的城镇格局，增强城镇地区对乡村的带动能力。加快发展中小城市，完善县城综合服务功能，推动农业转移人口就地就近城镇化。因地制宜发展特色鲜明、产城融合、充满魅力的特色小镇和小城镇，加强以乡镇政府驻地为中心的农民生活圈建设，以镇带村、以村促镇，推动镇村联动发展。建设生态宜居的美丽乡村，发挥多重功能，提供优质产品，传承乡村文化，留住乡愁记忆，满足人民日益增长的美好生活需要。

第八章　优化乡村发展布局

第三节　严格保护生态空间

乡村生态空间是具有自然属性、以提供生态产品或生态服务为主体功能的国土空间。加快构建以“两屏三带”为骨架的国家生态安全屏障，全面加强国家重点生态功能区保护，建立以国家公园为主体的自然保护地体系。树立山水林田湖草是一个生命共同体的理念，加强对自然生态空间的整体保护，修复和改善乡村生态环境，提升生态功能和服务价值。全面实施产业准入负面清单制度，推动各地因地制宜制定禁止和限制发展产业目录，明确产业发展方向和开发强度，强化准入管理和底线约束。

第九章　分类推进乡村发展

第三节　特色保护类村庄

历史文化名村、传统村落、少数民族特色村寨、特色景观旅游名村等自然历史文化特色资源丰富的村庄，是彰显和传承中华优秀传统文化的重要载体。统筹保护、利用与发展的关系，努力保持村庄的完整性、真实性和延续性。切实保护村庄的传统选址、格局、风貌以及自然和田园景观等整体空间形态与环境，全面保护文物古迹、历史建筑、传统民居等传统建筑。尊重原住居民生活形态和传统习惯，加快改善村庄基础设施和公共环境，合理利用村庄特色资源，发展乡村旅游和特色产业，形成特色资源保护与村庄发展的良性互促机制。

第十六章　推动农村产业深度融合

把握城乡发展格局发生重要变化的机遇，培育农业农村新产业新业态，打造农村产业融合发展新载体新模式，推动要素跨界配置和产业有机融合，让农村一二三产业在融合发展中同步升级、同步增值、同步受益。

第一节　发掘新功能新价值

顺应城乡居民消费拓展升级趋势，结合各地资源禀赋，深入发掘农业农村的生态涵养、休闲观光、文化体验、健康养老等多种功能和多重价值。遵循市场规律，推动乡村资源全域化整合、多元化增值，增强地方特色产品时代感和竞争力，形成新的消费热点，增加乡村生态产品和服务供给。实施农产品加工业提升行动，支持开展农产品生产加工、综合利用关键技术研究与示范，推动初加工、精深加工、综合利用加工和主食加工协调发展，实现农产品多层次、多环节转化增值。

第二节　培育新产业新业态

深入实施电子商务进农村综合示范，建设具有广泛性的农村电子商务发展基础设施，加快建立健全适应农产品电商发展的标准体系。研发绿色智能农产品供应链核心技术，加快培育农业现代供应链主体。加强农商互联，密切产销衔接，发展农超、农社、农企、农校等产销对接的新型流通业态。实施休闲农业和乡村旅游精品工程，发展乡村共享经济等新业态，推动科技、人文等元素融入农业。强化农业生产性服务业对现代农业产业链的引领支撑作用，构建全程覆盖、区域集成、配套完备的新型农业社会化服务体系。清理规范制约农业农村新产业新业态发展的行政审批事项。着力优化农村消费环境，不断优化农村消费结构，提升农村消费层次。

第三节　打造新载体新模式

依托现代农业产业园、农业科技园区、农产品加工园、农村产业融合发展示范园等，打造农村产业融合发展的平台载体，促进农业内部融合、延伸农业产业链、拓展农业多种功能、发展农业新型业态等多模式融合发展。加快培育农商产业联盟、农业产业化联合体等新型产业链主体，打造一批产加销一体的全产业链企业集群。推进农业循环经济试点示范和田园综合体试点建设。加快培育一批“农字号”特色小镇，在有条件的地区建设培育特色商贸小镇，推动农村产业发展与新型城镇化相结合。

第十九章 推进农业绿色发展

第二节 推进农业清洁生产

加强农业投入品规范化管理，健全投入品追溯系统，推进化肥农药减量施用，完善农药风险评估技术标准体系，严格饲料质量安全管理。加快推进种养循环一体化，建立农村有机废弃物收集、转化、利用网络体系，推进农林产品加工剩余物资源化利用，深入实施秸秆禁烧制度和综合利用，开展整县推进畜禽粪污资源化利用试点。推进废旧地膜和包装废弃物等回收处理。推行水产健康养殖，加大近海滩涂养殖环境治理力度，严格控制河流湖库、近岸海域投饵网箱养殖。探索农林牧渔融合循环发展模式，修复和完善生态廊道，恢复田间生物群落和生态链，建设健康稳定田园生态系统。

第二十章 持续改善农村人居环境

第二节 着力提升村容村貌

科学规划村庄建筑布局，大力提升农房设计水平，突出乡土特色和地域民族特点。加快推进通村组道路、入户道路建设，基本解决村内道路泥泞、村民出行不便等问题。全面推进乡村绿化，建设具有乡村特色的绿化景观。完善村庄公共照明设施。整治公共空间和庭院环境，消除私搭乱建、乱堆乱放。继续推进城乡环境卫生整洁行动，加大卫生乡镇创建工作力度。鼓励具备条件的地区集中连片建设生态宜居的美丽乡村，综合提升田水路林村风貌，促进村庄形态与自然环境相得益彰。

第二十一章 加强乡村生态保护与修复

大力实施乡村生态保护与修复重大工程，完善重要生态系统保护制度，促进乡村生产生活环境稳步改善，自然生态系统功能和稳定性全面提升，生态产品供给能力进一步增强。

第一节 实施重要生态系统保护和修复重大工程

统筹山水林田湖草系统治理，优化生态安全屏障体系。大力实施大规模国土绿化行动，全面建设三北、长江等重点防护林体系，扩大退耕还林还草，巩固退耕还林还草成果，推动森林质量精准提升，加强有害生物防治。稳定扩大退牧还草实施范围，继续推进草原防灾减灾、鼠虫草害防治、严重退化沙化草原治理等工程。保护和恢复乡村河湖、湿地生态系统，积极开展农村水生态修复，连通河湖水系，恢复河塘行蓄能力，推进退田还湖还湿、退圩退垸还湖。大力推进荒漠化、石漠化、水土流失综合治理，实施生态清洁小流域建设，推进绿色小水电改造。加快国土综合整治，实施农村土地综合整治重大行动，推进农用地和低效建设用地整理以及历史遗留损毁土地复垦。加强矿产资源开发集中地区特别是重有色金属矿区地质环境和生态修复，以及损毁山体、矿山废弃地修复。加快近岸海域综合治理，实施蓝色海湾整治行动和自然岸线修复。实施生物多样性保护重大工程，提升各类重要保护地保护管理能力。加强野生动植物保护，强化外来入侵物种风险评估、监测预警与综合防控。开展重大生态修复工程气象保障服务，探索实施生态修复型人工增雨工程。

第二节　健全重要生态系统保护制度

完善天然林和公益林保护制度，进一步细化各类森林和林地的管控措施或经营制度。完善草原生态监管和定期调查制度，严格实施草原禁牧和草畜平衡制度，全面落实草原经营者生态保护主体责任。完善荒漠生态保护制度，加强沙区天然植被和绿洲保护。全面推行河长制湖长制，鼓励将河长湖长体系延伸至村一级。推进河湖饮用水水源保护区划定和立界工作，加强对水源涵养区、蓄洪滞涝区、滨河滨湖带的保护。严格落实自然保护区、风景名胜区、地质遗迹等各类保护地保护制度，支持有条件的地方结合国家公园体制试点，探索对居住在核心区域的农牧民实施生态搬迁试点。

第三节　健全生态保护补偿机制

加大重点生态功能区转移支付力度，建立省以下生态保护补偿资金投入机制。完善重点领域生态保护补偿机制，鼓励地方因地制宜探索通过赎买、租赁、置换、协议、混合所有制等方式加强重点区位森林保护，落实草原生态保护补助奖励政策，建立长江流域重点水域禁捕补偿制度，鼓励各地建立流域上下游等横向补偿机制。推动市场化多元化生态补偿，建立健全用水权、排污权、碳排放权交易制度，形成森林、草原、湿地等生态修复工程参与碳汇交易的有效途径，探索实物补偿、服务补偿、设施补偿、对口支援、干部支持、共建园区、飞地经济等方式，提高补偿的针对性。

第四节　发挥自然资源多重效益

大力发展生态旅游、生态种养等产业，打造乡村生态产业链。进一步盘活森林、草原、湿地等自然资源，允许集体经济组织灵活利用现有生产服务设施用地开展相关经营活动。鼓励各类社会主体参与生态保护修复，对集中连片开展生态修复达到一定规模的经营主体，允许在符合土地管理法律法规和土地利用总体规划、依法办理建设用地审批手续、坚持节约集约用地的前提下，利用 1%~3% 治理面积从事旅游、康养、体育、设施农业等产业开发。深化集体林权制度改革，全面开展森林经营方案编制工作，扩大商品林经营自主权，鼓励多种形式的适度规模经营，支持开展林权收储担保服务。完善生态资源管护机制，设立生态管护员工作岗位，鼓励当地群众参与生态管护和管理服务。进一步健全自然资源有偿使用制度，研究探索生态资源价值评估方法并开展试点。

第二十三章　弘扬中华优秀传统文化

立足乡村文明，吸取城市文明及外来文化优秀成果，在保护传承的基础上，创造性转化、创新性发展，不断赋予时代内涵、丰富表现形式，为增强文化自信提供优质载体。

第一节　保护利用乡村传统文化

实施农耕文化传承保护工程，深入挖掘农耕文化中蕴含的优秀思想观念、人文精神、道德规范，充分发挥其在凝聚人心、教化群众、淳化民风中的重要作用。划定乡村建设的历史文化保护线，保护好文物古迹、传统村落、民族村寨、传统建筑、农业遗迹、灌溉工程遗产。传承传统建筑文化，使历史记忆、地域特色、民族特点融入乡村建设与维护。支持农村地区优秀戏曲曲艺、少数民族文化、民间文化等传承发展。完善非物质文化遗产保护制度，实施非物质文化遗产传承发展工程。实施乡村经济社会变迁物证征藏工程，鼓励乡村史志修编。

第二节　重塑乡村文化生态

紧密结合特色小镇、美丽乡村建设，深入挖掘乡村特色文化符号，盘活地方和民族特色文化资源，走特色化、差异化发展之路。以形神兼备为导向，保护乡村原有建筑风貌和村落格局，把民族民间文化元素融入乡村建设，深挖历史古韵，弘扬人文之美，重塑诗意闲适的人文环境和田绿草青的居住环境，重现原生田园风光和原本乡情乡愁。引导企业家、文化工作者、退休人员、文化志愿者等投身乡村文化建设，丰富农村文化业态。

第三节　发展乡村特色文化产业

加强规划引导、典型示范，挖掘培养乡土文化本土人才，建设一批特色鲜明、优势突出的农耕文化产业展示区，打造一批特色文化产业乡镇、文化产业特色村和文化产业群。大力推动农村地区实施传统工艺振兴计划，培育形成具有民族和地域特色的传统工艺产品，促进传统工艺提高品质、形成品牌、带动就业。积极开发传统节日文化用品和武术、戏曲、舞龙、舞狮、锣鼓等民间艺术、民俗表演项目，促进文化资源与现代消费需求有效对接。推动文化、旅游与其他产业深度融合、创新发展。

第三十三章　加强乡村振兴用地保障

第一节　健全农村土地管理制度

总结农村土地征收、集体经营性建设用地入市、宅基地制度改革试点经验，逐步扩大试点，加快土地管理法修改。探索具体用地项目公共利益认定机制，完善征地补偿标准，建立被征地农民长远生计的多元保障机制。建立健全依法公平取得、节约集约使用、自愿有偿退出的宅基地管理制度。在符合规划和用途管制前提下，赋予农村集体经营性建设用地出让、租赁、入股权能，明确入市范围和途径。建立集体经营性建设用地增值收益分配机制。

第三节　盘活农村存量建设用地

完善农民闲置宅基地和闲置农房政策，探索宅基地所有权、资格权、使用权“三权分置”，落实宅基地集体所有权，保障宅基地农户资格权和农民房屋财产权，适度放活宅基地和农民房屋使用权，不得违规违法买卖宅基地，严格实行土地用途管制，严格禁止下乡利用农村宅基地建设别墅大院和私人会馆。在符合土地利用总体规划前提下，允许县级政府通过村土地利用规划调整优化村庄用地布局，有效利用农村零星分散的存量建设用地。对利用收储农村闲置建设用地发展农村新产业新业态的，给予新增建设用地指标奖励。

循环经济发展战略及近期行动计划（摘要）

第四章　构建循环型农业体系

在农业领域加快推动资源利用节约化、生产过程清洁化、产业链接循环化、废物处理资源化，形成农林牧渔多业共生的循环型农业生产方式，加快农业机械化，推进农业现代化，改善农村生态环境，提高农业综合效益，促进农业发展方式转变。

第五节　工农业复合

推进种植业、养殖业、农产品加工业、生物质能产业、农林废弃物循环利用产业、高效有机肥产业、休闲农业等产业循环链接，形成无废高效的跨企业、跨农户循环经济联合体，构建粮、菜、畜、林、加工、物流、旅游一体化和一、二、三产业联动发展的现代工农复合型循环经济产业体系。大力推广农业循环经济典型模式，重点培育推广畜（禽）—沼—果（菜、林、果）复合型模式、农林牧渔复合型模式、上农下渔模式、工农业复合型模式等，提升农业综合效益。

第五章　构建循环型服务业体系

第一节　旅游业

推进旅游业开发、管理、消费各环节绿色化，积极构建循环型旅游服务体系。

推进旅游景区建设和管理绿色化。加强旅游资源保护性开发，严格执行旅游项目环境影响评价制度，合理确定景区游客容量。设施建设要采用节能环保产品，积极利用可再生能源，配套建设污水再生利用、雨水收集、垃圾无害化处理系统。支持旅游景区使用节能环保交通工具，开发绿色旅游产品，科学设置垃圾分类回收装置，推进废弃物分类回收和资源化利用。

引导低碳旅游和绿色消费。大力倡导低碳旅游出行方式，在旅游景区加强生态科普宣传教育，传播绿色低碳理念，减少使用一次性用品，引导游客分类投放废弃物，自觉保护景区环境。

中共中央办公厅　国务院办公厅关于创新体制机制推进农业绿色发展的意见（摘要）

二、优化农业主体功能与空间布局

（六）完善农业资源环境管控制度。强化耕地、草原、渔业水域、湿地等用途管控，严控围湖造田、滥垦滥占草原等不合理开发建设活动对资源环境的破坏。坚持最严格的耕地保护制度，全面落实永久基本农田特殊保护政策措施。以县为单位，针对农业资源与生态环境突出问题，建立农业产业准入负面清单制度，因地制宜制定禁止和限制发展产业目录，明确种植业、养殖业发展方向和开发强度，强化准入管理和底线约束，分类推进重点地区资源保护和严重污染地区治理。

（八）建立贫困地区农业绿色开发机制。立足贫困地区资源禀赋，坚持保护环境优先，因地制宜选择有资源优势的特色产业，推进产业精准扶贫。把贫困地区生态环境优势转化为经济优势，推行绿色生产方式，大力发展绿色、有机和地理标志优质特色农产品，支持创建区域品牌；推进一二三产融合发展，发挥生态资源优势，发展休闲农业和乡村旅游，带动贫困农户脱贫致富。

四、加强产地环境保护与治理

（十二）建立工业和城镇污染向农业转移防控机制。制定农田污染控制标准，建立监测体系，严格工业和城镇污染物处理和达标排放，依法禁止未经处理达标的工业和城镇污染物进入农田、养殖水域等农业区域。强化经常性执法监管制度建设。出台耕地土壤污染治理及效果评价标准，开展污染耕地分类治理。

五、养护修复农业生态系统

（十六）构建田园生态系统。遵循生态系统整体性、生物多样性规律，合理确定种养规模，建设完善生物缓冲带、防护林网、灌溉渠系等田间基础设施，恢复田间生物群落和生态链，实现农田生态循环和稳定。优化乡村种植、养殖、居住等功能布局，拓展农业多种功能，打造种养结合、生态循环、环境优美的田园生态系统。

（十七）创新草原保护制度。健全草原产权制度，规范草原经营权流转，探索建立全民所有草原资源有偿使用和分级行使所有权制度。落实草原生态保护补助奖励政策，严格实施草原禁牧休牧轮牧和草畜平衡制度，防止超载过牧。加强严重退化、沙化草原治理。完善草原监管制度，加强草原监理体系建设，强化草原征占用审核审批管理，落实土地用途管制制度。

（十八）健全水生生态保护修复制度。科学划定江河湖海限捕、禁捕区域，健全海洋伏季休渔和长江、黄河、珠江等重点河流禁渔期制度，率先在长江流域水生生物保护区实现全面禁捕，严厉打击“绝户网”等非法捕捞行为。实施海洋渔业资源总量管理制度，完善渔船管理制度，建立幼鱼资源保护机制，开展捕捞限额试点，推进海洋牧场建设。完善水生生物增殖放流，加强水生生物资源养护。因地制宜实施河湖水系自然连通，确定河道砂石禁采区、禁采期。

（十九）实行林业和湿地养护制度。建设覆盖全面、布局合理、结构优化的农田防护林和村镇绿化林带。严格实施湿地分级管理制度，严格保护国际重要湿地、国家重要湿地、国家级湿地自然保护区和国家湿地公园等重要湿地。开展退化湿地恢复和修复，严格控制开发利用和围垦强度。加快构建退耕还林还草、退耕还湿、防沙治沙，以及石漠化、水土流失综合生态治理长效机制。

中共中央办公厅　国务院办公厅关于促进小农户和现代农业发展有机衔接的意见（摘要）

一、重要意义

（三）促进小农户和现代农业发展有机衔接是实施乡村振兴战略的客观要求。小农户是乡村发展和治理的基础，亿万农民群众是实施乡村振兴战略的主体。精耕细作的小农生产和稳定有序的乡村社会，构成了我国农村独特的生产生活方式。扶持小农户，更好发挥其在稳定农村就业、传承农耕文化、塑造乡村社会结构、保护农村生态环境等方面的重要作用，有利于发挥农业的多种功能，体现乡村的多重价值，为实施乡村振兴战略汇聚起雄厚的群众力量。

四、提高小农户组织化程度

（一）引导小农户开展合作与联合。支持小农户通过联户经营、联耕联种、组建合伙农场等方式联合开展生产，共同购置农机、农资，接受统耕统收、统防统治、统销统结等服务，降低生产经营成本。支持小农户在发展休闲农业、开展产品营销等过程中共享市场资源，实现互补互利。引导同一区域同一产业的小农户依法组建产业协会、联合会，共同对接市场，提升市场竞争能力。支持农村集体经济组织和合作经济组织利用土地资源、整合涉农项目资金、提供社会化服务等，引领带动小农户发展现代农业。

（三）发挥龙头企业对小农户带动作用。完善农业产业化带农惠农机制，支持龙头企业通过订单收购、保底分红、二次返利、股份合作、吸纳就业、村企对接等多种形式带动小农户共同发展。鼓励龙头企业通过公司+农户、公司+农民合作社+农户等方式，延长产业链、保障供应链、完善利益链，将小农户纳入现代农业产业体系。鼓励小农户以土地经营权、林权等入股龙头企业并采取特殊保护，探索实行农民负盈不负亏的分配机制。鼓励和支持发展农业产业化联合体，通过统一生产、统一营销、信息互通、技术共享、品牌共创、融资担保等方式，与小农户形成稳定利益共同体。

五、拓展小农户增收空间

（一）支持小农户发展特色优质农产品。引导小农户拓宽经营思路，依靠产品品质和特色提高自身竞争力。各地要结合特色优势农产品区域布局，紧盯市场需求，深挖当地特色优势资源潜力，引导小农户发展地方优势特色产业，形成一村一品、一乡一特、一县一业。探索建立农业产业到户机制，制订“菜单式”产业项目清单，指导小农户自主选择。支持小农户发挥精耕细作优势，引入现代经营管理理念和先进适用技术装备，发展劳动密集化程度高、技术集约化程度高、生产设施化程度高的园艺、养殖等产业，实现小规模基础上的高产出高效益。引导小农户发展高品质农业、绿色生态农业，开展标准化生产、专业化经营，推进种养循环、农牧结合，生产高附加值农产品。实施小农户发展有机农业计划。

（二）带动小农户发展新产业新业态。大力拓展农业功能，推进农业与旅游、文化、生态等产业深度融合，让小农户分享二三产业增值收益。加强技术指导、创业孵化、产权交易等公共服务，完善配套设施，提高小农户发展新产业新业态能力。支持小农户发展康养农业、创意农业、休闲农业及农产品初加工、农村电商等，延伸产业链和价值链。开展电商服务小农户专项行动。支持小农户利用自然资源、文化遗产、闲置农房等发展观光旅游、餐饮民宿、养生养老等项目，拓展增收渠道。

（三）鼓励小农户创业就业。鼓励有条件的地方构建市场准入、资金支持、金融保险、用地用电、创业培训、产业扶持等相互协同的政策体系，支持小农户结合自身优势和特长在农村创业创新。健全就业服务体系，扩大农村劳动力转移就业渠道，鼓励农村劳动力就地就近就业，支持农村劳动力进入二三产业就业。支持小农户在家庭种养基础上，通过发展特色手工和乡村旅游等，实现家庭生产的多业经营、综合创收。

中共中央办公厅　国务院办公厅关于统筹推进自然资源资产产权制度改革的指导意见（摘要）

（八）强化自然资源整体保护。编制实施国土空间规划，划定并严守生态保护红线、永久基本农田、城镇开发边界等控制线，建立健全国土空间用途管制制度、管理规范和技术标准，对国土空间实施统一管控，强化山水林田湖草整体保护。加强陆海统筹，以海岸线为基础，统筹编制海岸带开发保护规划，强化用途管制，除国家重大战略项目外，全面停止新增围填海项目审批。对生态功能重要的公益性自然资源资产，加快构建以国家公园为主体的自然保护地体系。国家公园范围内的全民所有自然资源资产所有权由国务院自然资源主管部门行使或委托相关部门、省级政府代理行使。条件成熟时，逐步过渡到国家公园内全民所有自然资源资产所有权由国务院自然资源主管部门直接行使。已批准的国家公园试点全民所有自然资源资产所有权具体行使主体在试点期间可暂不调整。积极预防、及时制止破坏自然资源资产行为，强化自然资源资产损害赔偿责任。探索建立政府主导、企业和社会参与、市场化运作、可持续的生态保护补偿机制，对履行自然资源资产保护义务的权利主体给予合理补偿。健全自然保护地内自然资源资产特许经营权等制度，构建以产业生态化和生态产业化为主体的生态经济体系。鼓励政府机构、企业和其他社会主体，通过租赁、置换、赎买等方式扩大自然生态空间，维护国家和区域生态安全。依法依规解决自然保护地内的探矿权、采矿权、取水权、水域滩涂养殖捕捞的权利、特许经营权等合理退出问题。

（十）推动自然生态空间系统修复和合理补偿。坚持政府管控与产权激励并举，增强生态修复合力。编制实施国土空间生态修复规划，建立健全山水林田湖草系统修复和综合治理机制。坚持谁破坏、谁补偿原则，建立健全依法建设占用各类自然生态空间和压覆矿产的占用补偿制度，严格占用条件，提高补偿标准。落实和完善生态环境损害赔偿制度，由责任人承担修复或赔偿责任。对责任人灭失的，遵循属地管理原则，按照事权由各级政府组织开展修复工作。按照谁修复、谁受益原则，通过赋予一定期限的自然资源资产使用权等产权安排，激励社会投资主体从事生态保护修复。

国务院办公厅关于促进全域旅游发展的指导意见（摘要）

二、推进融合发展，创新产品供给

（四）推动旅游与城镇化、工业化和商贸业融合发展。建设美丽宜居村庄、旅游小镇、风情县城以及城市绿道、慢行系统，支持旅游综合体、主题功能区、中央游憩区等建设。依托风景名胜区、历史文化名城名镇名村、特色景观旅游名镇、传统村落，探索名胜名城名镇名村“四名一体”全域旅游发展模式。利用工业园区、工业展示区、工业历史遗迹等开展工业旅游，发展旅游用品、户外休闲用品和旅游装备制造业。积极发展商务会展旅游，完善城市商业区旅游服务功能，开发具有自主知识产权和鲜明地方特色的时尚性、实用性、便携性旅游商品，增加旅游购物收入。

（五）推动旅游与农业、林业、水利融合发展。大力发展观光农业、休闲农业，培育田园艺术景观、阳台农艺等创意农业，鼓励发展具备旅游功能的定制农业、会展农业、众筹农业、家庭农场、家庭牧场等新型农业业态，打造一二三产业融合发展的美丽休闲乡村。积极建设森林公园、湿地公园、沙漠公园、海洋公园，发展“森林人家”“森林小镇”。科学合理利用水域和水利工程，发展观光、游憩、休闲度假等水利旅游。

五、加强环境保护，推进共建共享

（十九）加强资源环境保护。强化对自然生态、田园风光、传统村落、历史文化、民族文化等资源的保护，依法保护名胜名城名镇名村的真实性和完整性，严格规划建设管控，保持传统村镇原有肌理，延续传统空间格局，注重文化挖掘和传承，构筑具有地域特征、民族特色的城乡建筑风貌。倡导绿色旅游消费，实施旅游能效提升计划，降低资源消耗，推广使用节水节能产品和技术，推进节水节能型景区、酒店和旅游村镇建设。

（二十）推进全域环境整治。积极开展主要旅游线路沿线风貌集中整治，在路边、水边、山边、村边开展净化、绿化、美化行动，在重点旅游村镇实行改厨、改厕、改客房、整理院落和垃圾污水无害化、生态化处理，全面优化旅游环境。

（二十二）大力推进旅游扶贫和旅游富民。大力实施乡村旅游扶贫富民工程，通过资源整合积极发展旅游产业，健全完善“景区带村、能人带户”的旅游扶贫模式。通过民宿改造提升、安排就业、定点采购、输送客源、培训指导以及建立农副土特产品销售区、乡村旅游后备箱基地等方式，增加贫困村集体收入和建档立卡贫困人口人均收入。加强对深度贫困地区旅游资源普查，完善旅游扶贫规划，指导和帮助深度贫困地区设计、推广跨区域自驾游等精品旅游线路，提高旅游扶贫的精准性，真正让贫困地区、贫困人口受益。

中央农村工作领导小组办公室　农业农村部关于进一步加强农村宅基地管理的通知（摘要）

二、依法落实基层政府属地责任

建立部省指导、市县主导、乡镇主责、村级主体的宅基地管理机制。宅基地管理工作的重心在基层，县乡政府承担属地责任，农业农村部门负责行业管理，具体工作由农村经营管理部门承担。

按照新修订的土地管理法规定，农村村民住宅用地由乡镇政府审核批准。乡镇政府要因地制宜探索建立宅基地统一管理机制，依托基层农村经营管理部门，统筹协调相关部门宅基地用地审查、乡村建设规划许可、农房建设监管等职责，推行一个窗口对外受理、多部门内部联动运行，建立宅基地和农房乡镇联审联办制度，为农民群众提供便捷高效的服务。要加强对宅基地申请、审批、使用的全程监管，落实宅基地申请审查到场、批准后丈量批放到场、住宅建成后核查到场等“三到场”要求。要开展农村宅基地动态巡查，及时发现和处置涉及宅基地的各类违法行为，防止产生新的违法违规占地现象。要指导村级组织完善宅基地民主管理程序，探索设立村级宅基地协管员。

三、严格落实“一户一宅”规定

农村村民一户只能拥有一处宅基地，面积不得超过本省、自治区、直辖市规定的标准。农村村民应严格按照批准面积和建房标准建设住宅，禁止未批先建、超面积占用宅基地。经批准易地建造住宅的，应严格按照“建新拆旧”要求，将原宅基地交还村集体。农村村民出卖、出租、赠予住宅后，再申请宅基地的，不予批准。

四、鼓励节约集约利用宅基地

严格落实土地用途管制，农村村民建住宅应当符合乡（镇）土地利用总体规划、村庄规划。合理安排宅基地用地，严格控制新增宅基地占用农用地，不得占用永久基本农田；涉及占用农用地的，应当依法先行办理农用地转用手续。城镇建设用地规模范围外的村庄，要通过优先安排新增建设用地计划指标、村庄整治、废旧宅基地腾退等多种方式，增加宅基地空间，满足符合宅基地分配条件农户的建房需求。

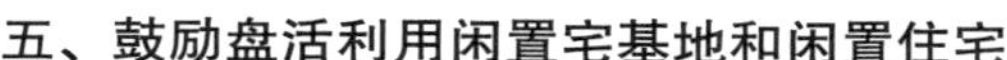

五、鼓励盘活利用闲置宅基地和闲置住宅

鼓励村集体和农民盘活利用闲置宅基地和闲置住宅，通过自主经营、合作经营、委托经营等方式，依法依规发展农家乐、民宿、乡村旅游等。城镇居民、工商资本等租赁农房居住或开展经营的，要严格遵守合同法的规定，租赁合同的期限不得超过二十年。

在尊重农民意愿并符合规划的前提下，鼓励村集体积极稳妥开展闲置宅基地整治，整治出的土地优先用于满足农民新增宅基地需求、村庄建设和乡村产业发展。闲置宅基地盘活利用产生的土地增值收益要全部用于农业农村。在征得宅基地所有权人同意的前提下，鼓励农村村民在本集体经济组织内部向符合宅基地申请条件的农户转让宅基地。各地可探索通过制定宅基地转让示范合同等方式，引导规范转让行为。转让合同生效后，应及时办理宅基地使用权变更手续。对进城落户的农村村民，各地可以多渠道筹集资金，探索通过多种方式鼓励其自愿有偿退出宅基地。

第二部分　国家各部委有关政策文件

全国生态旅游发展规划（2016—2025年）（摘要）

划定东北平原漫岗生态旅游片区，涉及辽宁省、吉林省、黑龙江省及内蒙古自治区赤峰市、通辽市、呼伦贝尔市、兴安盟。重点发展方向是依托森林、湿地、草原及冰雪旅游资源，打造集森林观光度假、冰雪运动休闲、界江界湖界山观光、民俗体验于一体，辐射东北亚的生态旅游片区。加强与日本、韩国、俄罗斯、朝鲜、蒙古国合作，形成图们江流域、日本海等跨境生态旅游线路。

国家生态风景道：

大兴安岭风景道（内蒙古阿尔山、呼伦贝尔—黑龙江加格达奇、漠河）

东北边境风景道（辽宁丹东—吉林集安、长白山、延吉、珲春—黑龙江绥芬河）

东北林海雪原风景道（吉林省吉林市、敦化—黑龙江牡丹江、鸡西）

生态旅游线路：中国冷极主题生态旅游线路

文化和旅游部等17部门关于促进乡村旅游可持续发展的指导意见（摘要）

一、总体要求

（二）基本原则

——生态优先，绿色发展。践行绿水青山就是金山银山的理念，注重开发与保护并举，统筹考虑资源环境承载能力和发展潜力，加强对乡村生态环境和乡村特色风貌的保护，强化有序开发、合理布局，避免急功近利、盲目发展。

——共建共享，融合发展。整合资源，部门联动，统筹推进，加快乡村旅游与农业、教育、科技、体育、健康、养老、文化创意、文物保护等领域深度融合，培育乡村旅游新产品新业态新模式，推进农村一二三产业融合发展，实现农业增效、农民增收、农村增美。

二、加强规划引领，优化区域布局

（四）优化乡村旅游区域整体布局

推动旅游产品和市场相对成熟的区域、交通干线和A级景区周边的地区深化开展乡村旅游，支持具备条件的地区打造乡村旅游目的地，促进乡村旅游规模化、集群化发展。鼓励东部地区围绕服务中心城市，重点推进环都市乡村旅游度假带建设，提升乡村旅游产品品质，推动乡村旅游目的地建设；鼓励中西部地区围绕脱贫攻坚，重点推动乡村旅游与新型城镇化有机结合，合理利用古村古镇、民族村寨、文化村镇，打造“三区三州”深度贫困地区旅游大环线，培育一批乡村旅游精品线路；鼓励东北地区依托农业、林业、避暑、冰雪等优势，重点推进避暑旅游、冰雪旅游、森林旅游、康养旅游、民俗旅游等，探索开展乡村旅游边境跨境交流，打造乡村旅游新高地。

（六）制定乡村旅游发展规划

各地区要将乡村旅游发展作为重要内容纳入经济社会发展规划、国土空间规划以及基础设施建设、生态环境保护等专项规划，在规划中充分体现乡村旅游的发展要求。支持有条件的地区组织开展乡村旅游资源普查和发展状况调查，编制乡村旅游发展规划，鼓励突破行政区域限制，跨区域整合旅游资源，制定区域性乡村旅游发展规划。乡村旅游发展规划要符合当地实际，强化乡土风情、乡居风貌和文化传承，尊重村民发展意愿，落实国土空间规划有关要求，注重规划衔接与落地实施。严格保护耕地，落实永久基本农田控制线并实行特殊保护。独立编制的乡村旅游发展规划应符合镇规划、乡规划和村庄规划的有关要求。

三、完善基础设施，提升公共服务

（七）提升乡村旅游基础设施

结合美丽乡村建设、新型城镇化建设、移民搬迁等工作，实施乡村绿化、美化、亮化工程，提升乡村景观，改善乡村旅游环境。加快交通干道、重点旅游景区到乡村旅游地的道路交通建设，提升乡村旅游的可进入性。鼓励有条件的旅游城市与游客相对聚集乡村旅游区间开通乡村旅游公交专线、乡村旅游直通车，方便城市居民和游客到乡村旅游消费。完善农村公路网络布局，加快乡镇、建制村硬化路“畅返不畅”整治，提高农村公路等级标准，鼓励因地制宜发展旅游步道、登山步道、自行车道等慢行系统。引导自驾车房车营地、交通驿站建设向特色村镇、风景廊道等重要节点延伸布点，定期发布乡村旅游自驾游精品线路产品。加强乡村旅游供水供电、垃圾污水处理以及停车、环卫、通信等配套设施建设，提升乡村旅游发展保障能力。

（八）完善乡村旅游公共服务体系

实施“厕所革命”新三年计划，引进推广厕所先进技术。结合乡村实际因地制宜进行厕所建设、改造和设计，注重与周边和整体环境布局协调，尽量体现地域文化特色，配套设施始终坚持卫生实用，反对搞形式主义、奢华浪费。积极组织开展厕所革命公益宣传活动，深入开展游客、群众文明如厕教育。推动建立乡村旅游咨询服务体系，在有条件、游客数量较大的乡村旅游区建设游客咨询服务中心，进一步完善乡村旅游标识标牌建设，强化解说、信息咨询、安全救援等服务体系建设，完善餐饮住宿、休闲娱乐、户外运动、商品购物、文化展演、民俗体验等配套服务，促进乡村旅游便利化。加快推动乡村旅游信息平台建设，完善网上预订、支付、交流等功能，推动乡村旅游智慧化。

四、丰富文化内涵，提升产品品质

（九）突出乡村旅游文化特色

在保护的基础上，有效利用文物古迹、传统村落、民族村寨、传统建筑、农业遗迹、灌溉工程遗产、农业文化遗产、非物质文化遗产等，融入乡村旅游产品开发。促进文物资源与乡村旅游融合发展，支持在文物保护区域因地制宜适度发展服务业和休闲农业，推介文物领域研学旅行、体验旅游、休闲旅游项目和精品旅游线路，发挥文物资源对提高国民素质和社会文明程度、推动经济社会发展的重要作用。支持农村地区地域特色文化、民族民间文化、优秀农耕文化、传统手工艺、优秀戏曲曲艺等传承发展，创新表现形式，开发一批乡村文化旅游产品。依托乡村旅游创客基地，推动传统工艺品的生产、设计等和发展乡村旅游有机结合。鼓励乡村与专业艺术院团合作，打造特色鲜明、体现地方人文的文化旅游精品。大力发展乡村特色文化产业。支持在乡村地区开展红色旅游、研学旅游。

（十）丰富乡村旅游产品类型

对接旅游者观光、休闲、度假、康养、科普、文化体验等多样化需求，促进传统乡村旅游产品升级，加快开发新型乡村旅游产品。结合现代农业发展，建设一批休闲农业精品园区、农业公园、农村产业融合发展示范园、田园综合体、农业庄园，探索发展休闲农业和乡村旅游新业态。结合乡村山地资源、森林资源、水域资源、地热冰雪资源等，发展森林观光、山地度假、水域休闲、冰雪娱乐、温泉养生等旅游产品。鼓励有条件地区，推进乡村旅游和中医药相结合，开发康养旅游产品。充分利用农村土地、闲置宅基地、闲置农房等资源，开发建设乡村民宿、养老等项目。依托当地自然和文化资源禀赋发展特色民宿，在文化传承和创意设计上实现提升，完善行业标准、提高服务水平、探索精准营销，避免盲目跟风和低端复制，引进多元投资主体，促进乡村民宿多样化、个性化、专业化发展。鼓励开发具有地方特色的服饰、手工艺品、农副土特产品、旅游纪念品等旅游商品。

（十一）提高乡村旅游服务管理水平

制定完善乡村旅游各领域、各环节服务规范和标准，加强经营者、管理者、当地居民等技能培训，提升乡村旅游服务品质。提升当地居民旅游观念和服务意识，提升文明习惯、掌握经营管理技巧。鼓励先进文化、科技手段在乡村旅游产品体验和服务、管理中的运用，增加乡村旅游发展的知识含量。大力开展专业志愿者支援乡村行动，鼓励专业人士参与乡村景观设计、乡村旅游策划等活动。探索运用连锁式、托管式、共享式、会员制、分时制、职业经理制等现代经营管理模式，提升乡村旅游的运营能力和管理水平。

六、注重农民受益，助力脱贫攻坚

（十四）探索推广发展模式

支持旅行社利用客源优势，最大限度宣传推介旅游资源并组织游客前来旅游，并通过联合营销等方式共同开发市场的“旅行社带村”模式。积极推进景区辐射带动周边发展乡村旅游，形成乡村与景区共生共荣、共建共享的“景区带村”模式。大力支持懂经营、善管理的本地及返乡能人投资旅游，以吸纳就业、带动创业的方式带动农民增收致富的“能人带户”模式。不断壮大企业主导乡村旅游经营，吸纳当地村民参与经营或管理的“公司＋农户”模式。引导规范专业化服务与规模化经营相结合的“合作社＋农户”模式。鼓励各地从实际出发，积极探索推广多方参与、机制完善、互利共赢的新模式新做法，建立定性定量分析的工作台账，总结推广旅游扶贫工作。

（十五）完善利益联结机制

突出重点，做好深度贫困地区旅游扶贫工作。建立健全多元的利益联结机制，让农民更好分享旅游发展红利，提高农民参与性和获得感。探索资源变资产、资金变股金、农民变股东的途径，引导村集体和村民利用资金、技术、土地、林地、房屋以及农村集体资产等入股乡村旅游合作社、旅游企业等获得收益，鼓励企业实行保底分红。支持在贫困地区实施一批以乡村民宿改造提升为重点的旅游扶贫项目，引导贫困群众对闲置农房升级改造，指导各地在明晰产权的基础上，建立有效的带贫减贫机制，增加贫困群众收益。支持当地村民和回乡人员创业，参与乡村旅游经营和服务。鼓励乡村旅游企业优先吸纳当地村民就业。

国家级文化生态保护区管理办法（摘要）

第一章　总则

第二条　本办法所称的“国家级文化生态保护区”，是指以保护非物质文化遗产为核心，对历史文化积淀丰厚、存续状态良好，具有重要价值和鲜明特色的文化形态进行整体性保护，并经文化和旅游部同意设立的特定区域。

第二章　申报与设立

第七条　具备下列条件的，可以申报国家级文化生态保护区：

（一）传统文化历史积淀丰厚，具有鲜明地域或民族特色，文化生态保持良好；

（二）非物质文化遗产资源丰富，是当地生产生活的重要组成部分；

（三）非物质文化遗产传承有序，传承实践富有活力、氛围浓厚，当地民众广泛参与，认同感强；

（四）与非物质文化遗产密切相关的实物、场所保存利用良好，其周边的自然生态环境能为非物质文化遗产提供良性的发展空间；

（五）所在地人民政府重视文化生态保护，对非物质文化遗产项目集中、自然生态环境基本良好、传统文化生态保持较为完整的乡镇、村落、街区等重点区域以及开展非物质文化遗产传承所依存的重要场所开列清单，并已经制定实施保护办法和措施；

（六）有文化生态保护区建设管理机构和工作人员；

（七）在省（区、市）内已实行文化生态区域性整体保护两年以上，成效明显。

第十五条　国家级文化生态保护区总体规划应纳入本省（区、市）国民经济与社会发展总体规划，要与相关的生态保护、环境治理、土地利用、旅游发展、文化产业等专门性规划和国家公园、国家文化公园、自然保护区等专项规划相衔接。

第三章　建设与管理

第二十九条　国家级文化生态保护区建设管理机构应当依托区域内独具特色的文化生态资源，开展文化观光游、文化体验游、文化休闲游等多种形式的旅游活动。

第三十条　国家级文化生态保护区建设管理机构应当深入挖掘、阐释非物质文化遗产蕴含的优秀思想观念、人文精神、道德规范，培育文明乡风、良好家风、淳朴民风，提升乡村文明水平，助力乡村振兴。

关于印发《生态扶贫工作方案》的通知（摘要）

三、通过多种途径助力贫困人口脱贫

（三）通过生态产业发展增加经营性收入和财产性收入。在加强保护的前提下，充分利用贫困地区生态资源优势，结合现有工程，大力发展生态旅游、特色林产业、特色种养业等生态产业，通过土地流转、入股分红、合作经营、劳动就业、自主创业等方式，建立利益联结机制，完善收益分配制度，增加资产收益，拓宽贫困人口增收渠道。

四、全力推进各项任务实施

（三）大力发展生态产业

依托和发挥贫困地区生态资源禀赋优势，选择与生态保护紧密结合、市场相对稳定的特色产业，将资源优势有效转化为产业优势、经济优势。培育壮大生态产业，促进一二三产业融合发展，通过入股分红、订单帮扶、合作经营、劳动就业等多种形式，建立产业化龙头企业、新型经营主体与贫困人口的紧密利益联结机制，拓宽贫困人口增收渠道。

1. 发展生态旅游业。

健全生态旅游开发与生态资源保护衔接机制，加大生态旅游扶贫的指导和扶持力度，依法加强自然保护区、森林公园、湿地公园、沙漠公园、草原等旅游配套设施建设，完善生态旅游行业标准，建立健全消防安全、环境保护等监管规范。积极打造多元化的生态旅游产品，推进生态与旅游、教育、文化、康养等产业深度融合，大力发展生态旅游体验、生态科考、生态康养等，倡导智慧旅游、低碳旅游。引导贫困人口由分散的个体经营向规模化经营发展，为贫困人口兴办森林（草原）人家、从事土特产销售和运输提供便利服务。扩大与旅游相关的种植业、养殖业和手工业发展，促进贫困人口脱贫增收。在贫困地区打造具有较高知名度的50处精品森林旅游地、20条精品森林旅游线路、30个森林特色小镇、10处全国森林体验和森林养生试点基地等，依托森林旅游实现增收的贫困人口数量达到 65 万户 20 万人。

关于大力发展休闲农业的指导意见

发展休闲农业是发展现代农业、增加农民收入、建设社会主义新农村的重要举措，是促进城乡居民消费升级、发展新经济、培育新动能的必然选择。为深入贯彻落实中央 1 号文件精神，进一步改善休闲农业的基础设施，提升服务质量，优化政策措施，推动产业持续健康发展，现提出如下意见。

一、重要意义

休闲农业是现代农业的新型产业形态、现代旅游的新型消费业态，为农林牧渔等多领域带来了新的增长点。“十二五”以来，全国休闲农业取得了长足发展，呈现出“发展加快、布局优化、质量提升、领域拓展”的良好态势，已成为经济社会发展的新亮点。“十三五”时期，随着城乡居民生活水平的提高、闲暇时间的增多和消费需求的升级，休闲农业仍有旺盛的需求，仍将处于黄金发展期。目前，休闲农业发展现状与爆发式增长的市场需求还不相适应，发展方式还比较粗放，存在思想准备不足、基础设施滞后、文化内涵挖掘不够、产品类型不够丰富、服务质量有待提高等问题，亟须提档升级。

大力发展休闲农业，有利于推动农业和旅游供给侧结构性改革，促进农村一二三产业融合发展，是带动农民就业增收和产业脱贫的重要渠道，是推进全域化旅游和促进城乡一体化发展的重要载体。各地要充分认识休闲农业消费对增长的积极作用，进一步提高思想认识，完善政策措施，加大工作力度，切实推动休闲农业产品由低水平供需平衡向高水平供需平衡跃升，为促进农业强起来、农村美起来、农民富起来做出新贡献。

二、总体要求

（一）指导思想

深入贯彻党的十八大和十八届三中、四中、五中全会精神，牢固树立“创新、协调、绿色、开放、共享”的发展理念，紧紧围绕发展现代农业、增加农民收入、建设社会主义新农村三大任务，以促进农民就业增收、满足居民休闲消费需求、建设美丽宜居乡村为目标，以激发消费活力、促进产业升级、实施产业脱贫为着力点，坚持农耕文化为魂，美丽田园为韵，生态农业为基，传统村落为形，创新创造为径，加强统筹规划，强化规范管理，创新工作机制，优化发展政策，加大公共服务，整合项目资源，推进农业与旅游、教育、文化、健康养老等产业深度融合，大力提升休闲农业发展水平，着力将休闲农业产业培育成为繁荣农村、富裕农民的新兴支柱产业，为城乡居民提供望得见山、看得见水、记得住乡愁的高品质休闲旅游体验。

（二）基本原则

一是以农为本、促进增收。坚持以农业为基础，农民为主体，农村为场所，加强规划引导，科学构建利益分享机制，增强农民自主发展意识，激发农民创业创新活力。二是多方融合、相互促进。加强与农耕文化传承、创意农业发展、乡村旅游、传统村落传统民居保护、精准扶贫、林下经济开发、森林旅游、水利风景区和古水利工程旅游、美丽乡村建设的有机融合，推动城乡一体化发展。三是因地制宜、特色发展。要结合资源禀赋、人文历史、交通区位和产业特色，在适宜区域，因地制宜、突出特色、适度发展，避免低水平重复建设。四是政府引导、多方参与。强化政府在政策扶持、规范管理、公共服务、营造环境等方面的作用，发挥市场配置资源的决定性作用，引导和支持社会资本开发农民参与度高、受益面广的休闲旅游项目，鼓励妇女积极参与休闲农业发展。五是保护环境、持续发展。遵循开发与保护并举、生产与生态并重的观念，统筹考虑资源和环境承载能力，加大生态环境保护力度，走生产发展、生活富裕、生态良好的文明发展道路。

（三）主要目标

到2020年，产业规模进一步扩大，接待人数达33亿人次，营业收入超过7000亿元；布局优化、类型丰富、功能完善、特色明显的格局基本形成；社会效益明显提高，从事休闲农业的农民收入较快增长；发展质量明显提高，服务水平较大提升，可持续发展能力进一步增强，成为拓展农业、繁荣农村、富裕农民的新兴支柱产业。

三、主要任务

（一）加强规划引导。按照生产生活生态统一、一二三产业融合的总体要求，围绕农业生产过程、农民劳动生活和农村风情风貌，遵循乡村自身发展规律，因地制宜科学编制发展规划，调整产业结构，优化发展布局，补农村短板，扬农村长处，注意乡土味道，保留乡村风貌，留住田园乡愁，形成串点成线、连片成带、集群成圈的发展格局。要挖掘农业文明，注重参与体验，突出文化特色，加大资源整合力度，形成集农业生产、农耕体验、文化娱乐、教育展示、水族观赏、休闲垂钓、产品加工销售于一体的休闲农业点（村、园），打造生产标准化、经营集约化、服务规范化、功能多样化的休闲农业产业带和产业群。积极推进“多规合一”，注重休闲农业专项规划与当地经济社会发展规划、城乡规划、土地利用规划、异地扶贫搬迁规划等的有效衔接。依托休闲农业点（村、园）、乡村旅游区建设搬迁安置区，着力解决异地扶贫搬迁群众的就业脱贫问题。

（二）丰富产品业态。鼓励各地依托农村绿水青山、田园风光、乡土文化等资源，有规划地开发休闲农庄、乡村酒店、特色民宿、自驾车房车营地、户外运动等乡村休闲度假产品，大力发展休闲度假、旅游观光、养生养老、创意农业、农耕体验、乡村手工艺等，促进休闲农业的多样化、个性化发展。支持农民发展农（林、牧、渔）家乐，积极扶持农民发展休闲农业合作社，鼓励发展以休闲农业为核心的一二三产业融合发展聚集村；加强乡村生态环境和文化遗存保护，发展具有历史记忆、地域特点、民族风情的特色小镇，建设一村一品、一村一景、一村一韵的美丽村庄和宜游宜养的森林景区。引导和支持社会资本开发农民参与度高、受益面广的休闲旅游项目。鼓励各地探索农业主题公园、农业嘉年华、教育农园、摄影基地、特色小镇、渔人码头、运动垂钓示范基地等，提高产业融合的综合效益。

（三）改善基础设施。实施休闲农业和乡村旅游提升工程，扶持建设一批功能完备、特色突出、服务优良的休闲农业聚集村、休闲农业园、休闲农业合作社，着力改善开展休闲农业村庄的道路、供水设施、宽带、停车场、厕所、垃圾污水处理、游客综合服务中心、餐饮住宿的洗涤消毒设施、农事景观观光道路、休闲辅助设施、乡村民俗展览馆和演艺场所等基础服务设施，改善休闲农业基地的种养条件，实现特色农业加速发展、村容环境净化美化和休闲服务能力同步提升。鼓励因地制宜兴建特色餐饮、特色民宿、购物、娱乐等配套服务设施，满足消费者多样化的需求。

（四）推动产业扶贫。对资源禀赋有优势的贫困地区，要优先支持农民，特别是建档立卡贫困户发展休闲农业合作社、农家乐和小型采摘园等，重点实施建档立卡贫困村“一村一品”产业推进行动，带动贫困地区传统种养产业转型升级，促进贫困地区脱贫致富。要探索社会资本参与贫困地区发展休闲农业的利益分享机制，引导和支持社会资本开发农民参与度高、受益面广的项目，着力推动精准脱贫。要通过休闲农业，推动贫困地区优质农副土特产品的加工和销售。积极培树创办领办休闲农业致富带头人，注重培树巾帼创办领办休闲农业致富带头人。

（五）弘扬优秀农耕文化。做好农业文化遗产普查工作，准确掌握全国农业生产系统的发布状况和濒危程度。按照“在发掘中保护、在利用中传承”的思路，加大对农业文化遗产价值的发掘，加强对已认定的农业文化遗产的动态监督管理，加大挖掘、保护、传承和利用力度，推动遗产地经济社会可持续发展。要合理开发农业文化遗产，大力推进优秀农耕文化教育进校园，加强大中小学生的国情乡情教育，统筹利用现有资源建设农业教育、社会实践和研学旅游示范基地，实施中国传统工艺振兴计划，支持发展妇女手工艺特色产业项目。

（六）保护传统村落。不断加强传统村落、传统民居的保护力度，按照保持传统村落完整性、真实性、延续性要求，保护村落文化遗产，改善基础设施和公共服务设施。建立保护管理机制，做好中国传统村落保护项目实施和监督。注重农村文化资源挖掘，强化休闲农业经营场所的创意设计，推进农业与文化、科技、生态、旅游的融合，提升休闲农业的文化软实力。发展主客共享的美丽休闲乡村，加快乡土民俗文化的推广、保护和延续。

（七）培育知名品牌。在整合优化的基础上，重点打造点线面结合的休闲农业品牌体系。在面上，继续开展全国休闲农业示范县（市、区）创建，着力培育一批示范带动能力强的休闲农业集聚区。在点上，继续开展中国美丽休闲乡村推介活动，在全国打造一批天蓝、地绿、水净，安居、乐业、增收的美丽休闲乡村（镇）。在线上，重点开展休闲农业精品景点线路推介，吸引城乡居民到乡村休闲消费。鼓励各地因地制宜开展多种形式的品牌创建与推介活动，培育地方品牌。

四、保障措施

（一）强化政策落实创设。支持有条件的地方通过盘活农村闲置房屋、集体建设用地、开展城乡建设用地增减挂钩试点、“四荒地”、可用林场和水面、边远海岛等资产资源发展休闲农业。鼓励各地将休闲农业和乡村旅游项目建设用地纳入土地利用总体规划和年度计划合理安排。在符合相关规划的前提下，农村集体经济组织可以依法使用建设用地自办或以土地使用权入股、联营等方式与其他单位和个人共同举办住宿、餐饮、停车场等休闲旅游接待服务企业。鼓励各地将中央有关乡村建设资金适当向休闲农业集聚区倾斜。鼓励各地采取以奖代补、先建后补、财政贴息、设立产业投资基金等方式加大财政扶持力度。金融机构要创新担保机制和信贷模式，扩大对休闲农业和乡村旅游经营主体的信贷支持。鼓励社会资本依法合规利用PPP模式、众筹模式、"互联网+"模式、发行债券等新型融资模式投资休闲农业。国家推动重要农业文化遗产的保护、传承和利用。各地要加大投资力度，组织实施休闲农业和乡村旅游提升工程，推动休闲农业和乡村旅游的提档升级。

（二）加大公共服务。依托职业院校、行业协会和产业基地，分类、分层开展休闲农业管理和服务人员培训，提高从业人员素质。加强科技支撑，依托科研教学单位建立一批设计研究中心、规划中心、创意中心，为产业发展提供智力支撑。鼓励社会资本参与休闲农业宣传推介平台建设，加快构建网络营销、网络预订和网上支付等公共服务平台，增强线上线下营销能力。强化行业运行监测分析，构建完善的休闲农业和乡村旅游监测统计制度。

（三）加强规范管理。加大休闲农业行业标准的制定和宣贯力度，逐步推进管理规范化和服务标准化。鼓励各地根据实际情况制定地方行业标准，推动本地休闲农业和乡村旅游规范有序发展。加大对认定的全国休闲农业和乡村旅游示范县示范点、中国美丽休闲乡村、全国休闲农业星级企业、特色景观旅游名镇名村示范等景点的动态管理，确保服务质量和水平。加强行业组织服务，加快形成自我管理、自我监督、自我服务的社会化服务体系。强化安全意识，提倡文明出行和诚信经营。

（四）强化宣传推介。按照"统筹谋划、系统部署、上下联动、均衡有序、重点推进"的思路，在重大节假日前和重要农事节庆节点，充分利用网络、电视、报纸、微信等，以图文并茂的形式，有组织、有计划地开展全国性的休闲农业精品景点宣传推介，吸引城乡居民到乡村休闲消费。鼓励各地通过传统媒体和互联网等新兴媒体宣传推介精品线路和精品景点，扩大休闲农业和乡村旅游产业的影响力。鼓励各地举办特色鲜明、影响力大、公益性强的农事节庆活动，努力营造发展的良好氛围。

五、组织领导

（一）加强组织实施。各地要从战略和全局的高度深化对发展休闲农业的认识，将休闲农业纳入当地国民经济和社会发展规划，出台具体的政策措施，支持休闲农业和乡村旅游发展。要充实工作力量，加强人才队伍建设，建立高效的管理体系。要认真履行规划指导、监督管理、协调服务的职责，组织拟定发展战略、政策、规划、计划并指导实施，切实提高推动休闲农业科学发展的能力。

（二）明确任务分工。各相关部门要结合实际情况，支持休闲农业的发展。农业部门负责牵头落实本地休闲农业发展工作，指导产业的整体发展，并做好宣传推广工作。发展改革部门负责统筹利用现有渠道资金完善休闲农业的基础设施建设工作，将休闲农业和乡村旅游作为农村一二三产业融合"百县千乡万村"试点示范工程的重要内容予以支持。工业和信息化部门负责指导休闲农业和乡村旅游电子商务平台搭建。财政部门负责落实财税支持政策，通过现有资金渠道对重要农业文化遗产保护项目予以支持。国土部门负责落实休闲农业和乡村旅游用地政策。住房和城乡建设部门负责指导村庄的规划建设、传统村落和民居保护等工作。水利部门负责指导相关供水设施建设管理、河湖管理保护和水利风景区建设发展。文化部门和文物部门负责指导乡村文化和文物的挖掘保护和传承利用工作。人民银行等金融管理部门负责指导金融机构落实金融政策。林业部门负责指导森林、湿地等自然资源的保护与开发利用。旅游部门负责指导乡村旅游发展工作，推动乡村旅游与休闲农业融合发展。扶贫部门负责协调使用扶贫等专项资金，支持建档立卡贫困户因地制宜发展带动建档立卡贫困户的休闲农业和乡村旅游。妇联负责指导妇女发展休闲农业和乡村旅游，充分发挥“半边天”作用。

（三）形成工作合力。各相关部门要结合职能，将休闲农业发展的有关工作纳入各自工作体系，并予以重点支持。鼓励各地成立由农业部门牵头，有关部门共同参与的工作协调机制，共同推进有关工作落实。各地要将休闲农业纳入当地国民经济和社会发展规划，列入当地经济发展统计指标体系，出台具体的政策措施，整合资金，集中力量，支持休闲农业重点区域的发展。同时，广泛吸引社会力量参与休闲农业的发展，鼓励企业、院校、协会和社会组织发挥积极作用。

农业生产发展资金管理办法（摘要）

第一章 总则

第二条 农业生产发展资金是中央财政公共预算安排用于促进农业生产、优化产业结构、推动产业融合、提高农业效能等的专项转移支付资金。

第二章 资金支出范围

第四条 农业生产发展资金主要用于耕地地力保护（直接发放给农民，下同）、适度规模经营、农机购置补贴、优势特色主导产业发展、绿色高效技术推广服务、畜牧水产发展、农村一二三产业融合、农民专业合作社发展、农业结构调整、地下水超采区综合治理（农业种植结构调整，下同）、新型职业农民培育等支出方向，以及党中央、国务院确定的支持农业生产发展的其他重点工作。

第五条 耕地地力保护支出主要用于支持保护耕地地力。对已作为畜牧养殖场使用的耕地、林地、成片粮田转为设施农业用地、非农征（占）用耕地等已改变用途的耕地，以及长年抛荒地、占补平衡中“补”的面积和质量达不到耕种条件的耕地等不予补贴。

第六条 适度规模经营支出主要用于支持农业信贷担保体系建设运营、农业生产社会化服务等方面。

第七条　农机购置补贴支出主要用于支持购置先进适用农业机械，以及开展报废更新、新产品试点等方面。

第八条　优势特色主导产业发展支出主要用于支持区域优势、地方特色的农业主导产业发展，国家现代农业产业园建设等方面。

第九条　绿色高效技术推广服务支出主要用于支持高产创建、良种良法、深松整地、施用有机肥、旱作农业等重大农业技术推广与服务，基层农技推广体系改革与建设等方面。

第十条　畜牧水产发展支出主要用于支持畜禽粪污处理与资源化利用、南方现代草地畜牧业发展、优质高效苜蓿示范基地建设、畜牧水产标准化养殖及畜牧良种推广等方面。

第十一条　农村一二三产业融合发展支出主要用于支持农产品产地初加工、产品流通和直供直销、农村电子商务、休闲农业、农业农村信息化等方面。

第十二条　农民专业合作社支出主要用于支持加快农民专业合作组织发展，提高农民组织化程度等方面。

第十三条　农业结构调整支出主要用于支持粮改豆、粮改饲、耕地休耕、重金属污染耕地修复及种植结构调整等方面。

第十四条　地下水超采区综合治理支出主要用于支持地下水超采重点地区开展农业种植结构调整等方面。

第十五条　新型职业农民培育支出主要用于支持培育新型职业农民等方面。

第十六条　农业生产发展资金不得用于兴建楼堂馆所、弥补预算支出缺口等与农业生产发展无关的支出。

第十七条　农业生产发展资金的支持对象主要是农民，新型农业经营主体，以及承担项目任务的单位和个人。

第十八条　农业生产发展资金可以采取直接补助、政府购买服务、贴息、先建后补、以奖代补、资产折股量化、担保补助、设立基金等支持方式。具体由省级财政部门商农业主管部门确定。

关于生态环境保护助力打赢精准脱贫攻坚战的指导意见（摘要）

一、总体要求

（二）工作目标

到 2020 年，全国贫困地区绿色发展的主动性和自觉性进一步增强，污染防治和精准脱贫两大攻坚战协同共进，生态环境保护水平同全面建成小康社会目标相适应，贫困人口生态环境获得感、幸福感明显增强，贫困地区、贫困人口在生态环境保护中获得稳定收益，生态环境保护对脱贫攻坚的支撑作用进一步发挥，支持创建一批绿水青山就是金山银山的典型。

二、加大对深度贫困地区支持力度

支持深度贫困地区加强生态环境保护，严格生态空间管控，强化生态保护红线、各类自然保护地监管，守住绿水青山。加强对深度贫困地区环境影响评价服务指导，支持因地制宜、高标准高起点发展具有比较优势的特色产业，对涉及脱贫攻坚、符合生态环境保护要求的建设项目加快审批。

支持深度贫困地区打好污染防治攻坚战，因地制宜打好蓝天保卫战、水源地保护、农业农村污染治理等重大战役，实施大气污染防治、水污染防治、土壤污染防治、农村环境整治、生态保护修复、生物多样性保护与减贫等生态环境治理保护工程项目，相关工程项目优先入库，优先安排各级财政专项资金，推动提高“以奖代补”标准。

三、加强生态环境保护扶贫

（一）推动贫困地区绿色发展

坚持绿色发展、可持续发展原则，规范引导种养业、扶贫车间和扶贫驿站及农家乐、渔家乐等乡村旅游产业。支持发展生态农业、有机农业，推广生态种养殖模式，发展“三品一标”（无公害农产品、绿色食品、有机农产品、农产品地理标志）产品，大力支持国家有机食品生产基地建设。支持生态环境资源向旅游资源转化，结合当地自然资源优势、民俗文化、休闲农业等发展生态旅游经济，延伸产业链价值链，实施乡村旅游扶贫工程，推动旅游特色村、休闲养生基地建设，支持创建生态旅游示范区。加快开展生态环保扶贫效益评估，将绿水青山向金山银山的转化价值量化表达。

（二）加快解决突出环境问题

支持贫困地区加大环境治理力度，改善生态环境质量，破除发展瓶颈，提高生态环境支撑水平，增强贫困地区可持续发展能力和贫困人口获得感。支持具备条件的贫困地区实施清洁取暖工程，发展沼气发电、生物质能等清洁能源。通过加大综合利用政策支持力度促进秸秆离田，统筹做好农作物秸秆综合利用。配合有关部门实施农村饮用水水质提升工程，整治饮用水水源地，全面解决贫困人口饮水安全问题。支持生态搬迁和易地扶贫搬迁集中安置区规划建设配套污水垃圾处理设施。

积极推进农村人居环境整治三年行动，针对农村垃圾、污水治理和村容村貌等重点领域，加快补齐农村环境短板，推动实现贫困地区农村环境明显改善。

（三）巩固生态资源优势

加大贫困地区生态保护修复与监管力度，将整体保护、系统修复、综合治理与精准扶贫、提高贫困人口收入、逐步改善生产生活条件相结合，实现生态保护与脱贫双赢。推进山水林田湖草生态保护修复试点，支持退耕还林还草、湿地保护与恢复、水生态治理等生态工程建设，实现贫困地区自然生态资产保值增值。扩大生物多样性保护与减贫试点，推广生物多样性保护、恢复与减贫示范技术，优先开展贫困地区生物多样性资源价值评估，推进生物多样性资源管理和有偿使用，采取替代生计、生态旅游等措施，探索生物多样性保护与减贫协同模式。

农业农村污染治理攻坚战行动计划（摘要）

二、主要任务

（五）加快推进农村生活垃圾污水治理。

加大农村生活垃圾治理力度。统筹考虑生活垃圾和农业废弃物利用、处理，建立健全符合农村实际、方式多样的生活垃圾收运处置体系。有条件的地区，开展农村生活垃圾分类减量化试点，推行垃圾就地分类和资源化利用。

梯次推进农村生活污水治理。各省（区、市）要区分排水方式、排放去向等，加快制修订农村生活污水处理排放标准，筛选农村生活污水治理实用技术和设施设备，采用适合本地区的污水治理技术和模式。以县级行政区域为单位，实行农村生活污水处理统一规划、统一建设、统一管理，优先整治南水北调东线中线水源地及其输水沿线、京津冀、长江经济带、环渤海区域及水质需改善的控制单元范围内的村庄。

（六）着力解决养殖业污染。

推进养殖生产清洁化和产业模式生态化。优化调整畜禽养殖布局，推进畜禽养殖标准化示范创建升级，带动畜牧业绿色可持续发展。

加强水产养殖污染防治和水生生态保护。优化水产养殖空间布局，依法科学划定禁止养殖区、限制养殖区和养殖区。推进水产生态健康养殖，积极发展大水面生态增养殖、工厂化循环水养殖、池塘工程化循环水养殖、连片池塘尾水集中处理模式等健康养殖方式，推进稻渔综合种养等生态循环农业。推动出台水产养殖尾水排放标准，加快推进养殖节水减排。

（七）有效防控种植业污染。

持续推进化肥、农药减量增效。深入推进测土配方施肥和农作物病虫害统防统治与全程绿色防控，提高农民科学施肥用药意识和技能，推动化肥、农药使用量实现负增长。集成推广化肥机械深施、种肥同播、水肥一体等绿色高效技术，应用生态调控、生物防治、理化诱控等绿色防控技术。制修订并严格执行化肥农药等农业投入品质量标准，严格控制高毒高风险农药使用，研发推广高效缓控释肥料、高效低毒低残留农药、生物肥料、生物农药等新型产品和先进施肥施药机械。加快培育社会化服务组织，开展统配统施、统防统治等服务。

大力推进种植产业模式生态化。发展节水农业，实施“华北节水压采、西北节水增效、东北节水增粮、南方节水减排”战略，加强节水灌溉工程建设和节水改造，选育抗旱节水品种，发展旱作农业，推广水肥一体化等节水技术。在东北、西北、黄淮海等区域，推进规模化高效节水灌溉。

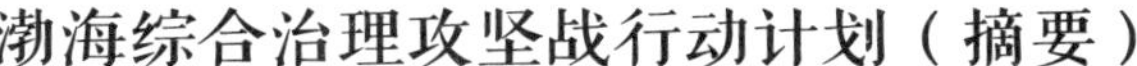

渤海综合治理攻坚战行动计划（摘要）

一、总体要求

（二）范围。开展渤海综合治理的范围为渤海全海区、环渤海的辽宁省、河北省、山东省和天津市（以下统称三省一市）。以“1+12”沿海城市，即天津市和其他12个沿海地级及以上城市（大连市、营口市、盘锦市、锦州市、葫芦岛市、秦皇岛市、唐山市、沧州市、滨州市、东营市、潍坊市、烟台市）为重点。

二、重点任务

（一）陆源污染治理行动。

4. 农业农村污染防治

依托《农业农村污染治理攻坚战行动计划》，将三省一市作为重点区域，开展农药化肥的科学合理使用、畜禽养殖污染治理、农业废弃物资源化利用、农村生活污水治理、农村生活垃圾的收集转运处置等工作。

（二）海域污染治理行动。

8. 海水养殖污染治理

优化水产养殖生产布局，以辽东湾顶部海域、普兰店湾、莱州湾为重点，治理海水养殖污染。按照禁止养殖区、限制养殖区和生态红线区的管控要求，规范和清理滩涂与近海海水养殖。

10. 港口污染治理

开展渔港环境综合整治。开展渔港（含综合港内渔业港区）摸底排查工作，加强含油污水、洗舱水、生活污水和垃圾、渔业垃圾等清理和处置，推进污染防治设施建设和升级改造，提高渔港污染防治监督管理水平。

（三）生态保护修复行动。

14. 生态恢复修复

加强河口海湾综合整治修复。因地制宜开展河口海湾综合整治修复，实现水质不下降、生态不退化、功能不降低，重建绿色海岸，恢复生态景观。辽宁省以大小凌河口、双台子河口、大辽河口、普兰店湾、复州湾和锦州湾海域为重点，河北省以滦河口、北戴河口、滦南湿地、黄骅湿地以及所辖渤海湾海域为重点，天津市以七里海潟湖湿地、大港湿地、汉沽湿地以及所辖渤海湾海域为重点，山东省以黄河口、小清河口、莱州湾海域为重点，按照“一湾一策、一口一策”的要求，加快河口海湾整治修复工程。

第三部分　京津冀有关政策文件

（一）北京市

北京市乡村振兴战略规划（2018—2022 年）（摘要）

第三章　构建乡村振兴新格局

第一节　优化城乡发展格局

完善生态、文化保护格局。顺应乡村功能由农业和居住功能向生态、宜居、休闲、文化等多功能拓展趋势，重点加强生态、文化格局构建。坚持山水林田湖草系统治理，山区、平原统筹规划，城镇、乡村相互沟通，构建多类型、多层次、多功能、成网络的“一屏、三环、五河、九楔”（“一屏”为山区生态屏障；“三环”为一道绿隔城市公园环、二道绿隔郊野公园环、环首都森林湿地公园环；“五河”为永定河、潮白河、北运河、拒马河、泃河为主构成的河湖水系；“九楔”为九条连接中心城区、新城及跨界城市组团的楔形生态空间）高质量绿色空间体系，筑牢乡村发展的绿色基底。加强乡村历史文化和农业遗产保护与传承，依托大运河、长城、西山永定河三大文化带，建设具有平原特色、浅山特色与深山特色的三类风貌区，构建全覆盖、更完善的城乡历史文化保护体系。

严格空间用途管控。科学划定生态保护红线、城镇开发边界等主要控制线，鼓励优先利用存量建设用地，调整用地结构，拓展生态空间。严格控制开发强度，合理确定城乡建设用地供应规模和结构，减少平原地区建设用地规模。落实减量发展要求，以城乡接合部地区为重点，积极推进集体建设用地减量腾退。大力推进农村集体工矿用地整治，稳妥推进农村居民点整理。严格控制村庄建设边界蔓延，规划设计好农村居民点的规模、脉络、色彩，促进农村房屋与山水林田路等要素合理搭配，保持乡村地区低人口密度、低建筑密度、低建筑容积率、低水泥覆盖和高绿容率的风貌特征。

第二节　合理布局乡村空间

生态保护红线区。位于生态保护红线范围内，面积 4290 平方公里，呈现“两屏两带”（“两屏”为北部燕山生态屏障和西部太行山生态屏障，主要生态功能为水源涵养、水土保持和生物多样性维护；“两带”为永定河沿线生态防护带、潮白河—古运河沿线生态保护带，主要生态功能为水源涵养）空间格局，是生态控制区中需要严格保护的区域。以加强生态保护与恢复、提升生态功能、完善生态格局为主导，严禁不符合功能定位的各类开发活动，确保生态功能不降低、面积不减少、性质不改变。

乡村风貌区。指除以上两类地区以外的区域，主要位于限制建设区和生态控制区，着重构建宜居的生活空间和高效的生产空间，逐步扩大优美的生态空间。以推进乡村全面振兴发展为主导，加强与城镇互动，促进人口、产业、生态、居住、服务均衡化发展。分区域、分类推进乡村发展，优化乡村空间和村庄布局，打造集中连片的美丽乡村风景线。位于限制建设区的乡村要加快腾退低效集体建设用地，拓展农田、林地、湿地等生态空间，保护田园风光与生态格局，调整农业结构，大力发展都市型现代农业，遵循乡村传统肌理和格局，改善居民生产生活条件，提升乡村景观风貌；位于生态控制区的乡村要进一步加强生态保护，加大转移支付力度，改善人居环境，鼓励发展特色林果、休闲旅游、健康养生、创意手工等绿色产业，保护村庄特色风貌。

第三节　分类推进乡村发展

特色提升类村庄。历史文化名村、传统村落、特色景观旅游名村等自然历史文化特色资源丰富的村庄，是传承首都特色文化的重要载体。要统筹保护、利用与发展的关系，以“严格保护、永续利用”为原则，加强历史文化、传统风貌的保护和延续，保护、传承、利用好不可移动文物，保护好历史建筑、传统民居等传统建筑，促进村庄整体风貌保护与发展文化旅游等相关产业有机结合，努力保持村庄的完整性、真实性、延续性。尊重原住居民生活形态和传统习惯，加快改善村庄基础设施和公共环境，引导村庄特色化发展。

第四章　建设美丽宜居乡村

第三节　加强生态保护与修复

牢固树立和践行绿水青山就是金山银山的理念，落实节约优先、保护优先、自然恢复为主的方针，统筹山水林田湖草系统治理，严守生态保护红线，加大留白增绿和拆违还绿力度，不断扩大绿色生态空间，提升生态环境质量和容量。

推进大尺度森林绿地建设。落实新一轮百万亩造林绿化行动计划，进一步扩大森林绿地面积，加强森林绿地管护和监测，提高森林绿地质量，推动创建国家森林城市。

加强水生态环境建设。实施最严格水资源管理制度，落实水资源消耗总量和强度双控措施，进一步强化农村用水节水规范化、标准化、精细化管理，提升水资源利用效率。全面落实河长制、湖长制，完善河湖管理保护长效机制。

实施生态修复与治理。以耕地、园地为重点，完成农用地土壤污染状况详查，并实施污染土壤修复。对煤矿、采砂场、采石场等关停废弃矿区开展遗留污染治理。以生态沟域建设为载体，大力推动山区乡村旅游重点区域生态环境治理和提升。以小流域为单元，源头治污，统一规划，对污水、垃圾、厕所、沟道、面源污染进行同步治理，加快生态清洁小流域建设。

发挥自然资源多重效益。健全生态文明制度体系，加快推进自然资源资产确权及生态价值应用，巩固深化首都生态文明成果。将生态优势转化为绿色发展优势，大力发展生态旅游、生态农业等特色产业。加大森林、湿地、草地等自然资源保护和利用，允许集体经济组织灵活利用现有生产服务设施用地开展相关经营活动。鼓励社会力量参与生态保护修复，对集中连片开展生态修复达到一定规模的经营主体，在符合土地管理法律法规和土地利用总体规划、依法办理建设用地审批手续、坚持节约集约用地的前提下，允许利用 1% 至 3% 的治理面积从事旅游、康养、体育、设施农业等产业开发。

第五章 推动乡村产业高质量发展

充分利用“大京郊”的空间优势，统筹农村和农业资源，以一二三产业融合为突破口，持续推进农业供给侧结构性改革和都市型现代农业转型升级，努力培育新产业、新业态、新动能，为首都提供丰富多样的休闲农业、乡村旅游和生态服务产品，使京郊农村成为产业兴旺、经济多元、利益共享、创新创业、宜居宜业的城市后花园。

第三节 推动农村产业融合发展

坚持服务首都、富裕农民的方针，深入发掘农村产业的生态涵养、休闲观光、文化体验、健康养老等多种功能和多重价值。推动乡村资源全域化整合、品牌化经营、多元化增值。坚持农地农用的基础上，发展休闲农业、农业文化创意产业，完善农业价值链，推动农村产业高质量发展。

促进休闲农业与乡村旅游提档升级。结合创建国家全域旅游示范区，依托田园综合体、生态沟域等载体，积极开发农业观光、休闲游憩、森林康养、文化体验、生态教育等功能，鼓励发展亲子农业、教育农园、市民农园、家庭园艺等业态，利用好阳台、楼顶等空间，促进创意农业走进市民家庭，促进农业与科普、教育、体验的深层次结合，延伸休闲农业价值链。培育优质乡村旅游品牌，继续推进 100 个旅游休闲村镇创建工作，打造一批精品农业节庆、农事体验活动。发展乡村智慧旅游，提供便捷服务。注重保护传统村落、民族村落，建设一批具有历史记忆、地域特点、民族风情的民俗旅游村。借助 2019 年中国北京世界园艺博览会、2020 年世界休闲大会、2021 年世界樱桃大会、2022 年北京冬奥会冬残奥会等重大活动机遇，引领推动周边休闲农业和乡村旅游快速发展。

第七章 繁荣发展乡村文化

第二节 弘扬中华优秀传统文化

发展乡村特色文化产业。围绕大运河、长城、西山永定河“三大文化带”建设，打造一批充分体现古都文化、京味文化、红色文化、创新文化的乡村文化产业展示区。鼓励建设集农耕体验、田园观光、科普教育、文化创意、乡村游乐于一体的休闲农业创意园。推进文化创意和设计服务与农业联动发展，提高农业创意和设计水平。深入挖掘民族乡村文化资源，建设少数民族特色村镇。大力推动农村地区实施传统工艺振兴计划，培育具有京味特色的传统工艺品牌。积极开发北京传统节日文化用品、民间艺术和民俗表演项目，促进文化资源与现代消费需求有效对接。推动乡村文化与乡村旅游、休闲农业等深度融合，以文化振兴促进农村一二三产业融合发展。

实施乡村振兴战略扎实推进美丽乡村建设专项行动计划（2018—2020年）（摘要）

一、总体要求

（二）基本原则

因地制宜，分类推进。根据平原、城乡接合部、浅山、深山等不同地区特点实施美丽乡村建设。已通过美丽乡村创建验收的村进行巩固提升，除此之外，在规划保留的村全面开展美丽乡村建设，非规划保留的村原则上以实施环境整治为主。

农民主体，部门协作。充分发挥农民主体作用，尊重农民意愿，保障农民权益，鼓励广大农民投身美丽乡村规划、建设和维护。加强市区统筹和部门协作，建立健全城乡融合发展体制机制和政策体系。

二、工作任务

（二）全面整治农村环境。持续改善农村人居环境，逐步消除村域内存在的“脏、乱、差”现象。坚持首善标准，坚决遏制新增违法建设，依法拆除侵街占道、私搭乱建的违法建设，同步整治农村违法用地、违法经营等行为。全面清理积存的生活垃圾、建筑垃圾、农业秸秆、白色污染和枯枝杂草等，完成村内废旧设施和老旧广告牌等设施的拆除清理工作。加大城乡接合部村庄的环境整治力度，拆迁上楼的村庄要按照城市化要求抓好环境整治提升。

（三）加强村庄绿化美化和生态建设。坚持绿化与基础设施同步规划设计，统筹施工建设。在村庄房前屋后、河旁湖旁、渠边路边、零星闲置地等边角空地，拆违还绿、留白建绿、见空插绿，努力实现以绿治脏、以绿净村、以绿美村。

（六）加强农村基础设施和公共服务设施建设。提升农民住宅、农村公共建筑安全和抗震节能水平。进一步加强“四好农村路”建设，完善路灯、停车场等配套基础设施。推进“智慧乡村”建设，完善农村信息化基础设施，逐步实现宽带网络和移动通信网络全覆盖。加强农村卫生、医疗、文化、教育等公共服务建设，提升基本公共服务供给水平。

（八）加快农村产业发展，促进农民增收。坚定走生产发展、生活富裕、生态良好的文明发展道路，利用田园风光、山水资源和乡村文化，大力发展各具特色的农村生态旅游、乡村休闲旅游、民俗旅游和农业传统体验游，促进一、三产业融合，打造美丽乡村最亮处、市民休闲好去处。推进绿色农业新业态发展，加快建设北京农产品绿色优质安全示范区，将农村生态环境优势转化为绿色发展优势，带动农民持续增收、低收入户增收达标。

关于落实农业农村优先发展扎实推进乡村振兴战略实施的工作方案（摘要）

一、加快补齐农村人居环境短板，营造乡村新面貌

（一）实施“百村示范、千村整治”工程专项行动。学习浙江“千村示范、万村整治”工程经验，扎实推进本市美丽乡村建设三年行动计划。聚力打造“百村示范”，培育一批体现产业兴旺、生态宜居、乡风文明、治理有效、生活富裕总要求，具有北京特色的乡村振兴示范村，探索可复制可推广的乡村发展建设路径和长效机制。

（四）推进农村生活垃圾治理专项行动。巩固完善“村收、镇运、区处理”的垃圾运转处理体系，继续开展农村垃圾分类和资源化利用示范区创建活动。扎实推进非正规垃圾堆放点、拆违后建筑垃圾的整治，并加强整治后场地的监管利用。

（五）推进农村生活污水治理专项行动。因地制宜，集中或分散建设污水收集处理设施，逐村制订技术方案，与“厕所革命”专项行动做好衔接。落实“河长制”，以河塘沟渠为重点开展清淤疏浚，采取综合措施恢复水生态。

三、聚力精准施策，激发乡村发展活力

（十四）大力发展农村集体经济。分区研究集体经济发展计划，大力发展绿色富民产业，促进农民持续增收。支持和鼓励农村集体经济组织，利用符合条件的财政资金所形成的资产以及集体土地经营权依法入股、参股农民专业合作社和龙头企业，发展壮大集体经济。

（十五）加快推进休闲农业与乡村旅游提档升级。结合创建国家全域旅游示范区，进一步完善土地、资金支持政策，持续推进生态沟域、田园综合体等建设与发展，打造一批休闲农业和乡村旅游精品线路。研究出台促进乡村民宿健康发展的指导意见，配套建立消防、安全、税收等一系列管理制度，引导建设一批乡村民宿精品，促进传统农家乐提档升级。

四、全面深化农村改革，激活乡村要素市场

（十七）深化农村土地制度改革。开展承包地确权登记颁证工作“回头看”，将土地承包经营权证书发放至农户手中。推进农村承包地“三权分置”，在具备条件的乡镇稳妥审慎开展镇域（联村）承包地土地经营权统一流转试点。巩固“大棚房”问题整治、浅山区违法建设治理成果，健全以乡镇为主责的土地流转规范管理制度，探索完善“村地乡管”等机制，加强土地流转合同备案和经营主体资质审查。继续抓好集体产业用地统筹利用、集约减量试点，在对接分区规划的基础上加快推动实施。研究制定农村产业融合发展用地保障措施，探索以点状供地、经营租赁、盘活置换等方式支持农村新产业新业态发展。研究制定农村宅基地建房的管理办法，加快推进宅基地使用权确权登记颁证工作。继续推进大兴区农村土地制度三项改革试点。

北京市生态保护红线

一、面积和空间格局

全市生态保护红线面积4290平方公里，占市域总面积的26.1%，呈现“两屏两带”空间格局。“两屏”指北部燕山生态屏障和西部太行山生态屏障，主要生态功能为水源涵养、水土保持和生物多样性维护；“两带”为永定河沿线生态防护带、潮白河—古运河沿线生态保护带，主要生态功能为水源涵养。

二、划定范围

全市生态保护红线主要分布在西部、北部山区（见附件），包括以下区域：

（一）水源涵养、水土保持和生物多样性维护的生态功能重要区、水土流失生态敏感区；

（二）市级以上禁止开发区域和有必要严格保护的其他各类保护地，包括：自然保护区（核心区和缓冲区）、风景名胜区（一级区）、市级饮用水源地（一级保护区）、森林公园（核心景区）、国家级重点生态公益林（水源涵养重点地区）、重要湿地（永定河、潮白河、北运河、大清河、蓟运河等五条重要河流）、其他生物多样性重点区域。

三、主要类型

按照主导生态功能，全市生态保护红线分为4种类型：

（一）水源涵养类型，主要分布在北部军都山一带，即密云水库、怀柔水库和官厅水库的上游地区；

（二）水土保持类型，主要分布在西部西山一带；

（三）生物多样性维护类型，主要分布在西部的百花山、东灵山，西北部的松山、玉渡山、海坨山，北部的喇叭沟门等区域；

（四）重要河流湿地，即五条一级河道（永定河、潮白河、北运河、大清河、蓟运河）及“三库一渠”（密云水库、怀柔水库、官厅水库、京密引水渠）等重要河湖湿地。

北京市生态控制线和城市开发边界管理办法（摘要）

第二条　本市以资源环境承载能力为硬约束，划定生态控制线和城市开发边界，将市域空间划分为生态控制区、集中建设区和限制建设区，实现两线三区的全域空间管制。

（一）生态控制区是指生态控制线以内，以严格的生态保护为目标，统筹山水林田湖草等生态资源保护利用的地区，是强化生态保育和生态建设、严控开发建设的区域。

（二）集中建设区是指城市开发边界以内，一定规划期限内城市集中连片开发建设的地区，是引导城市各类建设项目集中布局的地区。

（三）限制建设区是指生态控制区和集中建设区以外的区域，是进行生态保护建设、控制开发强度、促进城乡建设用地集约减量的综合治理区域。

第四条　生态控制区以生态保护红线、永久基本农田保护红线范围为基础，包含具有重要生态价值的山地、森林、河流、湖泊等现状生态用地和饮用水源保护区、自然保护区、风景名胜区、森林公园等法定保护空间，以及对生态安全格局具有重要作用的部分大型公园和结构性绿地。

第七条　生态保护红线以外的永久基本农田和饮用水源保护区、自然保护区、风景名胜区、森林公园等法定保护空间，严格管控影响生态功能的各类开发活动；法律、法规和规章另有规定的，从其规定。

第九条　生态控制区内严禁不符合主体功能的产业，严格执行新增产业禁止和限制目录，严控新占用非建设用地。

第十四条　限制建设区包含部分平原地区村庄、分散性城镇建设用地、特交水用地、农用地等。

第十五条　严格控制限制建设区内的开发建设活动，严格按照依法审批的乡镇域规划和村庄规划实施建设，有序推动农村城市化、城乡结合部改造、美丽乡村建设，推动城乡建设用地减量腾退还绿，加强生态修复和生态建设，实现开发强度和建筑规模双降、绿色空间比例提升。

北京市城乡规划条例（摘要）

第二十九条　本市依法实行规划许可制度，各项建设用地和建设工程应当符合城乡规划，依法取得规划许可。

规划许可证件包括选址意见书、建设工程规划许可证、乡村建设规划许可证和相应的临时规划许可证。

城镇建设项目应当按照建设工程规划许可证或者临时建设工程规划许可证的许可内容进行建设；农村建设项目应当按照乡村建设规划许可证或者临时乡村建设规划许可证的许可内容进行建设。

第四十条　在规划农村地区，建设单位或者个人进行乡镇企业、乡村公共设施、公益事业建设和村民集中住宅建设的，应当向乡镇人民政府提出申请，由乡镇人民政府报规划自然资源主管部门核发乡村建设规划许可证。

在规划农村地区，村民使用宅基地进行村民住宅建设，应当征询相邻土地使用权人意见，经村民委员会审议后上报乡镇人民政府批准。

乡镇人民政府审批村民使用宅基地进行住宅建设，应当依据村庄规划进行。具体办法由各区人民政府结合实际情况制定。

进行乡镇企业、乡村公共设施、公益事业建设和村民住宅建设的，不得占用农用地；确需占用农用地的，应当依照《中华人民共和国土地管理法》有关规定办理农用地转用审批手续后，由规划自然资源主管部门核发乡村建设规划许可证。

建设单位或者个人在取得乡村建设规划许可证后，方可办理用地审批手续。

第四十一条　在规划村庄以外的现状村庄，在规划实施前确需进行建设的，由规划自然资源主管部门根据城市发展进程和规划实施的需要核发临时乡村建设规划许可证。

北京市园林绿化局关于进一步加强林业生态建设促进农民就业增收工作的通知（摘要）

一、充分认识和发挥林业生态建设对促进农民就业增收的重要作用

随着本市生态建设的推进，特别是实施平原造林以来，林业生态建设已成为农村劳动力就业的重要途径。通过严格落实平原生态林、山区森林经营等管护就业政策，有力保障了农民绿岗就业增收。

三、积极拓宽农民绿岗就业增收渠道

（一）引导农民积极参与绿化建设。各区可根据新一轮百万亩造林绿化等工程项目情况及本区实际，明确要求本地农民的用工比例，将此作为承接工程项目的前置条件并纳入合同管理。

（二）创新农民养护就业机制。以新一轮百万亩造林为契机，对浅山区台地、平缓地造林绿化工程后期养护，可依托乡镇林业站力量，试点组建全部使用本地农民的林木养护队伍。乡镇林业站同时负责监管，确保生态受保护，农民得实惠。

（三）强化绿色产业带动农民就业。在现有五大林业产业的基础上，充分利用我市良好的生态基础，大力发展围绕现代化规模化果园、花卉基地的休闲旅游、科普体验、观光采摘及森林旅游、森林康养等本地农民更能充分就业、收益更高的高端绿色产业，进一步促进农民绿岗就业增收。

（二）天津市

天津市人民政府办公厅关于印发天津市促进旅游业发展两年行动计划（2019—2020年）的通知（摘要）

二、重点任务

（六）发展自然生态科普旅游，深入挖掘山、海、河、湖、湿地、绿色生态屏障等自然生态资源。在依法保护基础上，有机融入文化、旅游、科普要素，打造人与自然亲近的生态科普特色旅游线路。在自然保护地建立生态环境教育基地。

（九）以建设特色文化旅游村为抓手，全面提升乡村旅游品质。从有农业的区选择10个困难村，深入挖掘其历史文化资源，提升整体村居环境及接待设施配套水平，打造可看可玩可购的旅游项目。

三、支持政策

（十）文化旅游村建设坚持规划先行，以村为单元，编制村庄规划。统筹谋划村庄旅游发展、基础设施和公共服务设施建设、生态环境保护，将旅游产业用地需求纳入村庄规划。有农业的区应在年度新增建设用地计划指标分配使用中，优先保障文化旅游村的用地需求。

（十一）农村集体经济组织、农户利用闲置房屋发展乡村旅游产业的，可以保持原土地用途、权利类型不变。农村建设用地拆旧复垦腾退出来的建设用地指标和新增耕地指标，优先保障文化旅游村项目实施。

（十二）市旅游发展资金、美丽村庄建设专项资金、农村人居环境整治相关项目补助资金等市、区两级涉农领域财政资金，优先用于文化旅游村开发建设，按照有关资金规定用途，分别对文化旅游村建设的不同项目给予支持。文化旅游村建成并通过验收后，市财政和有关区财政分别给予100万元奖励性补贴。

（十三）支持民宿发展，对评定为三、四、五星级的，分别给予一次性奖励3万元、5万元、10万元。实行备案制、告知承诺制等“放管服”举措。公安、消防、卫生健康等部门按照适当低于酒店管理的标准，开展行业监管。

天津市人民政府办公厅关于促进全域旅游发展的实施意见（摘要）

一、总体要求

——突出特色，绿色发展。各区依托各自独特的人文资源和自然资源，突出区域特色，推行差异化发展模式。牢固树立和践行绿水青山就是金山银山的理念，坚持保护优先，符合城乡规划要求，严格遵循生态红线保护规定，合理有序开发，实现经济、社会、生态效益互促共赢。

二、重点任务

（一）实施全域旅游示范区和特色小镇创建工程。

对照国家《全域旅游示范区创建工作导则》，加强对全市全域旅游发展的统一规划布局和统筹开发管理。着力推进蓟州区、和平区、中新天津生态城国家全域旅游示范区创建，形成可借鉴可推广的经验和模式，树立全域旅游发展标杆。推动西青区杨柳青文化旅游小镇、蓟州区下营山野运动休闲旅游小镇、宁河区潘庄齐心亲子蘑法小镇、津南区葛沽民俗文化小镇等一批特色小镇建设，通过挖掘特色、完善设施和升级旅游产品，促进小镇产业功能、旅游功能、文化功能和社区功能深度融合，将特色小镇逐步培育成为区域性旅游目的地。

（二）实施全域旅游融合发展工程。

3. 推动旅游与农业融合发展。积极实施乡村振兴战略，依托现代农业设施和旅游特色村发展乡村旅游，提升乡村旅游品质和影响力，发展一批主导产业强、生态环境美、农耕文化深、农旅结合紧、支撑体系完善的田园综合体，培育一批“高颜值”农旅结合特色小镇，打造一批“一村一品”旅游特色村，提升一批市级休闲农业示范村（点）。实施乡村旅游帮扶富民工程，支持一批资源禀赋独特、特色产业突出的乡村旅游帮扶村，通过开发民俗体验、传统工艺、文化创意、养生养老等休闲旅游产品，发展一批精品客栈和民宿。

8. 推动旅游与生态资源融合发展。按照全市生态保护规划要求，以大生态保护为重点，建设完善一批生态旅游区。挖掘滨海新区与中心城区中间地带绿色生态屏障区的旅游资源，优先发展生态休闲旅游，完善旅游服务设施，推出精品旅游线路。突出森林养生、山水休闲等主体功能，重点开发盘山、黄崖关长城、八仙山、梨木台等生态文化旅游资源。实施团泊湖旅游综合开发工程，打造运河旅游观光带。推动潮白河国家湿地公园、东丽湖国家生态旅游示范区、南湖绿博园的建设发展。

（七）实施全域旅游环境优化工程。

1. 加强资源环境保护。统筹山水林田湖草系统治理，深入开展洁化、绿化、亮化、美化行动，全面优化城乡旅游环境。倡导绿色旅游消费，实施旅游能效提升计划，降低资源消耗，推广使用节水节能产品和技术，推进节水节能型景区、酒店和旅游村镇建设。

2. 开展旅游环境整治。全面深入推进美丽天津建设，扎实开展城乡综合整治，破解管理难点、提高管理质量，优化城乡面貌、打造环境亮点，高水平建设全景、全域、全方位旅游城乡景观。

天津市人民政府办公厅关于进一步扩大旅游文化体育健康养老教育培训等领域消费的实施方案（摘要）

一、着力推进幸福产业服务消费提质扩容

（一）旅游消费。

1. 加速创建全域旅游示范区。推动和平区、蓟州区、中新天津生态城等全域旅游示范区创建工作，结合全市特色小镇创建工作，打造杨柳青古镇等特色旅游小镇。

2. 培育旅游新业态。加快实施中国邮轮旅游发展实验区建设三年行动方案，逐年增加邮轮旅游航线和班次，打造中国北方国际邮轮旅游中心；推进自驾车房车露营地建设；完善游艇码头等基础设施，重点支持中澳游艇俱乐部、海河彩带公园游艇旅游项目的建设；支持鼓励滨海新区窦庄通用机场等低空飞行游览项目做出品牌。

3. 全面落实“旅游 +”战略。“旅游 + 商业”，促进商贸旅游的发展，扩大旅游消费；“旅游 + 文化”，持续打造 12 个文化旅游主题板块，打造文化创意、旅游演艺等产

品；“旅游＋体育”，以第十三届全运会为契机，开展体育旅游活动，延伸参会者的旅游消费；“旅游+农业”，制定农家乐等级评定新标准，打造一批“一村一品”旅游特色村，形成一批特色鲜明的乡村旅游聚集区。

天津市人民政府关于发布天津市生态保护红线的通知

一、总体情况

全市划定陆域生态保护红线面积 1195 平方公里，占天津陆域国土面积的 10%；划定海洋生态红线区面积 219.79 平方公里，占天津管辖海域面积的 10.24%；划定自然岸线合计 18.63 公里，占天津岸线的 12.12%。

陆海统筹划定生态保护红线总面积 1393.79 平方公里（扣除重叠），占陆海总面积的 9.91%。

二、空间格局

天津市生态保护红线空间基本格局为“三区一带多点”：“三区”为北部蓟州的山地丘陵区、中部七里海—大黄堡湿地区和南部团泊洼—北大港湿地区；“一带”为海岸带区域生态保护红线；“多点”为市级及以上禁止开发区和其他各类保护地。

（一）北部山地丘陵区。分布于蓟州区北部，包括蓟州北部山区水源涵养—生物多样性维护生态保护红线、于桥水库水源涵养—防洪供水生态保护红线、于桥水库南岸水源涵养生态保护红线。红线内涉及天津八仙山国家级自然保护区、蓟县中上元古界国家自然保护区、蓟县盘山自然风景名胜古迹保护区等 3 个自然保护区和于桥水库饮用水水源保护区一级区、九龙山国家森林公园、蓟县国家地质公园地质遗迹保护区等保护区域以及生态功能极重要区。

（二）中部七里海—大黄堡湿地区。主要分布于宁河区、武清区、宝坻区，包括七里海湿地生物多样性维护生态保护红线、大黄堡湿地生物多样性维护生态保护红线、上马台湿地生物多样性维护生态保护红线、尔王庄水库水源涵养和供水生态保护红线、引滦明渠水源涵养和输水生态保护红线，以及蓟运河、潮白新河、青龙湾减河、北运河、永定河、永定新河、海河等 7 条一级河道构成的河滨岸带生态保护红线。红线内涉及古海岸与湿地国家级自然保护区、大黄堡湿地自然保护区、引滦明渠饮用水水源保护区一级区。

（三）南部团泊洼—北大港湿地区。主要分布于静海区、滨海新区，包括团泊—北大港湿地生物多样性维护生态保护红线、钱圈水库湿地生物多样性维护生态保护红线、独流减河河滨岸带生态保护红线。红线内涉及团泊鸟类自然保护区、北大港湿地自然保护区。

（四）海岸带区域。分布于滨海新区海岸带区域，包括李二湾—沿海滩涂湿地生物多样性维护生态保护红线，大神堂牡蛎礁国家级海洋特别保护区、大港滨海湿地及自然岸线、汉沽重要渔业海域、北塘旅游休闲娱乐区、大神堂自然岸线等海洋生态红线区。

（五）其他区域。主要包括地质遗迹—贝壳堤生态保护红线、青龙湾防风固沙生态保护红线、北塘水库水源涵养和供水生态保护红线、王庆坨水库水源涵养和供水生态保护红线。红线内涉及古海岸与湿地国家级自然保护区的贝壳堤分布区、青龙湾防风固沙林自然保护区、北塘水库与王庆坨水库饮用水水源保护区一级区等。

三、主要类型

天津市生态保护红线按照各片区主导生态功能分为 10 个类型。其中：陆域生态保护红线包括生物多样性维护生态保护红线、水源涵养生态保护红线、防风固沙生态保护红线、河滨岸带生态保护红线、地质遗迹—贝壳堤生态保护红线等 5 类；海洋生态保护红线包括海洋特别保护区生态红线区、重要滨海湿地生态红线区、重要渔业海域生态红线区、滨海旅游休闲娱乐区生态红线区、自然岸线生态红线区等 5 类。

四、与天津市永久性保护生态区域的关系

按照天津市人民代表大会常务委员会关于进一步加强我市永久性保护生态区域管理的决议，本市永久性保护生态区域和生态保护红线两个保护管理制度一并实施，本市划定的永久性保护生态区域中，按国家规定划入生态保护红线的，严格执行国家生态保护红线的保护管理制度；保护管理规定有差异的，按照最严格的管控标准实施保护和管理。

天津市人民政府办公厅关于以治理“大棚房”为重点进一步加强农业设施及用地监管工作的通知（摘要）

一、明确监管工作原则

（一）依法依规，厘清职责。各级政府及有关职能部门要依照法律法规和政策规定，厘清监管职责，明确监管责任，完善分工合作，形成工作联动机制；要推进监管工作重心下移、关口前移，实现压力传导，压实属地责任，实现日常监管的常态化、制度化、规范化。

（二）完善制度，强化监管。农业设施建设要严格落实用途管制，不得改变农业属性；要坚决打击“大棚房”等假借发展农业设施之名，擅自或变相将农业设施用于非农建设的违法违规行为。各级政府及各监管部门要建立完善监管制度，细化监管措施，加强协作配合，多角度、全方位、全过程对农业设施进行严格管控，加强事前、事中、事后监督检查。

（三）整合资金，统筹管理。按照《天津市人民政府办公厅印发关于探索建立我市涉农资金统筹整合长效机制实施方案的通知》（津政办函〔2018〕14 号）要求，推进涉农资金统筹整合；统筹整合到位前，对享受财政资金扶持的农业设施建设项目，各级发展改革、财政部门在发放扶持资金前应函告同级农业和国土部门。

（四）管促结合，健康发展。有农业的区人民政府要适应现代农业和农村产业融合发展需要，按照《国土资源部国家发展改革委关于深入推进农业供给侧结构性改革做好农村产业融合发展用地保障的通知》（国土资规〔2017〕12号）要求，统筹规划建设用地指标，积极保障农业和农村产业融合发展，促进一二三产业融合、田园综合体、产业园区等农业项目落地。

二、规范农业设施监管

（一）明确农业设施监管范围。本通知所称农业设施包括：一是《国土资源部农业部关于进一步支持设施农业健康发展的通知》（国土资发〔2014〕127号）和《市国土房管局市农委关于进一步完善设施农用地管理支持设施农业健康发展的通知》（津国土房发〔2017〕7号，以下简称7号文件）规定的农业设施（含种植、畜牧、水产等农业设施）；二是未达到7号文件规定的最小备案条件但实际用途为农业的各类农业设施（含种植、畜牧、水产等农业设施）；三是用于农业用途的日光温室。

（二）严格农业设施备案和管理。本通知中涉及的农业设施，不论规模大小，全部纳入监管范围。其中，达到7号文件规定的最小备案条件的，要严格履行备案程序；其他农业设施，必须由属地乡镇人民政府（街道办事处）统一纳入管理范围，其生产看护房用地面积应参照《国土资源部农业部关于进一步支持设施农业健康发展的通知》规定（单层，小于15平方米）执行。

市国土房管局、市农委联合建立全市农业设施监管平台（以下简称监管平台），及时掌握农业设施的备案、建设、经营及财政扶持资金发放情况，实行动态管理。

三、厘清监管职责分工

（一）市级职能部门负责指导和监督检查。

1. 市国土房管局、市农委牵头负责全市农业设施监管工作；负责监管平台的综合管理和维护；每年对全市农业设施进行一次联合检查，并组织不定期抽查，督促指导区国土、农业部门做好抽查检查工作；发现问题后及时与相关部门沟通，研究解决。

2. 市发展改革委、市财政局负责将本部门掌握的农业设施项目情况及时告知市国土房管局、市农委，对其中涉及发放财政扶持资金的，要提前函告市农委、市国土房管局；指导区有关职能部门做好相关工作。

3. 市市场监管委依职责做好相关监管工作。

（二）有农业的区负责具体监管工作。

1. 有农业的区人民政府是本行政区域农业设施的监管主体，负责组织区有关职能部门和各乡镇人民政府（街道办事处）加强对农业设施的监管，每半年组织区有关职能部门对本辖区农业设施进行专项检查，并组织不定期抽查，对存在违法违规问题的，责成乡镇人民政府（街道办事处）组织整改。

乡镇人民政府（街道办事处）负责将本辖区全部农业设施纳入监管平台统一进行管理，并负责信息录入工作。对其中达到7号文件规定的最小备案条件的，要督促经营者按规定办理备案手续；对其他农业设施，要督促经营者作出不改变农业用途的书面承诺；监督经营者按照备案的方案或承诺的用途实施建设和开展生产经营活动。定期对本辖区农业设施进行检查，记录检查情况和处理结果，及时在监管平台中更新信息。对发现的擅自改变农业用途等违法违规问题，要及时制止，督促当事人限期改正，并报告区国土、农业部门；对拒不改正的，要按照有关法律法规和7号文件的规定及时组织整改。

村民委员会（以下简称村委会）是本村土地的直接管理者，要进一步树立守土有责的观念，严格保护本村的每一寸土地。要主动与本村农业设施经营者签订不改变农业用途的承诺书，涉及经营者再次流转土地的，还要与流转双方签订三方协议，确保农业用途不改变。要对本村的农业设施随时进行检查，发现擅自改变农业用途的，要主动与经营者终止用地协议，并将有关情况及时报告乡镇人民政府（街道办事处）。

2. 区国土、农业部门负责监管平台的日常管理，建立健全农业设施联合检查机制，加强事中事后监管。每半年对农业设施进行一次联合检查，并组织不定期抽查，对检查中发现的擅自改变农业用途等违法违规问题，及时通报乡镇人民政府（街道办事处）督促当事人限期改正；拒不改正的，由区国土部门依法予以查处。

区发展改革、财政、市场监管等职能部门，参照市级职能部门的工作职责做好有关工作，配合区国土、农业部门对存在违法违规行为的农业设施进行处置。

四、强化保障措施

（一）建立“双压实”机制。将农业设施的监管责任压实到村，监管任务压实到人。有农业的区人民政府与各乡镇人民政府（街道办事处）、乡镇人民政府（街道办事处）与各村委会签订农业设施监管责任书，明确乡镇人民政府（街道办事处）主要负责同志和村委会主任为本辖区农业设施的监管责任人。

（二）建立档案管理制度。按照“一镇一村一册，一棚一户一档”的原则，各乡镇人民政府（街道办事处）组织对本辖区全部农业设施以村为单位登记造册，逐棚逐户建立档案台账，并将有关信息全部纳入监管平台，实施动态更新。

（三）建立“零报告”制度。有农业的区人民政府、乡镇人民政府（街道办事处）和村委会要加强对本辖区农业设施的检查，并建立“零报告”制度。各有农业的区人民政府每月报送农业设施改变用途问题及整改情况，无违法违规情况的也需进行“零报告”。同时，各有农业的区要相应建立乡镇人民政府（街道办事处）、村委会定期“零报告”制度，确保层层落实。

（四）建立考评问责机制。加大对有农业的区人民政府、乡镇人民政府（街道办事处）农业设施监管工作的考核力度。对属地农业设施管理混乱、违法违规问题多发的地区，按有关规定依法追究相关人员责任，情节严重的依法予以问责。

（五）建立资金监管机制。农业设施建设项目主管部门要加强对建设主体的实时监管，对建设内容、资金使用情况进行跟踪检查。在项目验收前，发现擅自改变农业用途等违法违规行为且拒不整改的，停止项目建设并要求退回已发放的扶持资金。

（六）建立工作联动机制。各级国土、农业、发展改革、财政、市场监管等部门要加强沟通协作，密切配合，形成合力，并实现信息共享。对农业设施监管工作中出现的各类问题，要及时召开会议，协商研究解决。各有关职能部门要做好农业设施违法违规信息公示工作，对存在违法违规问题的市场主体依法实施联合惩戒。

（七）建立宣传工作制度。有农业的区人民政府、乡镇人民政府（街道办事处）及区国土、农业部门，要加强对农业设施管理工作的宣传和舆论引导，提高广大群众依法依规用地意识，营造良好的社会氛围。在农业设施集中区域设立禁止违法违规建设销售“大棚房”、擅自改变农业用途的警示牌和宣传标语，发挥震慑作用。

（三）河北省

河北省旅游高质量发展规划（2018—2025年）（摘要）

第三章　空间优化，构建全域旅游新格局

四、多点支撑

（四）促进特色旅游村镇和旅游脱贫攻坚协同发展

围绕“两山两环两区”，即燕山、太行山，环重点景区、环大中城市，特色产业区和传统村落区等重点区域，大力发展乡村旅游，推动乡村旅游发展上水平提档次。深入贯彻落实乡村振兴和新型城镇化战略，重点实施乡村旅游八大工程，打造六大乡村旅游片区，支持100个旅游特色小镇做成以旅游为引领，实现一二三产融合发展的典范，为乡村振兴和全域旅游发展提供有力支撑。

以环首都、太行山、燕山、坝上、黑龙港等五大旅游扶贫攻坚区为重点，因地制宜地采取不同模式，深入开展环境与设施提升工程、品牌引领工程、“4个5示范带动”工程、“345”深度攻坚工程、“旅游扶贫＋互联网”工程、乡村旅游后备箱工程、金融普惠工程、招商推介工程、人才培养工程、社会帮扶工程等十大乡村旅游扶贫重点工程，确保旅游脱贫攻坚取得稳固实效。结合各地乡村资源条件、地理区位和市场发展潜力，发挥比较优势，突出特色、分类指导、分层推进。

专栏3-6　乡村旅游八大工程
乡村旅游绿色发展工程、乡村旅游整合集居工程、百村示范新村创建工程、乡村旅游产品提升工程、乡村旅游品牌提升工程、乡村旅游服务提升工程、乡村旅游精准扶贫工程、旅游服务满意指数提升工程。

专栏3-7　六大乡村旅游片区
环首都乡村旅游片区、太行山乡村旅游片区、张承坝上乡村旅游片区、燕山乡村旅游片区、大运河旅游片区、冀中南乡村旅游片区。

第四章　品质提升，优化旅游产品新供给

三、做精主题型旅游产品

（七）“乡愁冀忆”乡村旅游产品

实施旅游引导乡村振兴战略，促进乡村旅游高质量发展。立足河北广阔的农村和浓郁的乡土风情，迎合大城市居民返璞归真、亲近自然的需求，开发一批乡村度假和居住产品。依托乡村闲置农宅、山场、农田等资源，创意开发具有浓郁地域标识的乡土度假空间。盘活利用农村闲置农房和宅基地，以成立合作社或宅基地入股等方式进行整体改造，打造一批高品位升级版农家乐、渔家乐、艺家乐、洋家乐等创新业态，形成太行山水人家、湖泊湿地船家、长城文化老家、华北田园农家、海滨海岛渔家、坝上草原牧家等六大“回家”品牌，打造城市居民周末休闲度假的“第二家园”。突出乡土特色和乡愁体验，以环大中城市周边的乡村为重点，以食、住、游、购、娱为主要内容，培育“冀忆·田园”“冀忆·乡居”“冀忆·家味”“冀忆·名品”“冀忆·绝活”等乡土旅游品牌，形成“乡愁冀忆”的核心支撑。按照国家特色小镇建设要求，推动打造一批红色旅游小镇、生态旅游小镇、民俗特色小镇、露营休闲小镇、创意田园小镇等，促进乡村产业、文化、旅游、社区等多功能融合，助力乡村全面振兴。

第五章　产业协同，拓展融合发展新领域

二、旅游＋农业

以“旅游＋农业”为引擎，构建布局优化、类型丰富、功能完善、特色鲜明的河北省休闲农业产业格局，成为提升农业、繁荣农村、富裕农民的新兴支柱产业。

（一）整合农业资源，创建国家品牌

整合全省各类休闲农业园区和美丽田园，“资源化整合、精品化打造、片区化开发、产业链带动”为方向，重点打造田园度假、共享农庄、康体养生、生态游憩、乡土游乐、农耕体验、市民农园、休闲酒庄、研学科普、农业嘉年华等休闲业态和有机农业、遗产农业、智慧农业、艺术农业、亲子农业、养老农业等功能农业。以国家级、省级休闲农业和乡村旅游示范县（区）示范点、全域旅游示范区、美丽休闲乡村和美丽田园、重要农业文化遗产、文化旅游名镇、旅游特色名镇、休闲农业企业（园区）等为重点，开展休闲农业和乡村旅游精品线路推介。在迁西县花乡果巷国家级田园综合体基础上，到 2025 年，积极鼓励各地因地制宜创建 10 个以上国家级田园综合体；在现有中国美丽乡村和全国休闲农业精品园区的基础上，到 2025 年，鼓励各地打造 40 个中国美丽休闲乡村和 40 个全国休闲农业精品园区，建设休闲农业品牌省。

（二）面向京津冀市场，建设“醉美田园”

针对京津冀休闲农业市场需求，打造风格各异、主题突出、串联并线的休闲农业精品游览线路，构建起京津冀“休闲农业廊道”。进一步打造“山水相连、田园相接、景观优美、主客共享”的“房山十渡—野三坡沟域、门头沟灵山—蔚县、怀柔白桦谷—丰

宁沟域、密云雾灵香谷—隆沟域、平谷黄松峪—蓟县”等京津冀精品农田景观片区，以沟域景观和园区景观为切合点，联手统一推广种植优良景观作物新品种，建立休闲农业景观联建示范基地。以环京津和城市周边为重点，打造覆盖全省的“休闲农业后备箱工程”、休闲农产品“河北质造”工程和“河北农礼”公用品牌。策划休闲农业重大活动，举办各类推介会、博览会、农事节庆、创意大赛等活动，打造京津冀休闲农业区域品牌，建立京津冀休闲农业公众服务平台，开创京津冀休闲农业一体化发展新格局。

第六章　配套升级，建立优质服务新体系

三、建设“绿色河北”，促进旅游环境质量提升

（一）实现旅游生态可持续

坚持科学留白，严控生态功能区开发建设。旅游规划建设要符合生态保护红线空间管控要求，发挥生态保护红线对国土空间开发的底线作用。遵循分级分类、区别管控的原则，强化旅游开发监管，建立有效的监督管理和奖罚机制。严格执行景区承载量相关规定，实施景区环境容量管理。推进节水节能型景区、酒店和旅游村镇建设。研究出台绿色服务评价办法。加快旅游公共交通领域清洁能源车辆的推广应用，发展慢行系统，改善绿色出行条件。保护和开发生态文化资源，着力培育生态文化载体。打造富有地域特色、民族特色的文化生态保护区，围绕坝上草原、太行山、燕山、小滦河、大清河等建设一批生态博物馆。加快建设一批以绿色城市、绿色小镇、绿色社区、绿色村落和绿色企业为主体的生态文明教育基地。

（二）实现旅游环境整体提升

全面推进整体风貌改造。以“河北处处皆风景”为目标，对城市空间风貌进行景城一体化提升；以美丽宜居乡村、特色小镇为抓手，开展“改厨”“改厕”“改客房”“整院落”和景观风貌提升工作；开展“四边三化”环境整治工作，实现涉旅路边、河边、湖边、海边达到洁化、绿化、美化、亮化。塑造“车窗风景线”品牌工程，围绕旅游体验，让公路建设选线从“以快为主”向“以美为先”转化，选线优化，提升交通沿线生态景观、文化景观、乡村景观的风景质量，让全省旅游道路与美景相伴，充分发挥风景道作为“生态路、景观路、旅游路、文化路、产业路、致富路、共享路”的复合价值。

河北省人民政府关于加快创建全国全域旅游示范省的意见

二、优化全域旅游空间布局

（四）山地休闲度假区。将旅游业作为燕山—太行山地区的主导性产业，结合脱贫攻坚和美丽乡村建设，着力解决交通瓶颈，加速推进观光旅游升级、休闲度假产品开发。重点推动红色旅游、长城旅游、中华三祖文化、古北岳历史文化、太行世界地质奇观和太行长寿养生旅游发展，打造国家山地度假示范区和旅游精准扶贫示范区。

（八）现代乡村休闲度假区。依托我省中南部平原湿地、历史文化、民俗风情、特色产业等资源，大力发展乡村旅游与休闲农业，培育采摘基地、休闲农庄、国家农业公园、湿地公园、特色小镇、民俗乡村等，推动环省会休闲农业、衡水湖湿地民俗、邢台平原花海、广府古城历史文化等旅游产品发展，促进平原旅游崛起。

三、丰富全域旅游产品供给

（二）推动旅游与相关产业融合发展。将河北文化元素贯穿于旅游业发展全过程，规划建设一批文化旅游精品景区，重点将正定古城、广府古城、暖泉古镇等建成文化旅游精品。以红色经典景区为核心，打造西柏坡红色圣地旅游区、八路军 129 师太行堡垒旅游区、冀东李大钊故里旅游区、保定抗战英雄旅游区等红色旅游目的地。大力发展观光农业、休闲农业和现代农业庄园，鼓励发展具备旅游功能的创意农业、会展农业、众筹农业、家庭农场、家庭牧场等新型业态。

（三）健全全域旅游要素供给产业链。建设高品质、有特色、多元化的旅游产品体系，拉长旅游产品链条，延长游客在冀停留时间，提高附加值，增加旅游综合效益。培育多样化旅游住宿体系，推动高端酒店品牌化、度假酒店主题化、经济酒店连锁化、乡村酒店标准化、主题酒店服务个性化。推进民宿规范发展，积极引进乡村酒店品牌连锁企业，挖掘一批原生态特色古村老屋，培育一批高端精品乡村酒店。

七、推进全域旅游共建共享

（一）健全旅游富民长效机制。落实国家乡村旅游富民工程，以燕山—太行山地区为重点，扶持 500 个贫困村通过旅游脱贫致富。实施景区带动扶贫工程，以全省 4A 级及以上景区、现代农业园区和龙头企业为重点，推进景村共建，提升景区对周边贫困村的带动力。实施乡村旅游精品示范工程，培育建设 10 个省级美丽乡村旅游示范区。实施乡村旅游“后备厢”计划，鼓励面向自驾车游客包装开发原生态农副土特产品，培育推出品牌化、系列化农村旅游商品。引导和支持 1 万名高校毕业生、返乡农民工、专业技术人员通过发展乡村旅游实现创业就业。支持和组织引导旅游志愿者、艺术和科技工作者驻村帮扶，建设一批旅游创客基地。

（三）创建绿色低碳的生活环境。建立全省旅游资源价值评估体系和全省旅游资源数据库、保护名录库、发展项目库，强化对自然生态系统、生物多样性、传统村落、历史文化和民族文化等的保护，依法合理开发利用森林草原、湖泊湿地、海滨海岛、冰雪温泉等生态脆弱资源，严格执行旅游项目环境影响评价制度。实施旅游能效提升计划，推进节水节能型景区、酒店和旅游村镇建设。

河北省农业供给侧结构性改革三年行动计划（2018—2020 年）（摘要）

二、重点任务

（二）推动清洁生产，大力发展绿色农业。

3. 推进农业生态修复治理。实施耕地保护提升工程，加强中低产田改造，开展农用地治理修复试点，有效改善土壤环境。实施国土绿化工程，抓好燕山太行山、京津保生态过渡带、冬奥会张家口赛区核心区等重点地区植树造林。开展退耕还湿、湿地植被恢复、生态补水，修复湿地生态。建设草原自然保护区，恢复草原植被。加强重点区域水土流失综合治理和水生态修复治理。

4. 推进农业循环发展。坚持以种带养、以养促种、种养结合，推广“畜—沼—果菜”“粮—畜—肥—田”等生态循环模式。实施种养结合循环农业示范工程，推动废弃物就地消纳、能量循环、综合利用。创建农业可持续发展试验示范区，探索生态农业发展模式，拓展多种功能、发展新兴业态，推动种养加有机结合、一二三产融合发展。

（三）着眼价值提升，大力发展品牌农业。

3. 实施农产品品牌孵化工程。根据地域差异、品种特性创建一批具有文化底蕴、鲜明地域特征的特色农产品品牌。引导新型经营主体开展商标注册，申请“三品一标”。挖掘农产品品牌的历史文化内涵，支持地方特产、传统美食产业化发展。依托休闲农业和乡村旅游精品线路，发展“后备厢经济”。

四、保障措施

（五）挖掘特优农产品新业态。大力发展休闲农业、观光农业，努力开发农业多种功能，挖掘特优农产品的生态价值、休闲价值和文化价值，进一步壮大休闲农业规模，突出区域特色和创意创新，促进休闲农业提档升级。

河北省农业农村污染治理攻坚战实施方案（摘要）

三、重点任务

（二）全面推进农村生活垃圾治理

彻底清理积存垃圾。继续组织对所有村庄及周边积存垃圾彻底清理，对自然保护区、饮用水水源地周边、旅游景区、风景名胜区、河道两侧、雄安新区周边等生态保护重点区域以及高速铁路、高速公路和公路沿线的垃圾集中进行清理，消除卫生死角。

因地制宜确定治理模式。推动城乡一体化垃圾处理机制的完善，现有垃圾处理场覆盖范围内的村庄，优先采取“户分类、村收集、乡转运、县处理”的模式，终端处理设施能力不足的，可采取不产生二次污染的过渡方式，尽快采取措施，具备条件后进行再处理。加强对农户的引导，推行垃圾分类投放、分类处理。

建立规范长效管护机制。加快完善设施设备，配齐收运车辆。对不符合条件的填埋场，通过整治达到卫生填埋条件或逐步关停。现有垃圾处理场覆盖范围内的乡镇，原则上每个乡镇至少建设一座转运站。完善各项管理制度，健全监管体系，落实县、乡（镇）、村委会监管责任。乡镇要带头组织清理积存垃圾，完善日常运行机制，充分发挥辐射带动作用。有条件的县（市、区）可通过向社会购买服务方式，落实日常保洁责任，保持农村环境卫生。

（六）提升农业农村环境监管能力

严守生态保护红线。明确和落实生态保护红线管控要求，以县为单位，针对农业资源与生态环境突出问题，建立农业产业准入负面清单，因地制宜制定禁止和限制发展产业目录，明确种植业、养殖业发展方向和开发强度，强化准入管理和底线约束。生态保护红线内禁止城镇化和工业化活动，生态保护红线内现存的耕地不得擅自扩大规模。在重要湖泊、重要河口、重要海湾的敏感区域内，严禁以任何形式围垦河湖海洋、违法占用河湖水域和海域，严格管控沿河环湖沿海农业面源污染。

（整理人：郭连文）

责任编辑：谯　洁
责任印制：冯冬青
封面设计：中文天地

图书在版编目（CIP）数据

京津冀乡村旅游振兴生态开发方略研究 / 徐虹，杨德进，于海波主编. -- 北京 ：中国旅游出版社，2020.5
ISBN 978-7-5032-6476-4

Ⅰ. ①京… Ⅱ. ①徐… ②杨… ③于… Ⅲ. ①乡村旅游—旅游业发展—研究—华北地区 Ⅳ. ①F592.72

中国版本图书馆CIP数据核字(2020)第064045号

书　　名：京津冀乡村旅游振兴生态开发方略研究

作　　者：徐虹，杨德进，于海波主编
出版发行：中国旅游出版社
（北京建国门内大街甲 9 号　邮编：100005）
http://www.cttp.net.cn　E-mail:cttp@mct.gov.cn
营销中心电话：010-57377109，010-85166536
排　　版：北京旅教文化传播有限公司
经　　销：全国各地新华书店
印　　刷：北京工商事务印刷有限公司
版　　次：2020 年 5 月第 1 版　2020 年 5 月第 1 次印刷
开　　本：787 毫米 × 1092 毫米　1/16
印　　张：15.75
字　　数：349 千
定　　价：68.00 元
I S B N　978-7-5032-6476-4